the
audio
campus
guide

戴上耳机

听
你心目中的大学
来一次全新的
云端游学体验

图书在版编目（CIP）数据

听书去游学 / 鱼说编著. — 成都：四川民族出版社，四川数字出版传媒有限公司 2016.4
ISBN 978-7-5409-6243-2

Ⅰ.①听… Ⅱ.①鱼… Ⅲ.①高等学校—介绍—中国
Ⅳ.①G649.28

中国版本图书馆CIP数据核字（2016）第068276号

听书去游学
the audio campus guide
鱼说 编著

责任编辑	周文炯　陈　晔　央　金
责任印制	袁　祥
出版发行	四川民族出版社
地　　址	成都市三洞桥路12号
邮政编码	610031
联系电话	（028）87734153　87734160
	四川数字出版传媒有限公司
地　　址	成都市青羊区金家坝7号成都文联大厦2楼
邮政编码	610031
联系电话	（028）86259440
制　　作	成都鱼说科技有限公司
印　　刷	成都博瑞传播股份有限公司印务分公司
成品尺寸	210mm×280mm
印　　张	25
字　　数	150千
版　　次	2016年4月第1版
印　　次	2016年4月第1次印刷
书　　号	ISBN 978-7-5409-6243-2
定　　价	98.00元

本书若出现印装质量问题，请与工厂联系调换

亲爱的学弟学妹：

不知道你们是否听过这么一句话——"高考真正的迷人之处，不是在于如愿以偿，而在于阴差阳错。无论你高考考了多少分，能不能去想去的学校，都不用担心，你最终去的地方，一定会带给你意想不到的惊喜！"当初的我只是感叹自己的"阴差阳错"，而今两年过去，一路跌跌撞撞在迷茫中前行，进入到大学的第三年，我越发地感受到了这一份"惊喜"。

两年前，我与如今的你们一样，对大学充满了好奇和向往。那时候还没有人告诉我，学生会各部门之间怎么选择；也没有人告诉我，上了大学要考一堆证；我更不知道当初向往的学校会有如此多令人失望的"坑"。那时的我，除了迷茫，还是迷茫……但庆幸的是，我认识了一群优秀的学长学姐，他们用自身的经历给我树立榜样。不论是超级学霸、优秀干部又或者是社交达人、创业之星，每个人都散发着他们的光，让我在不断地尝试和探索中找寻自己的方向。两年来，我加过学生会、社联、带过社团，创过业，参加过全国赛事，考过许多证，经历了不少失败。但是其中最大的收获，就是一路上认识了许多优秀的小伙伴，每个人都用自己的方式践行着理想，更感激一路走来，始终有志同道合的伙伴风雨同行。

很羡慕你们的是，这些我大学两年下来的挫折与收获，你们现在就能够提前接触并有所规划。因为，你们比我更早一步了解到了自我，这个真实有趣的高校游乐园。在这里，你会发现，世界不仅仅是你的那个小圈子，你会认识更多更有意思的人，用他们的光点亮你的生命，你会找到与你志趣相投的伙伴，在你迷茫时与你一同前行，你会遇见更好的自己！

最后，祝愿你们在大学里不忘初衷，成长为自己所期待的模样！

湖南大学　兰姐

鱼说

　　繁重的课业和密集的考试,使得"大学"成为了大多数高中生的精神寄托,似乎考上了大学才能达到成功的彼岸。姑且不论结果如何,也不论你是新奇也好,失望也罢,大学,始终是一个让所有人充满期待的地方。

　　而鱼说这一次,精心挑选了122所国内高等学府,不局限于那些官方标准的数据,而是引入了大量在校学生的讲述,由学哥学姐以口述的形式,从他们的视角,来对高校进行重新的解读。那些不为人知的报考经验,校园美景,生活趣事,饕餮美食,就业趋势,都将在这里一一呈现。

　　除了高校的介绍,鱼说还融入了高校所在城市的人文与美景,历史与美食,一本书,带你游遍祖国的千山万水。我们把它定义为"游学",给它的解读是"读万卷书,行万里路"。

　　听书去游学吧,虽然路途漫长,但总有鱼说常伴左右。

游学
是一个读万卷书
行万里路的漫长过程
鱼说陪你

CATALOGUE 目录

华北地区

北京市 001

- 002 北京大学
- 005 中国人民大学
- 008 清华大学
- 010 北京理工大学
- 012 北京邮电大学
- 014 北京航空航天大学
- 017 北京化工大学
- 020 对外经济贸易大学
- 022 北京电影学院
- 024 北京工业大学
- 026 北京交通大学
- 028 北京科技大学
- 030 北京林业大学
- 032 北京师范大学
- 036 北京体育大学
- 038 北京外国语大学
- 040 北京中医药大学
- 042 华北电力大学（北京）
- 043 中国农业大学
- 044 中国传媒大学
- 046 中国地质大学（北京）
- 048 中国矿业大学（北京）
- 050 中国石油大学（北京）
- 052 中国音乐学院
- 053 中国政法大学
- 054 中央财经大学
- 056 中央美术学院
- 060 中央民族大学
- 062 中央戏剧学院
- 064 中央音乐学院

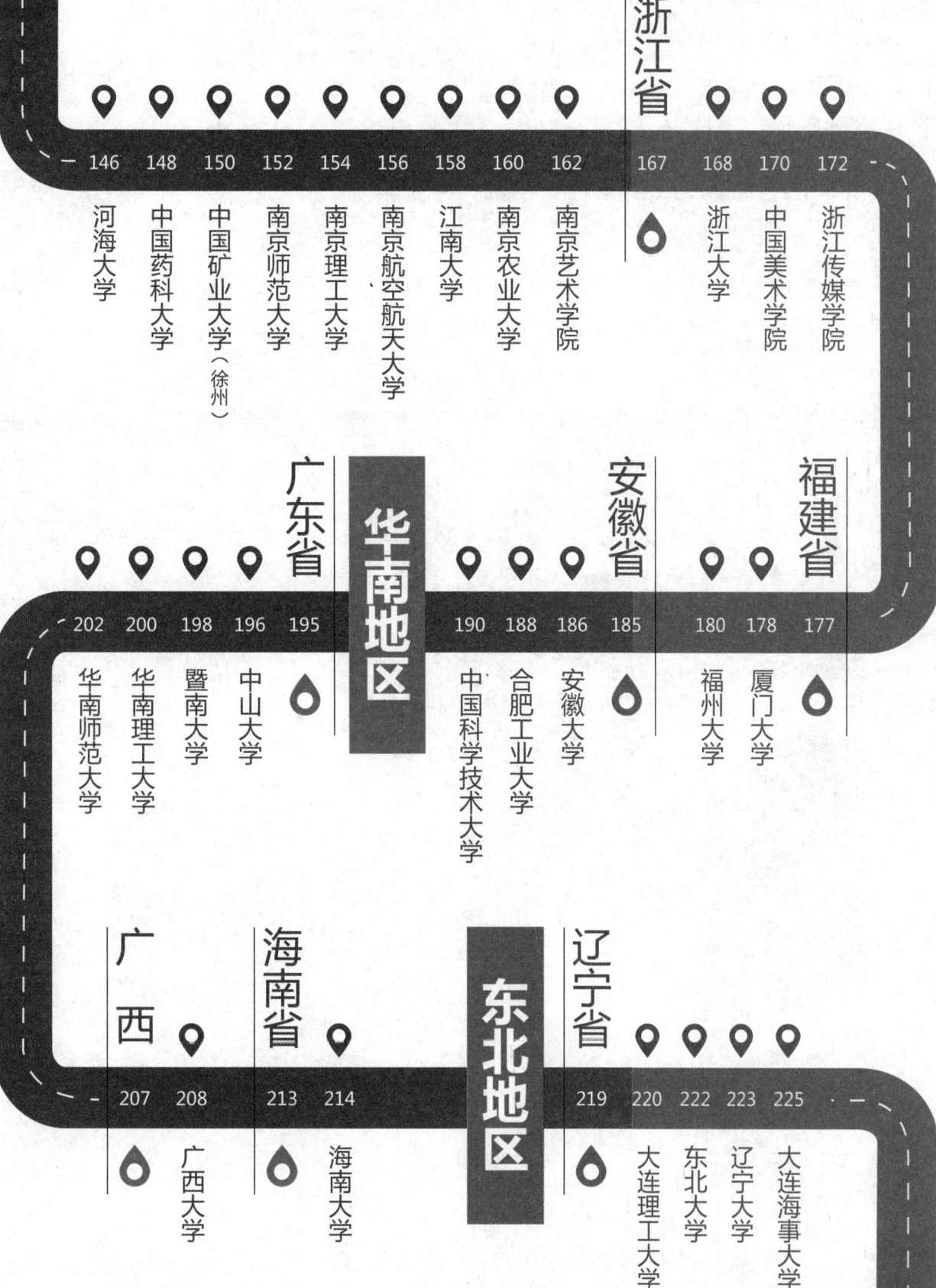

华中地区

吉林省
- 229
- 230 吉林大学
- 232 延边大学
- 234 东北师范大学

黑龙江
- 239
- 240 东北农业大学
- 242 东北林业大学
- 244 哈尔滨工业大学
- 246 哈尔滨工程大学

湖北省
- 251
- 252 武汉大学
- 254 华中科技大学
- 256 中国地质大学（武汉）
- 258 华中师范大学
- 260 华中农业大学
- 262 中南财经政法大学
- 264 武汉理工大学

湖南省
- 269
- 270 湖南大学
- 272 中南大学
- 274 湖南师范大学

河南省
- 279
- 280 郑州大学

西南地区

江西省
- 285
- 286 南昌大学

四川省
- 291
- 292 西南交通大学
- 294 电子科技大学
- 296 西南财经大学
- 298 四川农业大学
- 300 四川大学

重庆市
- 307
- 308 重庆大学
- 310 西南大学

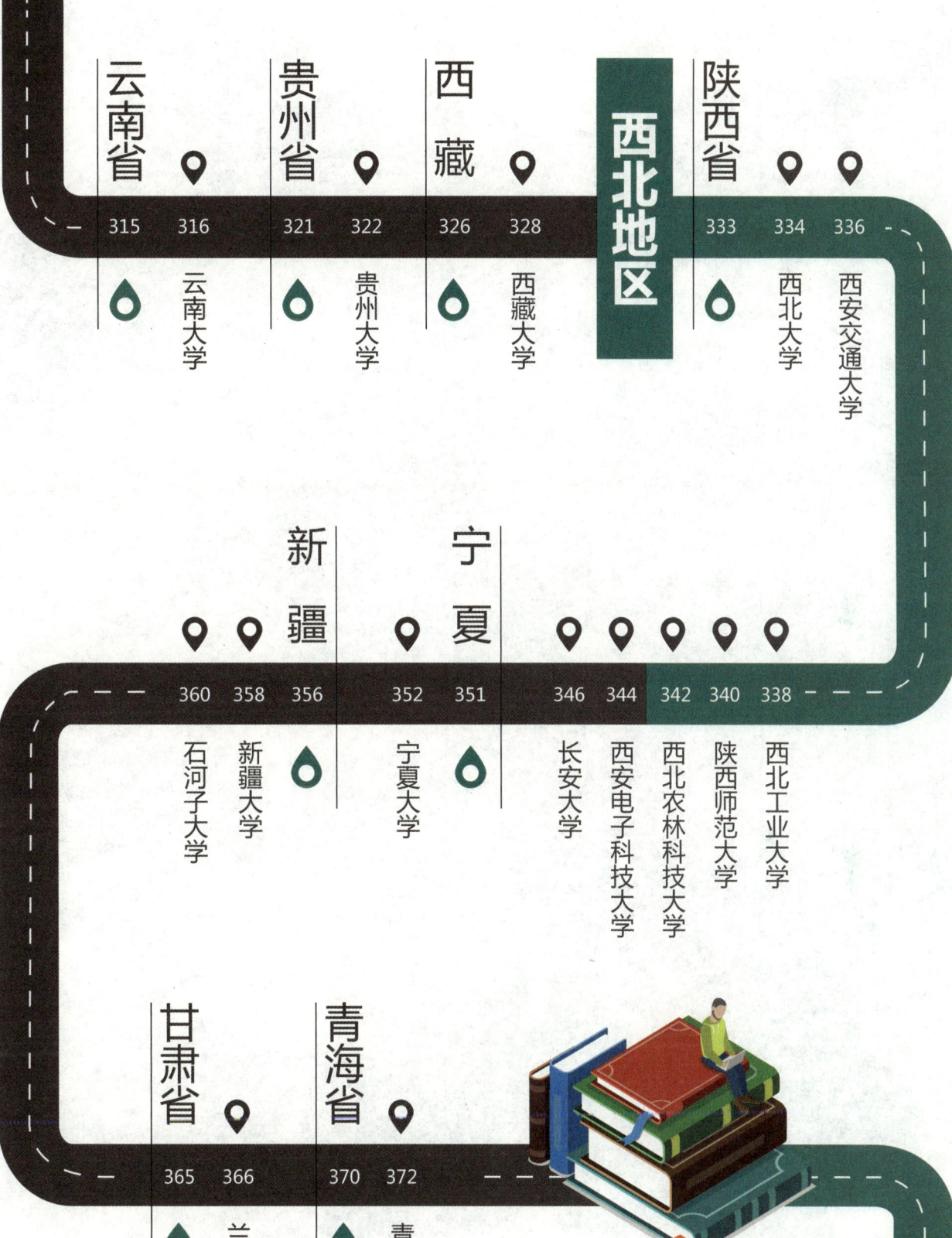

北京市
爱恨交融的首都梦

每个年轻人心中都有一个北漂情结，把自己丢到"水泥森林"里，头顶雾霾，朝九晚五，却囿于纸醉金迷、车水马龙，执着于一个机会。

北京是天堂，三千年历史、六朝古都，包罗万象，海纳百川。琉璃瓦、红宫墙，胡同巷子与摩天楼共融，行色匆匆的上班族和闲庭信步的老人互不相扰。热气腾腾的涮羊肉、书香门第清华园、香山红叶、国贸大厦，都是京城的丰富面容。北京也是地狱，直上云霄的房价、漫天雾霾、拥堵滞塞的交通压迫着人们的呼吸道和神经。

完美的城市也许让人向往，但一身诟病却依旧流光溢彩才让人欲罢不能。

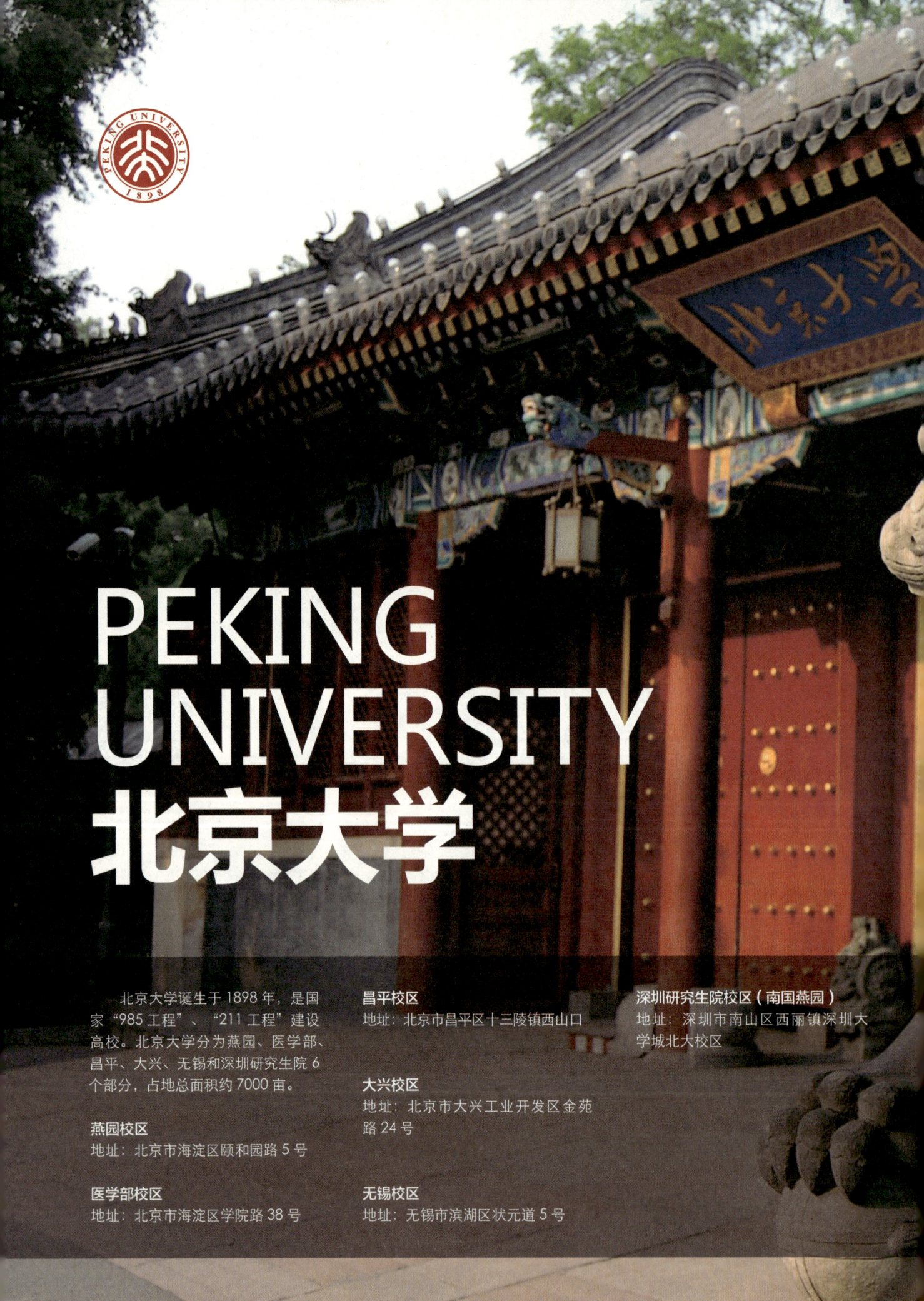

PEKING UNIVERSITY
北京大学

北京大学诞生于1898年，是国家"985工程"、"211工程"建设高校。北京大学分为燕园、医学部、昌平、大兴、无锡和深圳研究生院6个部分，占地总面积约7000亩。

燕园校区
地址：北京市海淀区颐和园路5号

医学部校区
地址：北京市海淀区学院路38号

昌平校区
地址：北京市昌平区十三陵镇西山口

大兴校区
地址：北京市大兴工业开发区金苑路24号

无锡校区
地址：无锡市滨湖区状元道5号

深圳研究生院校区（南国燕园）
地址：深圳市南山区西丽镇深圳大学城北大校区

听学哥学姐揭秘
你不知道的
北京大学

特色建筑

贝公楼
这座宫殿式建筑位于燕园校区，曾经接待过奥巴马、希拉里和卡梅伦等。说不准，哪一天你就能在这里亲眼目睹他们激情澎湃，气宇轩昂的演讲。

北京大学图书馆
此图书馆位于燕园校区，是亚洲最大的大学图书馆。如果能静下心把自己沉浸在书海里，日积月累，会让我们真正体会到腹有诗书气自华。

北京大学革命烈士纪念碑
燕园校区的静园草坪北侧，长眠着83位北大校友。他们当中有李大钊、高君宇、邓中夏、何孟雄、张太雷等。

社团活动

爱心社
冰心老人曾应邀担任名誉社长，季羡林、贺敬之、梁晓声和前中国残联主席邓朴方应邀担任名誉顾问。《人民日报》《光明日报》、中央电视台等新闻媒体都曾对爱心社进行过报道。

阳光志愿者协会
他们经常举办阳光大型慈善义演等特色活动，吸引了大量校内和社会上的慈善人士。

笛箫学社
他们每学期都会有专场音乐会，笛箫学社的优雅为北大社团活动增添了一抹亮色。

山鹰社
其实山鹰社原名北京大学登山协会，是国内首家以登山为主要活动的学生社团。在积极开展雪山攀登活动的同时，山鹰社在科学考察活动和攀岩比赛中也收获了丰硕的成果，这可是全国闻名的社团。

校园美食

学四食堂
学四食堂位于燕园校区，又叫燕南食堂。它分为2层，一层为各类美食窗口，二层为进餐专区，这里可使用现金或饭卡购买。燕南的家常菜，经济实惠，全国各地的风味一应俱全。值得一提的是鸡蛋饼，一碗牛肉面加上一个鸡蛋饼，那滋味简直绝了。

校园景点

未名湖
燕园校区未名湖于北大的意义，就像汉唐之于中国一样，除了它本身所固有的美之外，更多的已经凝结为一种文化意义上的象征。

智慧之树
这是西班牙驻华大使种植在燕园校区的，命名为"智慧之树"，不过大家也称它为"塞万提斯之树"。

勺园
燕园校区的勺园历史可悠久了，是明朝著名书画家米万钟于万历年间所建的，也是"米氏三园"中最为有名的一个，有很多明朝诗人都以诗词歌咏。勺园现在是留学生居住的地方，所以，想练口语，结交外国朋友体验国外文化，来这里没错。

特色院系

心理学系
有人的地方就有心理学，心理学是一门非常有意思、有挑战性的学科，每一项重大的研究成果都可能将心理学发展推向崭新的一页。

法学院
北大法学院已走过百年，同时也是中国法学建设历史的一个缩影。

经济学院
北大经院的目标是为未来大师级的学者、大企业家、大科学家、大政治家注入优秀的"基因"，提供茁壮成长的环境；所以说经院就是培养未来行业领军人物的摇篮。

RENMIN UNIVERSITY OF CHINA
中国人民大学

中国人民大学简称人大，1937年诞生于抗日战争烽火中，位于首都北京，是国家"985工程"和"211"工程的重点院校。人大目前分为校本部和中法学院两个校区，学校占地面积70万平方米。

中关村校区
地址：北京市海淀区中关村大街59号

苏州校区
地址：江苏省苏州市工业园区仁爱路158号

听学哥学姐揭秘
你不知道的
中国人民大学

特色建筑

明德楼

其位于中关村校区西门,不仅看起来宽敞,而且功能很齐全、现代化程度很高。明德楼是目前国内高校已建成建筑中规模最大的单体教学建筑之一,它获得了中建总公司"中建杯"优质工程金奖和QC成果国家级一等奖等荣誉,真可谓是人大学的骄傲。

世纪馆

中关村校区的世纪馆可以说是一个综合馆,不仅具有体育教学、体育比赛、群体活动、艺术教育等功能,还是目前国内高校中最大的多功能文体馆。世纪馆的造型很特别,是典型的玉石琉璃棺材格,它的形状酷似一个棺材,从侧面看像一个长方体的灵柩,正面从东看,又像一个棺材的横截面。这个造型大胆而且奇特,也很具美感。

 ## 社团活动

电影协会

协会在 2001 年 10 月就成立了,是目前人大众多社团中唯一的专门性电影社团。想要结识有内涵的电影人吗?一起分享电影中的乐趣吗?人大电影协会,能让你重拾集体观影的乐趣。

 ## 校园美食

麻辣香锅

非常值得推荐的麻辣香锅,就在中关村校区的南区食堂。喜欢吃咸辣口味的同学,可以去尝试一下,这是一个不错的选择。不过千万要记得,南区食堂只能使用现金支付,只带一卡通会很尴尬。

东区食堂

人大人一般都会称母校为中国人民吃饭大学,因为每个食堂都有很特色。而中关村校区的东区食堂二层则以手抓饼、广州糖水、拉面、猫耳面、刀削面著称。重点是东区食堂的夜宵窗口,烧烤、麻辣小龙虾、啤酒应有尽有!

 ## 校园景点

一勺池

中关村校区的一勺池,很多人称为"人大海",但是毕业生们都会叫它"七星池",其实这是人大一个不规则的椭圆形的人工池塘,形状看起来像一滴水,其中竖有奇石,池底有二十根左右喷泉设施,喷泉开了的时候漂亮极了。

 ## 特色院系

新闻传播学

人大的新闻传播学专业是全国新闻学科中唯一重点学科点,课程设置十分有特点,会经常聘请一些目前国内知名的主持人担当专业课程的客座教师,所以同学们有很多机会和名人近距离地交流经验,这种优势可是别的专业比不了的。

金融学

大家都知道人大的金融学排名前列,在当前的经济发展背景下,金融专业非常吃香。且人大金融学院建立较早,历史积淀深厚,加之学校现在的高度重视与投入,实力自然不一般。当然,金融学院录取分也较高,基本都要达到清华北大的分数线,这使得它更加"高冷"。

TSINGHUA UNIVERSITY
清华大学

清华大学诞生于 1911 年，多年位列"985 工程"、"211 工程"高校之首。学校分为校本部和清华美院，占地面积 5340 亩。

校本部
地址：北京市海淀区清华园 1 号

清华美院
地址：北京市朝阳区东三环北路 34 号

听学哥学姐揭秘
你不知道的
清华大学

特色建筑

大礼堂

校本部的大礼堂建成时,是国内高校里最大的礼堂,是清华"最有光荣历史的建筑之一"。这栋建筑有意大利文艺复兴时期的古罗马希腊艺术风格,是清华学霸们的聚集地,现在学校里的会议、讲座和娱乐演出经常在这里进行,所以喜欢在古色古香的氛围里凑个热闹,感受学霸们学习娱乐的同学,来这里就对了。

工字厅

校本部工字厅,厅如其名,就是像个"工"字。值得一提的是,工字厅大门上面悬挂的匾额——"清华园",乃是咸丰皇帝御笔,顿觉历史感暴增,有木有?当然,这里还是学校很重要的行政、文化和交往中心。

 社团活动

学生次世代动漫社

动漫小公主?动漫骨灰宅?这个动漫社专为来自动漫星球的你量身打造,没错,你需要到这里来!

辩论演讲队

喜欢《奇葩说》?想像里面的奇葩一样能言善辩巧舌如簧?加入这个团队,逻辑思维,据理力争,下个奇葩就是你!

 校园美食

清芬园

校本部六教北侧的清芬园是中午就餐人最多的食堂。"清芬"二字取自"清芬挺秀,华夏增辉"石刻。食堂内部是一个集多种风味为一体的餐厅,其中最具特色的有麻辣香锅、牛肉酥饼、特色拉面、杭州小笼包、铁板炒饭系列等,可以说是一个汇集了南北风味的综合性餐厅。

听涛园

"听涛园"食堂地处校本部万泉河畔,分为上下两层,一楼快餐厅、西餐厅、小卖部聚集地;二层为清青面吧,主要经营各式面条。这里有一个特色的早餐不得不提,那就是方便面!

甲所餐厅

此餐厅位于校本部甲所招待所1楼,算是校内比较贵的餐厅,适合招待客人。目前是清华校内著名的专家招待所。很多国家领导人、学术大师都在这里用过餐。

 校园景点

清华路

清华路是校本部的主干道之一,笔直的大道贯穿东西。清华路两侧种植着银杏树和法国梧桐,穿过一栋栋时光遗留的古建筑,和恋人携手散步,和朋友嬉戏打闹,自己听歌闲荡,无论哪个场景,在这里都会变为唯美而生动的风景。

近春园

校本部的近春园原是清咸丰皇帝的旧居,康熙皇帝熙春园的中心地带,足见其久远的历史。近春园核心景观是朱自清笔下的"荷塘月色",这里静谧清幽,历史悠久,又有文人书写,值得一访。

水木清华

听名字就很有意境,不是吗?水木清华是校本部清华园中最著名的景点,在工字厅的北侧。其主体景观是工字厅后面的一个荷塘,荷塘之间掩映着一幢秀雅的古建筑,常与颐和园中的谐趣园相比。建筑正额的"水木清华"据历史记载是清朝康熙皇帝的御笔。难怪清华学子会选择来这里读书小憩,陶冶情操。

特色院系

建筑学院

建院由著名的建筑学家梁思成创办,在清华里,与其他理工科和纯文科相比,这个系的学生显得非常有个性。近两年清华建院的女生越来越多,男女设计各有所长,有技在身,走遍四海都不怕!

医学院

清华有医学院,也有医学部。医学院是清华自建的,研究生较多。医学部是与北京协和医学院合作的。这里有很多医学界牛人,要想真正深入研究医学,这里绝对是个明智的选择。

BEIJING INSTITUTE OF TECHNOLOGY
北京理工大学

　　北京理工大学是国家"985工程"和"211工程"首批重点建设高校。学校前身北京工业学院发源于1940年的延安，有中关村校区、良乡校区、西山实验区和秦皇岛分校，总占地面积4342亩。

中关村校区
地址：北京市海淀区中关村南大街5号

良乡校区
地址：北京市房山区良乡东路

西山实验区
地址：北京市海淀区东北旺乡冷泉东路

秦皇岛分校
地址：河北省秦皇岛市北戴河区育花路北段

珠海学院（独立学院）
地址：广东省珠海市唐家湾金凤路6号

听学哥学姐揭秘
你不知道的
北京理工大学

特色建筑

体育馆

这是一个"绿色"的中关村校区体育馆，因为它本着节约能源、利用自然资源、创造高效的建筑空间等可持续发展理念来体现绿色奥运精神。

图书馆

北京理工中关村校区图书馆于 1940 年成立于延安，新馆建于 1983 年，由我国老一辈革命家、军事家张爱萍同志亲自题写馆名。坐在这样一座历史氛围浓厚的图书馆里，安静地看一本书，享受一次精神的洗礼，绝对是一件很惬意的事情。

 社团活动

悦音原创音乐社

北理工唯一的一个原创音乐社团，主打音乐的创作和制作，西洋乐队和乐器培训是其两大特色。每年的 9 月初军训结束不久会举办一次新生音乐会，会有乐队以及其他类型节目的演出。12 月底和 4 月中旬还分别有悦音冬春季嘉年华呢。

乡琴协会

乡琴协会以吉他和乐队为主，广泛涵盖其他音乐元素，从某种意义上，乡琴协会已经站在在北理音乐阵地的前沿，还等什么，快到碗里来！

 校园美食

教工食堂

中关村校区教工食堂一层可充卡，可充网费，可打印复印。食堂早晚都对学生开放，中午只接受老师用餐。北理工饭菜很便宜，唯独这里是例外，因为老师是不享受学校补助的，所以不要再抱怨学校食堂贵了，看看这里的菜价，就知足常乐吧。

新食堂

北理工中关村校区最大的食堂，物美价廉。一层有超市，但只可以刷卡。喜欢足球的帅哥美女可以多去三层，因为北理工足球队的队员们爱在这里用餐。

 特色院系

机电学院

机电学院是北理工具有军工特色的主要院系之一，同时也是该校成立时间最久的学院，这个学院无论是各个学科的体系或者是师资教研都达到了非常高的水平，对于理工科学霸，这里是一个不二的选择。

BEIJING UNIVERSITY OF POSTS AND TELECOMMUNICATIONS
北京邮电大学

听学哥学姐揭秘
你不知道的
北京邮电大学

北京邮电大学系国家"985工程优势学科创新平台"、"211工程"重点建设高校。1993年更名为"北京邮电大学"。学校有3个校区,占地693亩。

西土城路校区
地址:北京市海淀区西土城路10号

宏福校区
地址:北京市昌平区北七家镇郑各庄村

沙河校区
地址:北京市昌平区X028南丰路与高教园南三街交口向东一百米路北

特色建筑

西门

品味北邮,最好先从西土城路校区的西门开始。这个门设计简约、时尚,像是某种简版的流行电子产品。

毛主席像

在北邮西土城路校区,最让同学们津津乐道的便是主席的塑像了。但就艺术角度而言,北邮这尊主席像在全国现存的塑像里是最好的。

教三

北邮西土城路校区的教三,由清华建筑所设计。因其内部设计很有个性而出名。展示了通信大发展时代的冲天豪气,繁复、张扬以及各种碰撞,如:中国与西洋、传统与现代、安静与嘈杂、象牙塔与市井、简约与繁杂等。教三的好还在于其亲和,没有高高的台阶,没有高大的门,一切向师生敞开。

社团活动

萌芽文学社

在北邮,最文艺、最具有诗人情怀的非萌芽文学社莫属了,这里聚集着所有不甘于被通原、信号、模电、数电这样的理工"四大名捕"侵占的同学。

FreeStyle 轮滑社

在宏福校区学生活动中心前的小广场上经常可以看到轮滑爱好者在训练,其中不乏各种花式表演的"大牛",轮滑社员在享受轮滑的同时,也享受着来自妹子们倾慕的目光。

乒乓球协会

北邮乒乓球协会是北邮目前人数最多也是最大的社团了。这其中不仅有尚待练习的小白,更有横扫各种比赛的大神,水平极高。

校园美食

漫咖啡

西土城路校区学苑超市旁有很贴心的地方,虽然不能续杯,但是无限供应白水,自习讨论的学生挺多,气氛安静又热烈,复习一下午是极好的。

南门金谷园

强烈推荐西土城路校区南门附近的鲅鱼饺子,完全满足皮薄馅大这一万年不变准则,现包现煮,馅心里的蔬菜还带着一丁点清脆,不得不让人点赞!

校园景点

摩斯地砖

几块黑色的地砖呈长条和点状,不规则地分布在西土城路校区白色的地砖上。乍一看这些地砖似乎没什么特别,仔细观察会发现这其实是北邮校训的摩斯密码。

沙河校区大门

沙河校区的大门设计非常有意思,是一片片二维码,当然,想扫一扫的话还要等到晚上,因为需要一个黑白对比。

特色院系

通信专业

北邮的通信牢牢占据着信息通信工程一级学科全国第一的宝座,竞争特别激烈,信通院 top10 能拿到清华、北大、中科院甚至 Stanford 的 offer。

计算机专业

2015 年,阿里巴巴集团在北邮举办了第六届技术论坛,而此论坛之前只在北大举行过,可见阿里巴巴对北邮的重视,对北邮计算机系的肯定。

电子工程学院

北邮的电子工程学院非常强,学科能力和排名均在全国前列。电子工程学院学习内容多,学生电子方面能力突出,因此适合的岗位非常多,就业情况也比较好。

北京航空航天大学建于1952年，是国家"985工程"、"211工程"重点建设高校。学校设有学院路、沙河两个校区及一个二级学院，占地3000亩。

学院路校区
地址：北京市海淀区学院路37号

沙河校区
地址：北京市昌平区沙河高教园南三街9号

北海学院（独立学院）
地址：广西省北海市银海区银滩大道88号

听学哥学姐揭秘
你不知道的
北京航空航天大学

特色建筑

航空航天博物馆

学院路校区的航空航天博物馆以传播航空航天知识为主，经常举办各种普及活动，向大家传播航空航天知识。

晨兴音乐厅

如果你带着飞行员的梦想，又喜欢音乐，那么学院路校区的音乐厅会是让自己的职业和爱好兼容的最好场所。

新主楼

学院路校区的新主楼整座大楼大方典雅，集现代化智能楼宇控制系统于一身，处处体现着环保节能的设计理念，已成为北京市高校的标志性建筑之一。

 社团活动

百团大战

每当新生入校时学校的各个社团就会聚在一起开展百团大战，这是为学生社团输送新鲜血液的关键，也是北航社联能够展开其他工作的基础。小鲜肉们来到北航不要错过哦。

"冯如杯"

这是学校面向本科生开展的学术科技作品竞赛，是对创意、创造和创业的很好的融合，此竞赛中北航学子与海外高校也有很多文化交流。

社团文化节

社团文化节，看名字就知道举校欢腾非常热闹啦。全校所有社团都会参加，推出自己的活动来吸引大家，美女帅哥，凑热闹打酱油，总之有得玩儿！

 校园美食

黔道贵州草本火锅（北航店）

此店在学院路校区东门附近以地道的贵州菜为主打，酸汤鱼是特色菜品，店里以灰白为主色调，很多细节都体现着民族风情。

校园景点

绿园荷塘

学院路校区的荷塘真个是杂花生树，绿树清幽，鸟语花香，谈情说爱，埋头苦读的圣地。

晨读园

清晨学院路校区的晨读园鸟语花香，空气湿润又清新，周围有植物围绕。这里是学霸的天堂，学渣偶尔进去陶冶情操也是不错的。

特色院系

北海学院

学院坐落于南方滨海名城——北海，紧邻"北海银滩"，校园里面海风拂面、空气怡人，是学渣变学霸，学霸变考神的不二之选。

宇航学院

该院所有专业的课程设置都是以"平台课"+"方向课"的形式构建，使得毕业生既有广阔的知识面，具有较强的适应能力和扎实的基础，又能较快地进入工作角色。

BEIJING UNIVERSITY OF CHEMICAL TECHNOLOGY
北京化工大学

北京化工大学是国家"985优势学科创新平台"、"211工程"重点建设院校。学校创办于1958年,由3个校区组成,分别是东、西和昌平校区。总体占地面积1070亩。

北区
地址:北京市昌平区南环东路15号

西校区
地址:北京市海淀区紫竹院路98号

东校区
地址:北京市朝阳区北三环东15号

听学哥学姐揭秘
你不知道的
北京化工大学

 特色建筑

阶教

北区的阶教共有十个阶梯教室，有些在期末时为通宵自习室，每到期末，灯火通明。这里还有架三角钢琴，在这里练合唱是一件很爽很带感的事。

清露园

北化北区唯一的食堂，有专门面向穆斯林同学的清真食堂。听名字很有伊斯兰 feel，喜欢清真口味的童鞋有福了哦。

 社团活动

国旗护卫队

社团负责执行日常升降旗任务，还有开学典礼、校运会等等的升旗任务。穿上制服，抬首挺胸，旗手们都是帅帅哒。

志愿服务总队

即使是做好事，也需要明确的分工，各司其职才能更有效率。所以加入到团队，我们的力量才能得到最大化地发挥。

 校园美食

金柄鹤来

北区附近的店铺，这里的面有一点韩式的风格，绝对的物美价廉，叫外卖可以送到宿舍楼下，宅男宅女大福利！

苏记串吧

北区附近是很适合夏天一宿舍男生聚在一起喝酒吃肉的地方，这家店不仅便宜，老板娘态度也很好哦。

 校园景点

 特色院系

母校之光雕塑

"母校之光"是一座普通但又意义深远的雕塑，它是校友捐献给母校的礼物，承载着每一个化大人对母校的深厚感情。

校园金秋

当你漫步在这条金色大道时，就仿佛走进了童话世界。脚下的沙沙声如优美的旋律伴随着你，即使一个人也丝毫不会感觉到秋天的寂寥和冷清。

继续教育学院（独立学院）

继续教育学院现在有函授、夜大学等多种办学的形式；还有高中起点本科、高中起点专科、专科起点本科等九十几个招生专业。高中学不好？没关系，来这里再教育吧。

材料科学与工程学院

北化的材料科学与工程学院是1958年建校时创办的院系之一，经过半个多世纪的建设与发展，已经有了很坚实的基础。这里走出来的学子，都肩负着为国家工程事业添砖加瓦的社会重任。

化学工程与工艺

这个是北化的特色专业，主要是研究化工工程工业技术的基本理论和方法。要想学好这门专业必须得下一番苦功夫来夯实基础，高等数学、化学、物理、化工原理、化工热力学、反应工程、分离工程等专业课，都是一些需要花大力气搞懂的"硬知识"。

UNIVERSITY OF INTERNATIONAL BUSINESS AND ECONOMICS
对外经济贸易大学

对外经济贸易大学始建于1951年，是国家"211工程"重点建设高校，校园占地面积26.6公顷，仅一个校区。

校本部
地址：北京市朝阳区惠新东街10号

听学哥学姐揭秘
你不知道的
对外经济贸易大学

特色建筑

虹远楼
贸大最宏伟、最有名的建筑，首推女生宿舍虹远楼。号称"公主楼"的虹远，容纳了贸大所有的女生，并且是"亚洲最大的单体宿舍楼"。

红天体育馆
红天体育馆外观酷似"金元宝"，是学校第一座属于自己的综合体育馆，游泳课也可以在校内上了，校内的游泳队也终于不用去校外借用场地了。

图书馆
图书馆外观整体呈现出"书"的写意像，现代化的气息中又带着一点古色与文艺，曾获中国建筑界最高奖——鲁班奖。图书馆实现全开放自助式借还书，从一层的电脑上查阅检索号，找到书之后再去自助借书机里扫描登记就可以了，还书也一样，只需放在旁边的还书车，会有工作人员或志愿者放回原处，十分便利。地下有一层，地上共八层，恒温恒湿，有利于书的保存，也提高了阅览者的个人愉悦度。

社团活动

蚂蚁车协
如果你会骑车，可以体验山地车的快感；如果你不会骑，还会有会员教车，手把手教会。

合唱团
如果你热爱歌唱，而又刚好有那么一点音乐天赋，合唱团一定是你的不二选择。

惠禾三农协会
这是社会实践的老牌社团。协会会员平时可以参加一些短途的实践活动，等到实践队伍面向全校招人的时候，可以免除第一次面试。如果是干事，进去之后就等着抱大腿吧，不用面试直接进队。每年寒暑假也都会有几个队伍前往祖国各地实践调研，实践之后还可以一起在附近逛逛，顺便旅了个游。

校园美食

金渝川菜
经过四川、重庆同学的亲自品尝与评判，这里算比较正宗地道的川菜馆了。价格在消费较高的北京，也比较实惠。

陋室铭
东门一条街好评度最高的餐厅——陋室铭！这家店主打江西口味的盖饭，味道较辣，但绝对清爽又可口。

新辣道鱼火锅
同样又是一家好吃到飞的餐厅，鱼肉味道鲜嫩可口，汤锅味道浓厚，有很多的口味可以选择。

校园景点

贸大风景墙
"在贸大遇见你，是我今生最美丽的风景"。据说这是某位疯狂的留学生在夜里创造出来给他中国女朋友的"礼物"，因为很美，所以保留了下来。

"屁股湖"
"屁股湖"原本有个正经名字，叫"眼镜湖"，小木桥分割，湖水涌动，阳光下闪闪发光，好像一副眼镜，但不知是哪位拥有恶趣味的好事者给它取了个更加"形象"的名字，虽然不雅，但是更亲切平易。

虹远楼天井水车
在虹远楼内部小天井里，安置了一台具有南方特色、用水驱动的小水车，古香古色，实木的色调与虹远楼外墙的褐黄色瓷砖遥相呼应，虽然仍旧是人造的景观，但也是贸大标志性的景点之一。这里展现了贸大绿化特别好的特点，能在适当的地方布置清水、绿草来调节高楼的视觉疲劳，因而这里经常上演喊楼表白的好戏。

特色院系

国际经济贸易学院
国际经济贸易学院是学校人数最多的院，光看专业数量就知道了。

金融学院
对外经济贸易大学的金融学院有着不同寻常的历史，其前身是中国金融学院，隶属中国人民银行，陈云同志题词"办好中国金融学院，培养新一代银行家"。

国际商学院
商院的戴天婧老师，是伦敦政治经济学院会计学博士，教授的财务会计课程面向全校，老师年轻又漂亮，讲课明白透彻，往往一座难求，一般都得提前半小时到一小时去占座，还会有很多站着蹭课的人。

特色建筑

校史馆

参观校史馆，不仅让人大饱眼福，也能让人对电影事业有一个深刻全面的了解，原来光鲜亮丽的明星也是靠一点一滴奋斗积累才取得今天的成就的。

四季咖啡厅

A楼大厅径直往里走是一个咖啡厅，没有牌匾，但每个人都叫它四季厅。2004年之前，这里还是一个天井，平日里只能听到风声。如今，这里有玻璃桌面、玻璃地板，阳光垂直洒下，穿过芭蕉和龟背竹的缝隙，映出人影绰绰。这里是电影学院最热闹的地方，便宜的咖啡、奢侈的阳光和一群只爱电影、只谈电影的人。

社团活动

魔术社

唯美的电影画面穿插奇幻的魔术，场面不要太酷！没错，日常生活也可以充满魔幻乐趣，不要眨眼，奇迹就要发生。

同爱社

国内很少有高校能这样公开地支持包容LGBT群体，这个社团的存在有太多意义，它不仅是对少数群体的爱，也是对社会文明进步的推导。

校园美食

电影故事餐厅吧

这种地方性价比不会很高，价格偏贵。菜是湘粤系列的，味道很不错，芸豆、野山椒做的汤非常值得一试。

校园景点

晨功雕塑

"晨练"既是对美的姿态的描摹镌刻，又是对学子们的亲切告诫："一年之计在于春，一天之计在于晨。"不愧是电影学院，连雕塑都透着特别的美感。

卡通雕塑

紧邻着古朴的大宅门，有几个憨态可掬的卡通雕像。为首的是一只长耳朵、小眼睛的胖兔子，似武林高手立在梅花桩，表情搞怪，动作活泼，看上去惹人喜爱。这些小家伙出自华表奖、金鸡奖卡通片《兔侠传奇》《欢乐奔跑》。偶尔摆脱厚重的思考，漫步在草坪，有这几只小家伙的陪伴，心情似乎也变得愉悦舒爽起来。

特色院系

导演系

导演系现有故事片创作、纪录片创作、剪辑三个专业方向，分为博士、硕士、本科、创作干部进修等各个层次的教学班。回顾过去的几代导演，张艺谋、王小帅、娄烨等。谁能否认北影导演系的雄厚实力？

动画学院

在这个学院努力进修，也许下一部伟大的国产动画就出自你手，看着自己的作品跃然大屏幕，那种心情一定难以言表。

BEIJING UNIVERSITY OF TECHNOLOGY
北京工业大学

听学哥学姐揭秘
你不知道的
北京工业大学

北京工业大学创建于 1960 年，是国家"211 工程"重点院校，有四个校区，学校占地约 80 公顷。

校本部
地址：北京市朝阳区平乐园 100 号

继续教育学院分部（独立学院）
地址：北京市海淀区车公庄西路 35 号

实验学院分校区（独立学院）
地址：北京市通州区潞苑南大街 89 号

艺术设计学院分校区
地址：北京市朝阳路惠新东街 8 号

特色建筑

体育馆

北工大校本部的体育馆承担了2008年奥运会羽毛球、艺术体操比赛项目,没有鸟巢的雄浑,没有水立方的灵动,但只要来到羽球馆,没有人不为它的"轻巧"而赞叹。

逸夫图书馆

在北工大,没有妹子,没有业余爱好,那泡校本部的图书馆吧,年复一年的积累会让你在日后的某一天坚信,那些精心埋头阅读的时光,都有所值。

微特电机博物馆

这是国内第一家微特电机博物馆。在这里,你可以了解微特电机的发展历史与科学原理,也可以参与互动操作,体会电机的使用乐趣。

社团活动

传笑堂相声社

相声社特聘请校友李菁作为传笑堂名誉社长为大家的相声表演进行指导,为大家提供去相声圈子和各大高校观看演出的机会,作为相声爱好者的你,简直不能更赚到!

自然爱好者协会

环保控?很想保护环境却觉得自己的力量太过薄弱?加入我们,一起做些更实质有力的事情,让自然的理念潜移默化地传递开来。

峻野登山社

将"三走"精神融入登山文化,坚持"以山育人"的理念,勇于担当起大学生体育公益活动的推广者和代言人,立志让同学们"走下网络,走出宿舍,走向操场"。所以,快放下手中的蛋糕,跟随登山社的步伐一起去体验户外运动的乐趣!

校园美食

天天餐厅

天天餐厅接近学校的西门,远离宿舍群,可以像饭店一样点菜,绝对算得上是北工大里的高消费,所以去那里吃早餐的同学并不是很多,一般是社团或院会聚餐才会来。

清真餐厅

校本部有个清真餐厅,也许因为是回民食堂的关系,所以会感觉这里的菜比较干净。回食的小炒经常门庭若市,卤鸡蛋和卤豆腐干是非常受欢迎的食物。小炒之中感觉地三鲜盖饭点击率最高,经常一端出来就是好几碗。食堂里面非常干净,桌子是那种长条的通桌,几个朋友坐在一起非常方便。

特色院系

艺术设计学院

学院拥有独特的育人氛围和人文环境,教师毕业于国内、国际著名学府,为国内外培养了数十位国家级工艺美术大师和大量的艺术设计人才。

科学与工程计算研究院

这个学院具有独立法人资格,设立独立治理结构,采用理事会领导下的院长负责制,在研究和教学方面有很强的自主性。

BEIJING JIAOTONG UNIVERSITY
北京交通大学

听学哥学姐揭秘
你不知道的
北京交通大学

北京交通大学是国家"985工程优势学科创新平台"、"211工程"。学校历史可以追溯到1896年,共有平谷和威海两个校区,占地1100亩。

平谷校区
地址:北京市海淀区高粱桥斜街44号

威海校区
地址:北京市南海新区现代路270号

特色建筑

思源楼

平谷校区主要的教学楼，顾名思义，是教导我们要饮水思源，报答母校，报效国家。

逸夫楼

平谷校区的逸夫楼也是学校的主要教学楼，二楼有能容纳上百人的机房，三楼有逸夫咖啡厅，是大家在自习后休闲的好地方。

 ## 社团活动

交大摇滚夜

北京是中国地下摇滚乐的摇篮，在这样的土壤上，北京交大吉他协会发展得龙腾虎跃。如果你也热爱着那些缠绕在耳际的声响，想要在其中找寻到久违的感动和热情，就一定要和我们一起，在秋分之际用摇滚乐温暖自己。

志愿者服务活动

北交大青年志愿者服务团在2001年12月5日成立，现在已经有近千名成员。志愿者的活动包括了诸如大型献血、首都国际机场志愿服务"风铃计划"、海淀区残联志愿服务、朝阳门医院关怀老人、红丹丹盲人讲电影等等。如果你也怀着一腔热血，那就加入到这个强大的团体中吧，你的爱心会随着集体的力量得以释放，收获的满足感也会更加丰厚。

 ## 校园美食

火烧石串烧工坊

这家店紧邻北交大平谷校区，深得附近学生和年轻人的青睐。店里主营烧烤，各式板筋、羊肉串、烤鸡翅都很新鲜，烤的味道也不错，价格实惠。这里晚上来吃夜宵的人很多，叫上室友伙伴，在烧烤店撸串喝啤酒绝对会成为以后不可或缺的回忆。

校园景点

南门

北交大平谷校区南门是交大最具特色的建筑之一，它是亚洲所有大学中最高的拱门，表现了北交大学子不断迈向新高峰的决心。进入南门，首先映入眼帘的就是左侧的小树林，这里承载着大家最美好的记忆：开学报到在此、学长学姐将低价出售学业书籍和一些小玩意儿也在此。

天佑会堂

平谷校区最大的礼堂是天佑会堂。大型晚会、讲座皆在此举行，离新生最近的一个活动就是迎新晚会了。

 ## 特色院系

建筑与艺术学院

这里培养出了一大批优秀的建筑和艺术设计专业人才，来这里可不是"搬砖"那么简单，也许未来城市里的某栋摩天大楼就会出自你手。

土木建筑工程学院

你以为学土木建筑的真的又土又木？那你实在太天真！在国内交流与合作方面，这个学院会聘请一批著名学者专家作为学院的名誉教授和顾问。学院还和设计院、工程局和其他事业单位进行了广泛的合作，所以这个学院的学习工作机会一大把，前途一片光明。

UNIVERSITY OF SCIENCE & TECHNOLOGY BEIJING
北京科技大学

北京科技大学是国家"985工程优势学科创新平台"、"211工程"重点建设院校。1988年,学校定名为北京科技大学,有海淀和管庄两个校区,占地面积80余万平方米。

海淀校区
地址:北京市海淀区学院路30号

管庄校区
地址:北京市朝阳区管庄北一里19号

听学哥学姐揭秘
你不知道的
北京科技大学

特色建筑

体育馆

海淀校区体育馆在第29届北京奥运会时负责承担柔道、跆拳道比赛项目。毫无疑问，每个高校都有体育馆，但并不是每个高校的体育馆都能用作奥运会的比赛场地。

图书馆

海淀校区的图书馆当然是学霸们的聚集之所，当然，临近期末，学渣们也需要来这里抱佛脚。

社团活动

中文配音大赛

想在自己喜爱的电影动画中发出自己的声音么？那么来吧，不管你的声音沙哑、浑厚还是清脆细柔，北科——"音"你而精彩！

国际文化节

这个活动有来自近50个国家和地区的留学生参加。他们不仅会准备丰富的海报、杂志、展板、民族特色美食，还会穿上自己国家的特色服装给来参观国际文化节的中外朋友们带来精彩的文艺表演。这里可是能看到不少金发碧眼的帅哥美眉呢。

校园美食

万秀食堂

这个食堂算是海淀校区比较老的一个食堂，菜式非常有北科特色。

东门小吃摊

海淀校区东门在家属区有零星的小卖部和小商铺，会卖一些零食和小吃，比如烤肠、凉皮、手抓饼等等，如果错过了饭点，可以来这里充饥。

校园景点

银杏大道

银杏大道就在海淀校区钓鱼台那里，路的两旁是高大金黄的银杏树，路边是绿色的草坪，上课的时候没什么人，蓝天白云，金灿灿的叶子，颇有一种宁静祥和的感觉。

特色院系

冶金与生态工程学院

这个学院基础非常雄厚，冶金工程和科学技术具有一级学科博士授予权，还设有博士后流动站。这么牛的专业，可能还会炼到"黄金"哟。

机械与工程学院

没错，这里聚集了一堆理工男，如果有了擅长理工科的妹子加入，于己于彼，都会是莫大的福利！

BEIJING FORESTRY UNIVERSITY
北京林业大学

北京林业大学位列国家"985工程优势学科创新平台"、"211工程"建设高校。北林大建校历史可以追溯到1902年,有主校区和鹫峰校区两个校区,总占地面积12295亩。

主校区
地址：北京市海淀区清华东路35号

鹫峰校区
地址：北京市海淀区苏家坨镇秀峰四路5号

听学哥学姐揭秘
你不知道的
北京林业大学

特色建筑

公主晶阁
主校区中一个个规整的阁楼式建筑，配上全幅式落地窗设计，晚上宿舍灯亮起，照亮一个个小格，整栋楼晶莹剔透，成为北林独特的风景。

伟岸书馆
百米的跨度，酱蓝瓷砖的外表，伟岸挺立，稳重大气。想好好做个学霸？来主校区的伟岸书馆就对了。

回字教廊
虽然四层的小楼并没有多少教室，略微显旧的内部装饰也没有多少人气，但是，主校区中的第一教学楼那回字结构的建筑，还是吸引了无数初次走入北林人的目光。屋顶半透明的采光设计给室内带来光明，同时又能避风遮雨，节约能源又很有设计感。

 ## 社团活动

校园沙伐旅
沙伐旅是一种新兴的旅游方式，在这个社团，无论是穷游还是富游，相信你都能在这里找到志同道合的朋友。除了旅游之外，还有一些与旅行有关的经验分享会和活动，比如在街边发一千包辣条。

绿湾舞团
绿湾舞团在保证日常舞蹈训练的同时，与学校各组织、社会单位之间保持着良好的合作关系，已连续两年成为校社联元旦灵舞之夜表演节目最多的舞蹈类社团，也是近两年全校唯一受邀承担校园十佳歌手比赛及元旦舞会开场重任的社团。没错，有才就是这么任性！

 ## 校园美食

沁园餐厅
主校区的沁园餐厅号称是女生的后厨，属于全天营业的食堂，较为实惠，人满为患，食品种类独特，饭菜味道很有口碑哦。

胖子串串
这家店的卖点在于口味，连矿大的学生都过来吃，周边几家串串味道根本不能与它相提并论。最有说服力的就是，主校区东门封了之后，他家的生意依然火爆！

呱呱小吃城
呱呱小吃城可是北林主校区最著名的食堂哦，从二食的东侧走上三楼，便来到了呱呱小吃城，与清真食堂仅有一墙之隔，环境很好，美食也很多。这里营业时间最长，从早上十点一直到晚上十点，堪称错过饭点的同学的福音～虽然价格相对偏高，但琳琅满目的美食也让呱呱小吃城一座难求。

 ## 校园景点

绿林映石
主校区绿油油草坪上的一块巨大的泰山石，天然形成的纹理，塑造出汉字"林"的图案，貌似古藤般的根须蜿蜒于巨石之上，生动地体现了北林学科特点和办学特色。

二教竹园
仰青松之正气，法竹梅之风骨。北林主校区的竹在二教周围长得郁郁葱葱，搭配雄伟的第二教学楼，加之来来往往、形迹匆匆的学子，构成一道独特的风景。

金叶满枝
秋天，主校区主干道两旁的银杏叶黄了，金叶满枝，犹如鹤发的学者，高贵又圣洁，动静相宜，错落有致。一棵棵粗壮的银杏树对一届届学子的迎来送往，见证了一次次春夏秋冬的更替，记录了北林不老的故事。金秋的校园，主干道的银杏叶飘飘洒洒。众多的北林学子、无数慕名而来的游人，享受着秋日的温暖，珍藏下美好的记忆。

 ## 特色院系

水土保持学院
这个学院现已成为我国生态环境建设、水土保持与荒漠化防治国内外的交流合作中心。受够了沙尘暴，想要为水土治理出一份力，这里是最适合你的选择。

园林学院
园林学院是全国唯一一所能够多种规格、多种层次培养园林、风景园林和观赏园艺建设人才的学院。

环境科学与工程学院
学院成立于 2007 年 4 月，这里的 30 名教职工中，25 人具有博士学位，包括教授 5 人（全为博士生导师）。这样一支高素质、年富力强的师资队伍，会培养出怎样青出于蓝的学生？还犹豫什么，下一个博士就是你哦。

BEIJING NORMAL UNIVERSITY
北京师范大学

北京师范大学是"985工程"、"211工程"重点建设高校，目前设有海淀和西城两个校区。前身是1902年的京师大学堂师范馆，占地面积1031亩。

海淀校区
地址：北京市新街口外大街19号

西城校区
地址：北京市西城区定阜街1号

珠海分校（独立学院）
地址：广东省珠海市香洲区唐家湾金凤路18号

听学哥学姐揭秘
你不知道的
北京师范大学

特色建筑

曾宪梓楼
这是北师大最火的海淀校区教学楼了,条件比较好,地理位置也很好,一向都是自习占座的热点。

第十教学楼
海淀校区这栋楼外面看起来比较古朴陈旧,但物理天文系仍然驻守在这里。运气好的话,可以在第十教学楼里用天文望远镜看见流星雨。

社团活动

艺术团
每年校级的各种晚会和文艺活动都有艺术团的加入,进去摸爬滚打一圈后你会发现一个与当年大不一样的自己。

北国剧社
北国剧社每年都有毕业大戏,会经常编排话剧,是一个能锻炼各方面能力的组织。

校媒体
校媒体出的《京师学人》是一本值得期待的刊物,当然如果你加入了这个组织,做好刷夜的准备吧。

校园美食

一心日本料理
这是一家开在北师大海淀校区内的日本料理店。如果是请年轻小伙伴吃饭,来这儿是不错的选择,日式风格的装修,精致的料理会给你舒适的享受。这里的寿司、秋刀鱼都是热门菜。

校园景点

木铎金声
对于每一个北师大人来说,"木铎金声"耳熟能详。因为在北师大海淀校区,就既有"木铎路",又有"金声路",并且学校的校徽,就是一个木铎。并且为庆祝北师大百年华诞修建的"木铎金声一百年"纪念碑就傲然挺立在校园内。

"北师大星"雕塑
海淀校区内的这个雕塑的名字来源于编号8050的行星,2000年,它被正式命名为"北师大星"。

特色院系

文学院
要说北师大的文科院系哪个最好,答案肯定是文学院了。文学院中的汉语言文学和传播学更是特色专业,汉语言文学偏重于为国家教育事业培养人才。而传播学更加专业,主要是为国家培养大量的新闻传播人才。

教育学院
悠久的历史给予了这个学院坚实的教学基础,欲为人师,先要被人为师,只有自己硬件设施够硬之后,才有底气去面对讲台下面一双双求知好奇的眼睛。

BEIJING SPORT UNIVERSITY
北京体育大学

听学哥学姐揭秘
你不知道的
北京体育大学

    北京体育大学是国家"211工程"重点院校，筹建于1952年，占地面积1400余亩，目前仅有北京校本部一个校区。

校本部
地址：北京市海淀区信息路48号

特色建筑

综合馆

"八角形"是综合馆外观最别致的特点。在馆内，比赛大厅周围设置了大片高侧窗，起到"节能"目的的同时又达到了"采光"效果。

大鹏馆

大鹏馆是北京奥运"蹦床"项目的训练场馆。它"诞生"于2000年6月，为一圆拱形建筑，整个设计采用了轻型钢屋顶结构，自然采光很好。虽然是蹦床馆，但馆内也有4块篮、排球训练场，平时可供篮、排球教学使用。在大运会期间，大鹏馆书写了它作为"排球训练馆"的历史。在这里蹦床，小心不要跳太高撞到头哦。

社团活动

棒垒球协会

从最初几个人的自娱自乐，到2010年组建起了具有一定实力的棒球队参加首都高校棒球锦标赛，足以看出这个协会的用心和努力。想学打棒球，加入这里，也许不经意的兴趣爱好还能带你成为职业选手哦。

龟龟游泳社

游泳社团每星期日上午活动，会请专业的优秀国家运动员来亲自教大家，而且每次游泳活动只需要很少的钱。

湿跑节

北体跑步爱好者协会承办的"湿跑节"（water run）是以马拉松的形式展开，还添加了包括印章收集、合作运水球、躲避水枪游击队、飞跃水池障碍等环节，保证参与者在享受跑步运动的同时，体验游戏的乐趣。

 校园美食

食堂

北体食堂的菜价整体而言，性价比比较高，尤其是和北大、人大相比。食堂一楼、二楼、三楼都有小炒，可以点菜，卫生情况也很好，曾经评比获过奖。至于菜式的话，有川菜、东北菜、桂林菜等等，除此之外，还有各种面食、北京的卤煮火烧、铁板饭、砂锅饭，初来乍到的新生一般都会很满意。如果想尝鲜的话，北体有推出过"黑暗料理"——西瓜炒香蕉！人类已经不能阻止食堂阿姨了！

 校园景点

张文广铜像

张文广，当代"武林三泰斗"之一，在北体参与创建了我国第一个武术系，培养出我国第一批武术硕士研究生。武术本就是中国国粹，为之立碑，发扬光大也是对自己传统文化的保护和传承。

冠军之路（脚印）

学校的小花园就是冠军园，而这条路就是冠军之路，它上面的脚印都是北体历年来所培养的世界冠军所留下的，一共有29对。有跆拳道冠军、体操冠军，还有残疾人运动员。在前面还有一排都是空着的脚印，它期待着有冠军梦想的你，在北体留下足迹。

 特色院系

运动人体科学学院

这里是中国体育科学研究的前沿阵地，有坚实的物质基础，那自然研究发展都会有先进的技术设备做支撑。

社会体育系

看看现在满大街的健身房宣传单，大家追求的早就不是林黛玉式的瘦骨嶙峋。我们要"川"字腹肌人鱼线，加入社会体育系，一起为自己和他人打造健美的形体！

BEIJING FOREIGN STUDIES UNIVERSITY
北京外国语大学

北京外国语大学，入选"985工程优势学科创新平台"，位列国家"211工程"，学校只有一个校区，占地面积31万平方米。

校本部
地址：北京市海淀区三环路

听学哥学姐揭秘
你不知道的
北京外国语大学

特色建筑

阿语楼
阿语楼是北外校园内最具异国特色的建筑,是阿联酋王室拨款修建,厉害程度由此可见。金白相间的楼体,配上椰枣树状顶,穹隆、开孔等富有伊斯兰建筑特色,在阳光、绿树、蓝天的映衬下,宛若沙漠中的海市蜃楼。

图书馆
图书馆大门外侧的多语种装饰墙由55种语言组成,大厅顶部被文字玻璃顶笼罩,"书山"造型步行梯贯通上下,是北外最独特的建筑。

东院操场
私下课间传言"北外有十怪",其中的一怪就是北外的操场跑道只有300米一圈。都知道国际的标准跑道是400米一圈的,如果2008年北京奥运会男子4×400米决赛金牌得主杰里米·瓦里纳在北外比赛,他还得先来练练特殊的弯道技术呢!

社团活动

文艺部
音乐是溶于生活的,这里不需要国际级演奏大师,只希望在这个部门,大家都能感受到音乐的乐趣。

权益部
权益部主要负责的就是沟通学生在生活中遇到的问题,然后跟领导反映。喜欢为人民服务?权益部欢迎你!

宣传部
擅长玩电脑?喜欢设计海报?宣传部就是你的用武之地!来这里发挥你的才能和创意,让自己的想法跃然纸上。

校园美食

燕兰楼
燕兰楼主要以经营西北清真美食为主,粤菜也很精致。这里的装修偏豪华,所以宴请老师或者家长是非常不错的选择。

校园景点

校训石
校训石背面依次镌刻着阿拉伯语、英语、法语、俄语、西班牙语译文,与正面的汉语共同组成联合国的六种官方语言,烘托出北外底蕴深厚的文化氛围。

晨读园
校友杨澜回母校曾感叹:这座晨读园里的少女雕塑,是我上大学那年建成的;如今我已中年,她仍十八。小花园正用自己恬静的方式,陪伴着一位又一位勤奋的北外学子。

丽泽亭
"丽泽"二字语出《周易》,意为两泽并联,象征欣悦,君子因此欣悦于良朋益友切磋道理,研习学业。亭子两旁绿树环抱,鸟语花香。亭子掩映其中,飞檐翘角,把古园林建筑中"藏"的特点体现得淋漓尽致。这样寓意丰富又树肥水美的地方,实属读书会友的不二选择。

特色院系

国际商学院
这个学院致力于打造中国"跨国"商业精英,这是一个有无限潜力的发展平台,它能助你一臂之力,让本来就卓越的你平步青云。

翻译系
这个系对于翻译能力的要求非常严格,它需要非常扎实的中英文语言功底和文学修养,当然,一旦进入了这里,强者相遇,会激发出更大潜力。

阿拉伯语系
国家外交部的阿拉伯语高级翻译人才,大多数都是这个系的毕业生,想从事外交事业的小伙伴们,这里绝对是你们通向美好未来的桥梁。

BEIJING UNIVERSITY OF CHINESE MEDICINE
北京中医药大学

听学哥学姐揭秘
你不知道的
北京中医药大学

  北京中医药大学是国家"985 工程优势学科创新平台"、"211 工程"重点院校，占地面积 5 万平方米。学校创建于 1956 年，分为三个校区。

和平街校区
地址：北京市朝阳区北三环东路 11 号

望京校区
地址：北京市朝阳区望京中环南路 6 号

良乡校区
地址：北京市房山区阳光南大街

特色建筑

国医堂

北京中医药大学中医门诊部是享誉京城、声播海外的医疗基地，是中医界的泰斗，而和平街校区的国医堂，就是中医大学的窗口。

 社团活动

察耳学社

察耳学社主要运用中医耳针知识在社区、医院、高校等进行义诊活动，义诊按照志愿活动时长加社会实践学分。

承古社

承古社是由墨缘社、博弈社、知行书友会三个社团合并而成的。墨缘社主张以文会友，与墨结缘，觅得闹中宁静处，书画之间有墨缘。博弈社是以棋会友，棋盘上方寸之地彰显人生百态，黑白间进退之时恍惚尘世千年。知行书友会以书会友，以书修心，是一个分享自己读书心得的平台。想要修身养性，陶冶情操，来这里就没错啦。

 校园美食

药膳餐厅

不愧是中医药大学，连和平街校区的餐厅都是"药膳"的。这家餐厅在传统药膳的基础上研发药膳菜品，听起来就很健康不是吗？而且这个餐厅面积宽敞，婚礼、会议等大型的活动都可以举办。

 校园景点

杏林园

嬉戏打闹，读书思考，约会散步，每个学校总会有这样一个地方让这些在日后回忆起来温暖又动人。

小树林

这片小林子里有许多蓝色羽毛的鸟，飞翔的时候尾羽张开，就像锦绒扇一般美丽。这里乍看平实无奇，但其实灵气很旺。

 特色院系

国学院

这是全国高等中医药院校里的第一家国学院，是时候把中国自己的东西发扬光大了。

国际学院

针灸理疗，黄芪党参在外国人眼里是多么神奇的东西，金发碧眼的帅哥美女都在这里学习哦，你还在等什么。

NORTH CHINA ELECTRIC POWER UNIVERSITY
华北电力大学（北京）

听学哥学姐揭秘
你不知道的
华北电力大学

华北电力大学是国家"985工程优势学科创新平台"、"211工程"重点高校，学校只有北京校部一个校区，占地1600余亩。

北京校部

地址：北京市昌平区回龙观北农路2号

  特色建筑

主教楼

这是学生会迎新，新生们报到的地方，到时会有各个学院的迎新帐篷搭起来！这个地方，可以说是大学生活开始的地方。

  社团活动

华电传媒

喜欢做视频、对微电影感兴趣、有表演欲望的童鞋们不要错过了！

国标协会

这是一个年轻的社团，由学校专业老师带领。大家因为相同的兴趣爱好相聚在了一起，虽然人数不多，虽然舞技不够成熟，但大家亦师亦友互相学习，收获的不仅仅是舞蹈技巧，还有友谊。

  校园美食

麻辣烫

华电的南门外的一条街都是各类小吃店，最有特色的还是晚上出了南门往左拐的麻辣烫区，可以一直热闹到半夜。

食堂

华电校内有一食堂、二食堂、三食堂。一食堂最有特色的就是早上的小馄饨还有午餐、晚餐的拉面。二食堂就是风味餐厅和各色小吃。最后，走过操场路，就是三食堂啦。相比前两个，三食堂只有两层，食物也比较普通。

  校园景点

三柳

三柳位于图书馆前，柳树郁郁葱葱，枝丫相交，春去秋来，寒来暑往，见证着一届又一届的学子的入学与毕业，为华电重要一景。

三块豆腐

清河新校舍第一期工程早在60年代初就开工了，教学大楼在最初的规划方案中是作为机关行政楼建的。后来因为国家经济处于困难时期，校园建设投资受限，只好将行政楼改作教学楼，后来又建起了两幢学生宿舍楼，这也就有了后来的"三块豆腐"之说。

  特色院系

控制与计算机工程学院

学院里控制科学类、自动化的实力不错，其他方向的专业实力相对一般。

热能与动力专业

华电里最好的专业当然是电气工程及自动化，原因很简单，特色专业，教学质量高，并且就业相对容易。

CHINA AGRICULTURAL UNIVERSITY
中国农业大学

中国农业大学系国家"985工程"、"211工程"重点建设院校。学校前身是1905年成立的京师大学堂农科大学，占地面积129万余平米，一共分为东校、西校、烟台分校三个校区。

西校区
地址：北京市海淀区圆明园西路2号

烟台校区
地址：山东省烟台市莱山区滨海中路2006号

东校区
地址：北京市海淀区清华东路17号

听学哥学姐揭秘
你不知道的
中国农业大学

 特色建筑

文化艺术馆

　　文化艺术馆位于东校区奥运场馆内，向学校师生和社会公众免费开放。这里长期展出艺术大师以及校内师生们的艺术作品，作为奥运物质遗产利用和文化艺术传承的全新探索，文化艺术馆成为中国农业大学文化建设的重要场所。

奥林匹克体育馆

　　奥林匹克体育馆位于东校区内，距离国家奥林匹克公园约2公里，交通非常便利。按2004年8月份北京奥组委设计大纲的调整要求，奥运会期间座席规模8000个，总建筑面积23900平方米，地上局部3层，地下1层，高度27米，你能想象这有多大吗？

 社团活动

全国科普日活动

　　受够了三聚氰胺地沟油？与其动手转发，不如一起携手做一些真正有效的事情。这个活动旨在宣传食品安全，广泛普及食品安全科学知识，促进公众树立科学的食品消费理念和食品安全观。只有观念深入人心，食品安全才能得到重视。积少成多，我们总能取得进步。

 校园美食

公主楼二层

　　农大东校区这个食堂绝对可以说是种类丰富。虽说是在公主楼下面，不过女生们会看到很多男生也经常来。因为这里的早、中、晚餐都琳琅满目，味美量足。

 **特色院系**

人文与发展学院

　　人文与发展学院主要研究农村发展政策与干预行动、农村社会与管理和农村法治与政治等。大学毕业，有人留在城市工作，也有人回到家乡为那里的发展献出自己的绵薄之力。精通于农村法制和政策，我们才能做出更有效的措施，来真正拉动农村的发展。这个学院也许不够响亮，但是却足够质朴啦。

农学与生物技术学院

　　农学与生物技术学院的前身是始建于清末的京师大学堂农科大学农学门，已经有108年的历史。从清朝发展至今，那得有多么的不容易！说点实在的，这个学院教学质量杠杠滴！就业前景也很好，稳定踏实，这不就是大多数人梦寐以求的吗？

COMMUNICATION UNIVERSITY OF CHINA
中国传媒大学

中国传媒大学是国家"211工程"、"985工程优势学科创新平台"高校，校园占地面积46万平方米，目前仅有北京校本部一个校区。

校本部
地址：北京市朝阳区定福庄东街1号

听学哥学姐揭秘
你不知道的
中国传媒大学

特色建筑

图书馆

图书馆也算一个大学的标志了，传媒大学的图书馆又叫"大阅城"，一楼是基本的办公区域和大厅，有借还书台和自主查询机、复印机、饮料售卖机等。从二楼开始是各种书籍报刊借阅室，六楼七楼基本没有本科生可以看的书，但是你可以去那里上自习。七楼有电子阅览室，算一个免费网吧，虽然它的初衷是查资料，看电子文件。

中蓝公寓

中传有三个宿舍区，中蓝公寓，梆子井男生公寓，校内公寓，三个宿舍区的结构有所不同。今天先给大家介绍一下中蓝公寓，中蓝公寓分为一期和二期，一期又叫白杨公寓。中蓝公寓和梆子井公寓都在校外，所以在这两个宿舍区都修建了过街天桥。有人问是不是住女生公寓，没错，中蓝公寓只住女生。

 社团活动

916 涂鸦社

成立于 2007 年 9 月 16 日的涂鸦社，已经吸收了很多爱好涂鸦的小伙伴。社团会进行各种墙体的涂鸦喷绘，每年也会定期参加中国涂鸦魅力艺术展。而西配楼后的涂鸦墙，就是916涂鸦社于2014年毕业季经艺术学部委托设计创作的。

DV 影响社

作为一所艺术气息浓厚的院校，社团活动自然必不可少。尤其推荐DV影响社，它是隶属于中国传媒大学校团委专业类社团。本着用DV影响生活的理念，让更多喜欢DV的人聚到一起，为学校的DV发烧友提供一个最大的展示以及交流的平台！而且不得不说，DV社是中传规模最大，最为活跃，以及影响范围最广的大型社团之一。甚至在国内高校中，都相当有影响力。

 校园美食

啡客站

学校附近的西餐馆，环境安静，服务员态度很有礼貌，果汁都是鲜榨的，非常新鲜。可以说，很多中传人的记忆里，都会有这里的影子。

 校园景点

孔子像

很多大学里面都有孔子雕像，中传也不列外。中传的孔子铜像是由香港孔教学院院长捐赠的，目的是为了增强文化底蕴，让学校里有更多国学气氛。

特色院系

新闻学院

新闻学院的前身为诞生于1959年的北京广播学院新闻系，是新中国成立后最早开展新闻教育的院系之一。现在，该学院拥有新闻学、传播学和媒体创意3个专业。我们所熟知的央视主持人白岩松、崔永健等，都是这个学院走出去的。想像他们一样出色？选择这个学院就对了，下一个央视名嘴就是你。

CHINA UNIVERSITY OF GEOSCIENCES
中国地质大学（北京）

中国地质大学（北京）前身是1952年的北京地质学院。是国家"985工程优势学科创新平台"高校。学校现只有一个校区，占地面积108万平方米。

北京校本部
地址：北京市海淀区学院路29号

听学哥学姐揭秘
你不知道的
中国地质大学

特色建筑

中国地址博物馆

此博物馆是地大的骄傲，收藏地质标本20余万件，涵盖地学各个领域。其中有蜚声海内外的巨型山东龙、中华龙鸟等恐龙系列化石，北京人、元谋人、山顶洞人等著名古人类化石，以及种类繁多的宝石、玉石等一批国宝级珍品。常年开放独具特色的陈列展览，更是大量采用数字化、仿生、虚拟现实等技术，让人叹为观止。

社团活动

计算机协会

计算机协会，成立于2007年，是一个技术性和服务性都非常强的实践类社团，现为地大第一大社团。技术宅、"程序猿"快快回归到自己的正确队伍里来！

笛箫协会

地大笛箫协会成立于2007年春季，协会成员主要是民乐爱好者。"以笛箫为媒，品民乐之美，承民族精粹，振国乐声威"，想象一下协会的成员穿着古香古色的唐装，吹笛奏乐，一派古典风味。

校园美食

厚朴西餐厅

这家西餐厅装修简单整洁，西餐的味道也很不错。因为开在校园里，所以这里的价格很亲民，同学们可以偶尔过来小小地享受一番。

婺源小镇江西菜

这家店主营江西菜，口味偏辣。店里的鸡爪很受欢迎，因为是去了骨头的，所以吃起来会非常方便。而且，在同学的群里，这家店算是曝光率最高的家乡菜了，可见受欢迎程度。

校园景点

攀岩墙

地大攀岩馆最为壮观的一面墙，最高15米，两边13米，就光是这块岩壁上就诞生了全国冠军曹荣武、黄丽萍等一批国内最优秀的运动员，岩壁包含了大屋檐、小屋檐、直板、大斜板、棱角、斜板直板交换等等造型，在2009年全国青少年锦标赛前进行了全面的装修，颜色全部变成了红色，让人看起来暖暖的！

特色院系

能源学院

能源学院成立于1952年建校之初，历经了石油与天然气地质系、可燃矿产系、地质勘探系、能源地质系等演变过程，是我国能源勘探开发领域高级人才的摇篮。自2012年起，与美国密苏里大学开展"2+2"联合办学，并启动石油工程专业国家卓越工程师培养计划和国家专业综合改革。这么好的机会学习研究，也许还能到国外深造，好好把握机会。

CHINA UNIVERSITY OF MINING & TECHNOLOGY, BEIJING
中国矿业大学（北京）

听学哥学姐揭秘
你不知道的
中国矿业大学

中国矿业大学（北京）是"985工程优势学科创新平台"、"211工程"重点高校，学校占地面积37万平方米，目前有两个校区。

学院路校区
地址：北京市海淀区学院路丁11号

沙河校区
地址：北京市昌平区沙河镇满井路

特色建筑

民族楼
学院路校区的民族楼是由著名的建筑设计师梁思成和妻子林徽因一起设计的，矿大的校史就是一个不断"割地赔款"的历史，而无论发生了多少事件，矿大的地位始终没有动摇，就是因为矿大里还矗立着这么一座民族楼。

矿大教学楼
矿大教学楼是整个学院路校区最好的教学楼之一。分为南北两楼。教学楼是大家上课主要的地方，有地上六层，地下一层。每个教室都安装了空调。在教学楼南侧的楼底下，大家可以经常看到我们的校猫。

社团活动

优粤粤语社
优粤粤语社是一个传播岭南文化的社团，无论你来自哪里，只要对粤语感兴趣，都可以加入社团。社团内有专业人士教授地道的粤语和粤语歌曲，通过举办KTV活动，品尝粤菜等形式教会大家一些粤语的常用语和歌曲，以及特别的岭南餐桌文化，这些定会让对粤语文化有兴趣的同学们感到满意。

校园美食

食堂
学院路校区的食堂是由原先的一食堂、四食堂合并过来，并且在三楼增加了一个风味食堂，价廉是肯定的，物美就见仁见智了。另外在澡堂对面还有清真食堂，原先一食堂楼上的中心餐厅现在也开始做成风味餐厅了，在上面买过披萨，卖披萨的小哥神似小栗旬，声音也很低沉，很好听，不知道现在还在不在。

北门
学院路校区的北门永远是夜生活的第一选择，北门有沙县、成都美食、高氏麻辣烫、云南过桥米线、芙蓉湘家、桂林米粉、杨国福、黄焖鸡、烤肉饭，还有夏天，同时也是毕业季必备——烧烤！

校园景点

宿舍区葡萄走廊
学院路校区葡萄走廊非常安静，安静得不像是能在五道口这样的繁华点存在的。在这里，闻着葡萄的香味，看书发呆或者聊天，都会是一件舒服的事情。

好学力行花园
学院路校区科技楼后方就是矿大最大的风景区花园了。整个花园呈欧美风，清一色的鹅卵石小路有6条之多，小路之间纵横交错，交错之间的土地上种满了花花草草，旁边有长椅，供过路的人歇歇脚，当然最好的用处就是学习了。

特色院系

资源与安全工程学院
资源学院的安全工程是学院的第一专业，也是矿业类学校安全专业的龙头大哥。资源学院学生总体来说还是比较累的，大二的时候就要下井实地考察了，别的不说，就是每天坐3个小时的车然后再下井这就不是一般人受得了的。但如果你是真的爱这个专业的话，那么就不要犹豫啦。

化学与环境工程学院
化环学院对于我们矿大学子来说还有很多福利哦。因为环境科学的美女还是很多的，搞环境的人，一般都是有一颗环保的心的。所以如果你喜欢环保，如果你喜欢各式各样的分子化学式，那么请来到化环学院吧！

CHINA UNIVERSITY OF PETROLEUM
中国石油大学（北京）

听学哥学姐揭秘
你不知道的
中国石油大学

中国石油大学创建于1953年，是国家"211工程"高校。学校只有一个校区，校园总面积496亩。

校本部
地址：北京昌平区府学路18号

 社团活动

生活部

不是处理杂事的勤杂工，而是学生权益的维护者；不是检查卫生的红卫兵，而是绚丽生活的缔造者。部门承办着"宿舍文化节""美食节""三方会谈"等活动。在这里不仅可以为人民服务，还可以为自己的校园生活增添情趣。

石大传媒工作室

石大传媒在中油大厦北楼210有自己的工作室，为成员提供电脑、软件、机器设备等办公用品。这里拥有专业的摄影棚、摄像机、单反、摇臂滑轨、电子杂志制作软件、音视频编辑软件。只要你有兴趣，不管是否有基础，都欢迎加入，做自己人生的导演。

体育部

体育部统筹着石大的体育精神，举办篮球赛，在运动会上助运动健儿们发挥出最好的成绩。想要尽情挥洒自己的汗水？这里最适合你！

 校园美食

荟萃餐厅

荟萃餐厅一楼的菜很便宜，所有饭菜都可以一份包括两样菜，这样即使食量小的同学也可以尝试丰富的菜品。

润杰食堂

这个食堂一楼有N种早点可供选择，从北边入口开始，依次是包子和各种饼类，每家都有豆浆米粥，口味都很不错，最重要的是离宿舍很近，女生穿着拖鞋下个楼就有饭吃。

 特色院系

计算机科学与技术系

计算机科学与技术系现在是中国计算机学会的理事单位。这个系现在已经形成了学士、硕士、博士三级学位授予权的比较完整的办学体系，对计算机科技有兴趣的小伙伴，可不要错过在那么有实力的院系汲取知识的机会啦，各级学位等着你！

石油天然气工程学院

石油天然气工程学院成立于2001年，经过半个多世纪的发展，学院已经成为我国石油钻井、油气田开发和石油天然气储运工程高层次专业人才的重要培养基地。不要以为石油天然气都只是做些挖矿挖煤的辛苦工作，开发和储运工程可是非常高层次的哦。

CHINA CONSERVATORY OF MUSIC
中国音乐学院

中国音乐学院成立于1964年，总占地面积60亩，学校目前有本部和管庄校区两个校区。

校本部
地址：北京市朝阳区安翔路1号

管庄校区
地址：北京市朝阳区管庄西里20号

听学哥学姐揭秘
你不知道的
中国音乐学院

特色建筑

国音堂

校本部的国音堂，作为一个以研究教学为主，并与学院其他教学、科研系统在功能上耦合的常设机构，集创作研究、学术交流、展览陈列于一体，功能是以"国音"为研究教学对象，侧重并倾向于对其自体系的教学与研究来重建中国音乐的传统历史符号并以此加强中国音乐的建设和发展。

社团活动

社团联合会

中国音乐学院社团联合会是在学院团委王峥老师的大力推动下于2008年12月成立的。现共包括丝竹、英语社、动漫社、记者团、街舞社、影像社、心理社、博馨社、爱之翼、手拉手、戏剧社、女子运动社、足球社、青春红丝带社团等在内的14个社团。

校园美食

金菜坊

这家饭馆开在了校本部附近的居民区里，很亲民。店里主打川湘风味，口味偏辣，干净卫生。因为在居民楼的原因，所以这家店会给人一种特别的亲切感。

渝州快餐

校本部附近的快餐店，如果吃简餐的话，这里是不错的选择。这里的口味偏重，偏向四川口味，因为老板就是四川人，所以想吃川菜的来这里就对啦！

校园景点

林荫小道

这是校本部里非常安静的地方，早上鸟语花香，适合跑步，空气湿润会让人头脑清醒。下午也可以过来散散步，非常休闲自在。

特色院系

国乐系

国乐系是中国音乐学院音乐表演艺术学科方向的一个教学部门，也是学院重点学科之一。中国音乐学院教学楼国乐系是集民族器乐研究、教学、表演为一体的学科，历任系主任有蒋风之、黄国栋、萧剑声、刘德海、安如砺；在任系主任为张维良。这个系学习的是传统文化，中国音乐，需要对传统乐器非常精通。

CHINA UNIVERSITY OF POLITICAL SCIENCE AND LAW
中国政法大学

中国政法大学诞生于 1952 年，系国家"985 工程优势学科创新平台"、"211 工程"高校。现有昌平区府学路和海淀区学院路两个校区，占地面积约 40 万平方米。

昌平校区
地址：北京市昌平区学府路 27 号

学院路校区
地址：北京市海淀区西土城路 25 号

听学哥学姐揭秘
你不知道的
中国政法大学

 特色建筑

研究生楼

法大研究生院地处北京市海淀区中关村高等学校和科研机构中心区，北临久负盛名的"燕京八大景"之一的"蓟门烟树"，东沿元大都土城遗址公园小月河、野松林。水波荡漾，松涛起伏，底蕴深厚，人文荟萃。这里可是很多学子的梦想之地。

 社团活动

"纪德·锋景"生活物品设计大赛

在这个大赛可谓是五花八门千奇百怪的东西都能看到。创意收纳袋、植物系列书签、多功能行李包、拼接式 mini 垃圾桶等等，内容真的很丰富哦，就算只是看看也能大开脑洞！

校园美食

于记香辣虾

昌平校区外有一家特色店铺，这家店最大的特点就是——老板贼热情。对于喜欢吃辣的人来说，这里是一个好去处，除了龙虾还有羊肉牛肉，无疑是肉食者的福利。而且，他们家还可以外送。

小庄烤翅部落

紧挨于记香辣虾的就是小庄烤翅。这家店环境一般，但是味道没话说。店家手脚麻利，点完菜很快就能上菜，可见其娴熟程度。夜晚约上室友一起喝啤酒撸串才是大学生活的正解！

 特色院系

英语专业

英语专业前期学的都是普通英语课程，后期会渐渐涉及法律有关的内容。这个专业的特色是在新生入学一年后，对学生进行一次综合考核，并选拔十名同学进行双学位培养。

刑事司法学院

法大刑事司法学院是唯一设有法学专业和侦查学专业这两个一级本科专业的法学院，这种鲜明的专业特色使其在法大四大法学院中备受瞩目。学院还会时不时开个模拟法庭。看悬疑法庭剧觉得很爽？亲身体验那才叫真的酷！

CENTRAL UNIVERSITY OF FINANCE AND ECONOMICS
中央财经大学

听学哥学姐揭秘
你不知道的
中央财经大学

    中央财经大学，是教育部直属的国家"985工程"、"211工程"重点建设高校，学校的前身是创建于1949年的中央税务学校，分为南校区和沙河校区，占地面积141962平方米。

学院南路校区
地址：北京市海淀区学院南路39号

沙河校区
地址：北京市昌平区沙河高教园区

 特色建筑

校史馆

沙河校区校史馆展览的主要内容分为五大部分——学校总体情况、发展历史、新世纪的飞速发展时期、优秀学子和国家领导人对学校的亲切关怀。想要了解学校的来龙去脉，来这里就对啦。

图书馆

学院南路校区的图书馆2004年进行了全面装修，软硬件设施得到极大改善。现在有八个阅览室，书库六层，阅览座位1047个。在这种先进的地方，无论是学习还是约会，用户体验都会很棒！

 社团活动

风筝嘉年华

同学们在这个节日做的风筝是不是得奖，能不能飞起来都不重要，最重要的是享受和朋友们一起制作风筝、放飞风筝的过程，这些都是青春的纪念。

 校园美食

一食堂

这里习惯被称为学院南路校区大食堂，可以说是中财面积最大的食堂。大食堂高峰时较为拥挤，主要供应大锅饭，餐厅的东边有凉菜，旁边有微波炉，可以自己使用。除了大锅饭食堂还设小卖部，卖饮料等。

白鹿开心厨房

这是学院南路校区里比较有情调的一个餐厅，里面摆放着红色布艺沙发，还有书架。餐厅主打江西菜，单子上的名字大多没见过，笋干、野菜、南昌米粉等是稀有原料，做出来的东西口味偏油、咸、辣，非常下饭。

 校园景点

"龙马担乾坤"主题雕塑

此雕塑位于学院南路校区。按照中国传统说法，所谓"龙马精神"即"龙"与"马"有着共同的灵魂，马亦是龙。韩美林先生在说明其构思时说："作品是正在腾飞的骏马驮着燃烧的太极球，象征着新一代优秀人才将载着巨大的使命迈进新世纪，创造美好的未来。希望中央财经大学学生将来个个"成龙"，希望这件作品成为激励同学们奋发向上的动力。"

 特色院系

保险学院

中财的保险学院可不是卖保险的哦。目前，这里设有保险精算研究所、英国皇家特许保险学会北京考试中心、英国精算师学会北京考试中心和澳大利亚保险学会北京考试中心。非常International是不是？

金融学院

中财金融学院是国内建立的重要金融人才培养基地之一。学院现设有金融学系、应用金融系、金融工程系、国际金融系、国际经济与贸易系等5个教学机构，名声远扬。不想成为月光族，那就来这里好好学习理财吧。

CENTRAL ACADEMY OF FINE ART
中央美术学院

中央美术学院，前身为国立艺术专科学校，1950年1月经中央人民政府政务院批准，正式定名为中央美术学院，占地面积495亩，有望京校区、燕郊校区、后沙峪校区、小营校区四个校区。

望京校区
地址：北京市朝阳区花家地南街8号

燕郊校区
地址：河北省三河市燕郊镇燕顺路18号

小营校区
地址：北京市朝阳区育慧里3号

后沙峪校区
地址：北京市顺义区后沙峪镇裕民大街1号

听学哥学姐揭秘
你不知道的
中央美术学院

特色建筑

美术馆

美术馆位于望京校区，由日本著名建筑师矶崎新先生主持设计，已经成为中国最现代化的美术展览馆，超前的现代感和艺术氛围会让每一个喜欢艺术的人流连忘返。

图书馆

位于望京校区的图书馆建馆历史悠久，积累丰厚，包括有：人文学院图书馆、设计学院资料室、建筑学院资料室、城市设计学院图书馆。馆内以中外美术专业书刊为主，解放前美术出版物与同类院校的图书馆相比，种类更全。

 社团活动

学习实践部

学习实践部隶属央美学院的院学生会，它是一个学习型的团体，曾经荣获美院先进集体称号。协会以举办大型讲座、展览及学习性竞赛为主，并积极参与社会实践。在这里，你可以学到举办大型活动的很多经验，亲历参与每个环节，作为幕后的一份子，为每一场活动的顺利进行尽自己的一份力。

生活权益部

生活权益部是一个贴近同学们校园生活的团队，旨在协调大家生活中各样的关系，不仅是同学在校生活的呵护者，还是同学们的贴心朋友。这里也会经常会向同学们销售一些生活用品，价格非常便宜，真的能给同学的生活带来很多福利。

 校园美食

一食堂

望京校区里面有三个食堂，说起价格当然是第一食堂的更加实惠，不过第一食堂出名的，是食堂二楼的服务员汪化。爱上画画的她，后到中央美院求职，她的故事已经在微博上红遍了，被网友称赞"励志"。

 校园景点

艺术展

既然是央美，那么校园里面最美丽的风景线，莫过于在校内举办的各种展览和讲座。比如曾经在央美举行过的"日本的设计"介绍讲座、历届优秀毕业生作品展等。这些艺术活动的举行，不但是增长了艺术文化的一个展示，也在无形中变成了央美一道特有的文化风景。

 特色院系

造型学院

众所周知，央美是以造型、艺术这些学科为见长的，毕竟学院的第一届老院长是徐悲鸿，光是这个招牌已经很有份量了。哪怕是到了今天，学院也是继续保持着它的优势，不少人毕业后，可以选择到故宫博物院去修复文物。

雕塑系

央美的雕塑系前身是上世纪20年代创立的"北平国立艺专"雕班和塑班。特别是改革开放以后，一大批由雕塑系培养出的雕塑人才，活跃在国内外的雕塑教学、创作领域，成为中国当代雕塑艺术创作队伍中的的骨干力量。

MINZU UNIVERSITY OF CHINA
中央民族大学

听学哥学姐揭秘
你不知道的
中央民族大学

中央民族大学，是国家"985工程"、"211工程"重点建设大学。占地面积约为37万平方米，建于1941年，只有本部一个校区。

校本部
地址：北京市海淀区中关村南大街27号

特色建筑

大礼堂
大礼堂是民大四大标志性建筑之一,出自梁思成之手,风格古朴典雅,为红梁灰砖瓦盖。

民族博物馆
外观儒雅净植,环境幽雅,坐落在校园中心区域,倚邻图书馆,建筑面积1200平方米,展厅面积500平方米,是一座以校内教学为主的综合性民族学博物馆。

文华楼
外观气势恢宏,两翼方墩矗立,极具现代色彩。随时供应的热水更是从小处着眼于学生们的利益,让同学们能够无忧地投入到学习中。

社团活动

阿卡贝拉
上台演唱的同学没有悠扬的背景音乐,也没有华丽的乐器,只有一把把麦克风和纯粹的人声,组成一首首合唱。就算你唱歌零基础,也没关系。

校园美食

西门小吃摊
每到晚上九点,西门小吃一条街就开始沿街摆起来,煎炒烹炸样样丰富样样精。

地下食堂
地下食堂位于学生寝室负一楼,饭菜堪比饭店的水平,而且品种丰富,是学生党们满足口腹之欲的绝佳去处。

校园景点

小广场
小广场位于理工楼前,是学校内适合散步的地方,广场周围上了年份的树木撑开巨大的树冠,无论春夏秋冬,都有着别样的景致,十分漂亮。

紫藤萝花园
每到夏天,紫藤萝盛开的季节,小花园两个入口的花架上就会在一丛绿意中点缀一簇簇的紫色,穿过紫藤花架,会有簌簌花瓣和花香黏在衣服上,真是与大自然亲密接触的最佳去处。

特色院系

法学与英语专业
法英专业是学校学霸的标配专业,意味着你需要学习法学、英语以及第二外语。

历史学院
历史学院有一位名人,就是多次在百家讲坛上为大家讲解隋唐历史的蒙曼老师。历史学院的特色之一就是保研率非常高。

THE CENTRAL ACADEMY OF DRAMA
中央戏剧学院

听学哥学姐揭秘
你不知道的
中央戏剧学院

中央戏剧学院于1950年正式成立，现有东城和昌平两个校区，总用地面积22万余平方米。

东城校区
地址：北京市东城区东棉花胡同39号

昌平校区
地址：北京市昌平区宏福中路4号

特色建筑

中戏实验剧场

中戏实验剧场位于古老与时尚相融合的南锣鼓巷。剧场可容纳观众七百一十七名。在这里可以看到各种机灵古怪、亦或感人的现场表演。如果说电影靠的是特效，那么戏剧一定最考验演员的张力，身临其境，直面演员的真实表演，往往能获得更直观的感动和震撼。

院史馆

历史沉淀着岁月的记忆，积蓄着学院薪火相传。坐落在昌平校区的院史馆全面展示中戏人60载风雨兼程、沧桑砥砺、不懈奋进的辉煌历程，这里走出去的名人，使中戏的历史更加光彩照人。

社团活动

联合教学课程汇报演出

一说到课程汇报一定觉得特别没意思，但中戏的课程汇报可完全不一样，让人大饱眼耳福。演出会在黑匣子剧场进行，大学几年学的功夫，就靠这几分钟展现，台上一分钟，台下十年功，同学们都会使尽浑身解数力图表现完美，因为，这不仅是汇报，也是对自己的交代。

校园美食

景秀餐厅

餐厅毗邻中戏东城校区，存活了25年之久，性价比高及品类的丰富是餐厅的"杀手锏"，并以此吸引了大量学生，被中戏学生们和娱乐圈人士称为"明星食堂"和"中戏第二食堂"，许多食客慕名而来。对于同学们来说，好吃不贵的各式盖浇饭和木须肉、水煮鱼这样的家常菜最受欢迎。景秀餐厅的美味与实惠满足了同学们味蕾的需求及荷包的承受能力。

校园景点

黑匣子剧场

东城校区的黑匣子剧场是学院为拓展教学实践演出空间所采取的措施之一，剧场灯光控制台品牌为泰利，音响控制台品牌为雅马哈，高端大气。北区黑匣子剧场的观众席和表演区可以任意组合，是小型实验性戏剧非常理想的表演空间。

爬山虎

中戏东城校区校园内随处可见爬山虎，爬山虎把整个大楼包装起来，碧翠横流，铺天盖地，人们东抢西挡，它总算客气地给大楼留下了几个长方的窗户，远远看去，生机勃勃的绿色生命护卫着一切，漂亮而又令人感动。

特色院系

表演系

表演系拥有雄厚的师资力量，既有理论修养深厚，在表演艺术实践、教学上具有丰富经验的教授和副教授，又拥有一批具有开拓精神的中青年骨干教师。表演系无疑是一个学校的颜值顶峰，俊男靓女齐聚在这里，场面真的太耀眼。

舞台美术系

舞台美术系主要培养戏剧、影视美术设计的专门人才。舞台美术系要求学生具有良好的艺术感受力、鉴赏能力和功底扎实的美术基础。不喜欢台前，那呆在幕后做设计，灯光亮起时，这个光芒四射的舞台由你而起，那种成就感比千万夸赞都来得实在。

CENTRAL CONSERVATORY OF MUSIC
中央音乐学院

中央音乐学院，成立于1949年，是全国艺术院校中唯一的一所"211工程"重点建设大学。学校只有一个校区，占地面积约55万平方米。

校本部
地址：北京西城区鲍家街43号

听学哥学姐揭秘
你不知道的
中央音乐学院

特色建筑

音乐厅

中央音乐学院音乐厅,既具中国古典建筑的端庄华贵,又不失现代人文气息,是众多著名音乐家腾飞的摇篮,是举行音乐会、高雅艺术活动和文化论坛的理想之地。

社团活动

校园歌手大赛

这个活动的地点在音乐学院音乐厅。学校每年都会举办一次这样的演出,都是在校的学生参加,有的翻唱别人的歌曲,有的是原创,活动气氛比较活跃。因为活动的性质是很自由的,所以不会记爽约,也无需集合,大家不需要担心时间问题。

校园美食

博龙烤鸭家常菜

这家店原来是卖烤鸭的,现在转型做更亲民的刀削面和家常菜。店里的烤鱼是一大特色,外面浇汁儿,看起来就很诱人。

校园景点

琴园

中央音乐学院内图书馆东侧,有一块开敞式S型休憩空间,中间铺设花岗岩园路,以樱花红石条作装饰。围绕原有古树砌制的圆弧形木座椅,配以米黄色涂面,整个空间轮廓似一把大提琴,故而被命名为"琴园"。

筝园

"筝园"位于篮球场北侧,改造前这里几乎成了学校的垃圾场,几十块王府里拆下的老石头横七竖八地堆放在墙角。改造中,施工人员将老石头保留下来,铺在园路中间,点缀青砖园路。断裂的旗杆石柱,一块一块拼接起来,变成了有落差的小水景。园子的中间用木条铺设了一个小广场,刷上胡桃木色的木蜡油,看起来古香古色。几块形似古筝的石板放置在小广场四周,犹如静静等待知音的古筝,不仅为这里增添古典韵味,也成为方便人们小憩之处。

特色院系

钢琴系

中央音乐学院钢琴系始建于1950年,"四人帮"垮台前后,钢琴系被取消,和管弦系合并为钢管系。1978年正式恢复钢琴系,工作慢慢走上正轨。钢琴系几百名毕业生遍布中国和世界各地,今天在学院担任钢琴教学的优秀教师绝大多数都是由钢琴系培养的,有不少人还在国际比赛中获奖。

音乐学系

1956年9月,中音成为了国内第一个建立音乐学系的艺术院校,可以说中音的音乐学系在国内艺术院校中有十分重要的地位。音乐学系在学科建设上已形成相对完整的教学体系和相对雄厚的学术力量。在音乐学学科的专业设置、课程结构、师资队伍、学术研究、人才培养等方面,中央音乐学院音乐学系站在全国音乐学学科建设与发展前列,是中国音乐学学科教学和研究的一个重要基地。

北京景点
SCENIC SPOTS IN BEIJING
扫码
听不一样的景点故事

故宫
世界现存最大、最完整的木质结构古建筑群，是世界五大宫之一。
地址：北京市东城区景山前街 4 号

天坛
中国现存最大的古代祭祀性建筑群，布局严谨，环境典雅。
地址：北京市东城区天坛内东里 7 号

颐和园
保存最完整的皇家园林，是家喻户晓的旅游景点。
地址：北京市海淀区新建宫门路 19 号

圆明园
圆明园遗址公园现在仅存了建筑遗址，就风光而言，夏天观荷花更好。
地址：北京市海淀区清华西路 28 号

八达岭长城
世界八大奇迹之一，山峦重叠，形势险要，有众多名人登上这里。
地址：北京市延庆县军都山关沟古道北口

恭王府
清代规模最大的一座王府，曾是和珅的宅邸。
地址：北京市西城区柳荫街甲 14 号

天安门广场
中国古代最壮丽的城楼之一，也具有重大的政治意义。
地址：北京市东城区长安街

南锣鼓巷
这是北京最古老的街区之一，展现了北京的胡同风情。
地址：北京市东城区南锣鼓巷胡同

后海
其实是一个巨大的人工湖，是垂柳拂岸的闲散之地，现在是热闹的酒吧一条街。
地址：北京市西城区什刹海

雍和宫
北京市内最大的藏传佛教寺院，黄瓦红墙，规格与紫禁城同等。
地址：北京市东城区北新桥雍和宫大街 12 号

天津市
万国建筑博物馆

　　天津是中国渤海边上的魅力之都。

　　海河贯穿整座城市，各具特色的桥成了这座城市独特的风景线。历史的洗刷赋予了这里"万国建筑博物馆"的美称，毗邻京城，得天独厚的位置使得这里成为一个韬光养晦的好地方。这里不仅有殖民时代的烙印，更饱含着传统的中国文化底蕴。"说学逗唱"的天津方言，即使是普通的生活对话也妙趣横生。

HEBEI UNIVERSITY OF TECHNOLOGY
河北工业大学

听学哥学姐揭秘
你不知道的
河北工业大学

　　河北工业大学，坐落于天津市，是"211工程"重点建设大学。学校前身是1903年成立的北洋工艺学堂，有北辰、红桥和廊坊3个校区，占地4000余亩。

北辰校区
地址：天津市北辰区西平道5340号

红桥校区
地址：天津市红桥区丁字沽一号路8号

廊坊校区
地址：河北省廊坊市广阳区新华路144号

特色建筑

体育中心

北辰校区的体育中心有瑜伽室、乒乓球室和健美操室。跆拳道社、泰拳社晚上也在这里训练，但有意思的活动还是夏天的晚上叫上几个朋友，带上大袋的零食，坐在草坪上边吃边聊数星。

 ## 社团活动

T649 热舞社

社团的名字来源于学校的校车——649路公交，社团会经常组织校外的集会活动，社员们关系很是亲密，在这里你可以找到强烈的归属感。

漫有引力动漫社

在这里，你可以随心所欲追逐自己的动漫梦，还可以跟随社员去参加大型的动漫展。

 ## 校园美食

红烟囱石板小筑

这家店位于红桥校区外，主营各类烧烤。蟹腿肉和披萨是他们家的经典菜，性价比很高。

河间正宗驴肉火烧

这家店位于红桥校区，店里的疙瘩汤和驴肉火烧是绝配。清爽香脆的驴肉火烧加上热乎乎的疙瘩汤简直是冬日里的一大享受。

 ## 校园景点

北洋工艺学堂钟楼

红桥校区的钟楼被同学们戏谑地称为"镇妖塔"，是工大的地标性建筑，周围的美景也是工大一绝。

体育中心音乐喷泉

红桥校区的喷泉喷得很高，可以越过体育中心的外墙，在体育中心里面都可以看到高高的水柱，而且自带背景音乐。

 ## 特色院系

经济管理学院

经济管理学院是最"富有"的，所以每届的校运动会上运动员装备都是最好的，物资供应、音响等等就更不用说了，学生综合成绩也是数一数二的。

电气工程学院

工大的电气工程学院名声在外，学生的综合能力甚至是一些北京天津的985高校所不能及的，每年的录取分数都很高。

NANKAI UNIVERSITY
南开大学

听学哥学姐揭秘
你不知道的
南开大学

南开大学，正式成立于 1919 年，位列国家"985 工程"、"211 工程"，有八里台、泰达学院、津南 3 个校区，占地面积 210 万平方米。

八里台校区
地址：天津市南开区卫津路 94 号

泰达学院
地址：天津市经济技术开发区宏达街 23 号

津南校区
地址：天津市津南区天津海河教育园区同砚路 38 号

特色建筑

省身楼

从八里台校区南门走入，周恩来纪念塑像西侧的灰色建筑，是南开大学著名的省身楼。省身楼通体全灰，符合但丁的那句话，"理论是灰色的，生命之树常青"。

主楼

八里台校区主楼正对大学南门，早在1963年就建成了。主楼的设计沿中轴对称，线条明快，是天津市十大标志性建筑之一。广场中间巍然挺立着周恩来总理的雕像，底下刻有周总理的手书"我是爱南开的"。每年清明祭扫的时候，有许多学生与市民自发到总理像前怀念总理。

社团活动

翔宇剧社

翔宇剧社设有表演课程的学习，系统的理论知识，活泼生动的表演活动，总能给你不一样的惊喜。为了能让社员尽情地表现自己，翔宇剧社还设有小剧场，掌声、观众、舞台，一样没有落。

思源社

思源社的主要特色活动有支教调研、敬老院献爱心、图书募集、外出探访等等。为了方便新老社员的交流，思源社还建立了社友会，与历届毕业社友进行联络沟通。"一日思源，终身一家"，想要提高实践能力，收获活动体验，加入思源社，准没错。

 校园美食

十宿大饼鸡蛋

来到八里台校区，必吃早点之一莫过于十宿的大饼鸡蛋。大饼鸡蛋作为天津的代表早点之一，有着"大饼加一切"的豪迈美称。

张小猫咖啡馆

八里台校区的张小猫咖啡馆尽管坐落在不甚起眼的位置，但酒香不怕巷子深，它总会在新生刚入校时就吸引大批的学子。在这家店的工作人员都是颜值爆表的男神女神，更不要说还有各种好吃的西餐甜点，以及店家时时推出的贴心节日赠送。

 校园景点

马蹄湖

每到夏盛，八里台校区都会举办荷花节，不但以此观赏马蹄湖的荷花，更以荷花为题，写诗，叙词，书写，画荷。

校钟

八里台校区的校钟可谓命途多舛，1937年日军占领南开大学后，摧毁该钟。为铭记历史，学校于1997年重铸校钟。新铸的校钟是由南京静海寺"警世钟"设计者王钟泉设计，由江苏冶金机械厂铸造。大钟的钟槌出自一棵有着80年树龄的檀木，与南京警世钟出自同一棵檀木，一南一北，可谓是一对孪生姐妹。

 特色院系

经济学院

南开大学的经济学院一直都是国家经济学A等学院，精品小班教学保证充足的学位证书名额，学员在此能获得南开硕士导师高质量的论文指导。

TIANJIN UNIVERSITY
天津大学

　　天津大学，始建于1895年10月2日，是国家"985工程"、"211工程"成员高校。学校占地面积182万平方米，共有北洋园校区和卫津路校区两个校区。

北洋园校区
地址：天津市津南区海河教育园区

卫津路校区
地址：天津市南开区卫津路92号

听学哥学姐揭秘
你不知道的
天津大学

特色建筑

科学图书馆

敬业湖的左边是天大三大图书馆之一的科学图书馆,位于卫津路校区,俗称南馆,里面都是一些重要文献书籍,只能阅读,不外借的。学校里一些学术性的会议和活动也常常是在这里举行。

社团活动

文化推广部

文化推广部主办主持人大赛、辩论赛和青年论坛等。这个社团会举办很多有意思的活动,在此还可能会接触到名人,学子们活动策划和组织方面的能力在此可以得到很好的锻炼。

组织部

组织部是校学生会和各院级学生会间的"纽带",是校学生会各部门间的"黏合剂",主要促进校院联动,人力资源整合,规范组织建设工作,对外交流,联系老校友,专责高效组织人,很适合想要在国企工作和考公务员的同学。

 校园美食

麦克汉姆

乍看名字会以为是某足球运动员,但其实这是一家汉堡店!这家店有汉堡、牛排等快餐,性价比较高,只能送外卖,深受很多宅男宅女的青睐。

艾米雄与鱼餐厅

一听名字就知道,这是一家很文艺范儿的餐厅。环境安静,菜品精致,如果团购的话,性价比会更高,所以非常适合情侣档到此小聚。

 校园景点

敬业湖

敬业湖位于北洋园校区,是两个连在一起的湖,中间通过一道两拱石桥连接。湖的南北大概宽50米,从东边走到西边大概15分钟。西边的湖中有一座凉亭,通过石桥连接一直延伸到湖中,很浪漫的一个地方,尤其是当暖暖的夕阳斜射过来的时候,非常宁静。

 特色院系

化工学院

长期以来,化工学院一级学科连续3次蝉联全国第一,排名虽然只是形式,但是也能看出这个学院的坚实基础,对于理工科学生来说,不失为一个优质的选择。

网络教育学院(独立学院)

这个学院是天大开展远程教育的试点高校,主要提供成人、在职人员的学习平台,为广泛的社会人士提供了更多进入名校学习的机会。

TIANJIN MEDICAL UNIVERSITY
天津医科大学

天津医科大学,是"211工程"重点建设院校。创建于1951年,共有校本部和广东路校区两个校区,总占地面积40万平方米。

气象台校区
地址:天津市和平区气象台路22号

广东路校区
地址:天津市河西区广东路1号

听学哥学姐揭秘
你不知道的
天津医科大学

特色建筑

欧式小花园

气象台校区的欧式园林主要均依地势而建，以宏大建筑为主体。欧洲人的园林就是纯粹地走进自然，享受自然中的风、空气与阳光。在众多高校的花园之中，这里算是比较漂亮的一个。

美国兵营旧址

原天津美国兵营始建于1910年，设在天津英租界的博罗斯道和海大道交口，第一次世界大战后，美国兵营由旧址迁至旧天津德租界二十三号路，也就是如今的广东路校区，其中，主楼曾作为美国军官宿舍。喜欢历史的同学，一定会对这里有特别的兴趣，因为它有很多故事。

 ## 社团活动

体育部

体育部是一个绽放如火激情，放飞心中梦想的地方，独具特色。这里低调又不张扬，但是没有孱弱，更拒绝平庸。

 ## 校园美食

海豚餐厅

这家店位于气象台校区，对于不熟悉学校的人来说位置是不好找的，虽然处在普通的平房里，但是走进店里确实别有洞天。店里经营各种炒菜，还有韩式烧烤，最热门的是辣白菜火锅，量超足，绝对是必点菜品之一。

校园景点

静怡湖

静怡湖位于气象台校区，这里非常适合晨读，空气很清新，湖面还有雾气，凉凉的会让人头脑清醒。随着太阳慢慢升起，雾气水汽也会慢慢散去，然后可以伸展身体去上课。每天的学习生活从这里开始，会为一整天的好状态打下基础。

朱宪彝雕塑

这尊学校创始人的雕塑位于气象台校区，由一组飞扬、环绕、舒展的艺术造型丝带组成，高高耸立，算是学校的一个标志。

 ## 特色院系

护理学院

医科大学的护理学院无疑是专业中的专业，学生毕业，很容易在好的医院就职。这个学院多是女生，但是因为医院很多工作急需男护理，比如抬担架等等，所以男生考这个专业会相对容易。

天津景点
SCENIC SPOTS IN TIANJIN
扫码
听不一样的景点故事

瓷房子
瓷房子是一幢举世无双的建筑，它的前身是历经百年的法式老洋楼，它的今生是极尽奢华的"瓷美楼奇"。
地址：天津市和平区赤峰道72号

独乐寺
独乐寺是中国仅存的三大辽代寺院之一，也是中国现存著名的古代建筑之一。
地址：天津市蓟县城内武定街41号

黄崖关
历史上，蓟州城共有守营墩台十八座，黄崖关为其一，是明代蓟镇长城的重要关隘，也是县境内唯一的一座关城。
地址：天津市蓟县下营镇黄崖关村

天津博物馆
博物馆由二十世纪天津文博、社教、美术、博览四个系列的馆、院汇集而成，为国家一级博物馆。
地址：天津市河西区友谊路31号

天后宫
天后宫是天津市区最古老的建筑群，也是中国现存年代最早的妈祖庙之一。
地址：天津市南开区古文化街80号

五大道
五大道拥有上世纪二三十年代建成的不同国家建筑，被公认为天津市独具特色的万国建筑博览会。
地址：天津市和平区

梁启超纪念馆
纪念馆由梁启超先生的故居和"饮冰室"书斋组成，分为书房、起居室、家族纪念室等十二个展室，再现了梁启超当年居住的环境。
地址：天津市河北区民族路44-46号

盘山
盘山因雄踞北京之东，故有"京东第一山"之誉，是自然山水与名胜古迹并著、佛教文化与皇家文化相融的旅游休闲胜地。
地址：天津市蓟县西北15公里处

华夏鞋文化博物馆
博物馆展示了远古、商周、秦汉、唐、宋、元、明、清、民国、新中国成立后等各个时期的鞋履展品，几千年的鞋类历史一目了然。
地址：天津市南开区古文化街海河楼166号

静园
静园为北洋政府驻日公使陆宗舆宅邸，末代皇帝溥仪曾于此居住。
地址：天津市和平区鞍山道70号

河北省
华北平原上的畿辅之地

　　河北省地处华夏大地华北平原上，在黄河以北，西北环山，东临渤海，从古至今，一直是京师畿辅之地。

　　河北是全国唯一一个兼容了高原、山地、平原、湖泊和海滨的省份，地貌丰富而且气候宜人。夏季到承德避暑，去张北草原体验音乐狂欢，在北戴河、白洋淀怀念童年。这里的景色没有旖旎超群，更没有繁花似锦，它只让人感觉平易近人，朴实秀美。

NORTH CHINA ELECTRIC POWER UNIVERSITY
华北电力大学（保定）

听学哥学姐揭秘
你不知道的
华北电力大学

华北电力大学（保定），是国家"211工程"重点高校。创建于1958年，共有一校、二校两个校区，占地1609亩。

保定校区一校
地址：河北省保定市永华北大街619号

保定校区二校
地址：河北省保定市华电路689号

特色建筑

图书馆

保定校区的图书馆前身是北京电力学院图书馆,早在1958年就建成了。1969年,图书馆随学院由北京迁往邯郸,后来又迁至保定,可以说是辗转了多次。

 社团活动

辩论赛

辩论赛于每年下半学期举行,由校会学习部组织各院系进行初赛和复赛的选拔,最后进行决赛。时势造英雄,时事造辩才。从每年三月开始,持续近两个月的校辩论赛是华电善辩学生一个极佳的平台。

 校园美食

云南干椒百味米线

这家位于二校区,很符合南方人的口味,老板是四川人,臊子面、凉面都跟湖南的干挑很像,分量很足,味超赞!麻得够劲!辣得够味!

小蜀风

这家店位于二校区,他家的鱼最特别,味美肉滑,蒜香扑鼻,很多不能吃辣的人都流连忘返。

 校园景点

跳伞塔

跳伞塔位于一校区,是新中国成立初期大搞国防体育的产物,是当时保定的最高建筑,如果在上面蹦极会非常刺激。

 特色院系

机械工程系

河电的机械工程系始建于1978年,目前设有机械工程及自动化、工业设计和工业工程三个本科专业,在国内已经有了一定的影响力和知名度。近年来,院系的研究经费也很充裕,年均经费有300余万元。

电子与通信工程系

电子与通信工程系成立于1980年,设有通信工程和电子信息科学与技术2个本科专业。本科在校生在历届的全国"挑战杯"、全国大学生电子设计竞赛、美国数学建模竞赛和英语竞赛等赛事中获得了很好的成绩。

河北景点
SCENIC SPOTS IN HEBEI
扫码
听不一样的景点故事

赵州桥
赵州桥因桥体全部用石料建成，俗称"大石桥"，由李春设计建造，是当今世界上现存最早、保存最完整的古代单孔敞肩石拱桥。
地址：河北省石家庄市赵县城南2公里处

白洋淀
华北平原上最大的淡水湖，《小兵张嘎》故事的发生地。
地址：河北省保定市安新县境内

老龙头
老龙头坐落于渤海之滨，地势高峻，由明代蓟镇总兵戚继光所建。
地址：河北省秦皇岛市山海关区老龙头路

清东陵
清东陵于1661年开始修建，是中国现存规模最宏大、体系最完整、布局最得体的帝王陵墓建筑群之一。
地址：河北省唐山市遵化市石门北面

秦皇求仙入海口
秦皇求仙入海口是依战国时代重大历史事件和传说而建的，突出了秦皇丘县拜海的壮观场面，是秦皇岛的标志性景区。
地址：河北省秦皇岛市海港区

承德避暑山庄
承德避暑山庄是中国古代帝王宫苑，清代皇帝避暑和处理政务的场所。
地址：河北省承德市双桥区丽正门大街22号

普宁寺
普宁寺是中国北方最大的佛事活动场所，主尊佛像千手千眼观世音菩萨，是世界上最大的金漆木雕千手千眼观世音菩萨。
地址：河北省承德市双桥区普宁路1号

山海关
这里有"天下第一关"美称，聚集了中国古长城的精华。
地址：河北省秦皇岛市山海关区旅游局东六条1号

隆兴寺
隆兴寺原是东晋十六国时期后燕慕容熙的龙腾苑，是中国保存最完整的佛教寺院之一。
地址：河北省石家庄市正定县长安区中山东路109号

京娘湖
京娘湖有"太行三峡"之称，山水环绕，川谷深幽，赤壁丹崖，风景秀美。
地址：河北省邯郸市武安市西北部

山西省
远古传说的发源地

山西位于黄河以东,太行山以西,省内多名山,因此称为山西。

这里的历史长达三千年之久,"女娲补天""精卫填海"的传说就发生于此,是研究古代文化的宝地。

壶口瀑布、大同云冈石窟、五台山等景点远近驰名,山西还以煤炭闻明,但也由于煤炭资源的利用,使得这里空气质量极差,环境污染严重。

TAIYUAN UNIVERSITY OF TECHNOLOGY
太原理工大学

听学哥学姐揭秘
你不知道的
太原理工大学

　　太原理工大学，是国家"211工程"重点建设大学。学校前身是创立于1902年的国立山西大学堂西学专斋，现有明向、迎西、虎峪（柏林）三个校区，占地面积1536亩。

明向校区
地址：山西省晋中市榆次区北部新城纬六街

迎西校区
地址：山西省太原市万柏林区迎泽西大街79号

虎峪（柏林）校区
地址：山西省太原市万柏林区西矿街53号

特色建筑

图书馆

明向校区图书馆外表是简单的灰色墙皮,朴素庄严。明亮舒适的自习室为每一个学子提供了逐梦的舞台,正前方是一座孔子雕像,旨在激励每一位在校大学生深刻领会儒家思想的精髓,传承传统文化,陶冶情操,早日成长为国家的栋梁。

机械馆

迎西校区的机械馆是理工大历史最久远的建筑,灰色的建筑风格显得古朴稳重,中心的大门上方是一个大钟,既是机械为中心的标志,也有激励人们珍惜时间,勤奋刻苦的寓意。

社团活动

听风口琴社

这是一个诞生不久的乐器类协会,别看它年轻,实力却一点也不弱。口琴协会社长很有才,招新现场的演奏能吸引很多人的眼球,美妙的琴声让人神往;口琴很小巧,容易上手学习,拿出去也不失优雅,学习成本低,几十块买一个就行。

三毛话剧社

这是一个充满文艺气息的小天地,一直为文艺爱好者提供着一方表演的舞台,延续着理工学子的文艺梦。

校园美食

湖南米粉

太原是北方的一个小城市,但这南方的米粉却依旧能够立足于此,能够吸引不少北方人前来光顾。如果想吃,得提前去,不然晚一会儿就得排队等。老板是南方人,做出来的米粉很正宗。

馄饨小摊

这是晚上才有的小吃摊,所以白天那里依旧是条马路。虽说小吃占道,但对吃货学生来说无疑是一个大福利。馄饨最好吃的其实是汤,老板人很好,每次总是装得满满的,有同学调侃,不来这儿吃一碗馄饨,晚上会空虚到睡不着觉。

校园景点

大草坪

校园的生活虽不见得怎么繁忙劳累,但仍然是愉悦中充满着紧张。绿油油的大草坪就在明向校区的中央位置,也在高大的图书馆旁边,可以说是上课的必经之路。每天在紧张的学习之余,放眼望一望这片辽阔的大草坪,总是能让人全身放松,心生愉悦,埋头苦读。

音乐喷泉

音乐喷泉位于迎西校区,汉白玉般的围栏加上清澈见底的水,让人不由得驻足流连。尤其是夏天,炎热的天气让人烦躁不已,唯独那音乐喷泉旁,依旧保持着清凉怡人的风景。

特色院系

矿业工程学院

在这里,帅哥俊男随处见,尤其是军训等大型活动,大矿院的气势那是势不可挡,一声声激情的吼声力压群雄。欢迎女生们报考大矿院,在这里你可以享受国宝级的待遇哦,上课不愁占不到座位,不愁找不到男朋友。

机械工程学院

机械工程学院是理工大有着门面担当的学院之一,在理工大有着顶梁柱级别的地位。机械专业是目前学校名气最大的一个专业,就业表现良好,学生成绩优秀,社会认可程度高,毫无疑问,机械专业是就读理工大的首选。

山西景点
SCENIC SPOTS IN SHANXI
扫码
听不一样的景点故事

五台山
文殊菩萨的道场，是四大佛教名山之一，是优良的夏季牧场。
地址：山西省忻州市五台县境内

王家大院
王家大院是由静升王氏家族经明清两朝、历300余年修建而成，是一座具有汉族文化特色的建筑艺术博物馆。
地址：山西省晋中市灵石县静升村

平遥古城
平遥古城被称为"保存最为完好的四大古城"之一，也是中国仅有的以整座古城申报世界文化遗产获得成功的古城市。
地址：山西省晋中市平遥县

皇城相府
皇城相府是一处罕见的明清两代城堡式官宦住宅建筑群，被专家誉为"中国北方第一文化巨族之宅"。
地址：山西省晋城市阳城县北留镇皇城村

晋祠
晋祠是为纪念晋王及母后邑姜而兴建，极具汉族文化特色，素以雄伟的建筑群、高超的塑像艺术闻名于世。
地址：山西省太原市晋源区晋祠镇

解州关帝庙
解州关帝庙是现存规模最大的宫殿式道教建筑群和武庙，被誉为"关庙之祖""武庙之冠"。
地址：山西省运城市解州镇临陌线

悬空寺
悬空寺位于峭壁间，素有"悬空寺，半天高，三根马尾空中吊"的俚语，以如临深渊的险峻而著称。
地址：山西省大同市浑源县东南郊恒山脚下

山西博物院
博物院是新中国成立以来山西投资规模最大的文化基础设施，是现代化综合性博物馆。
地址：山西省太原市万柏林区滨河西路北段13号

乔家大院
乔家大院是城堡式建筑，三面临街，大门为城门式洞式，是一座具有北方汉族传统民居建筑风格的古宅。
地址：山西省晋中市祁县东观镇乔家堡村景区北路旁

大同云冈石窟
入选了《世界遗产名录》，石雕群神采动人，栩栩如生。
地址：山西省 大同市 城区武州山麓

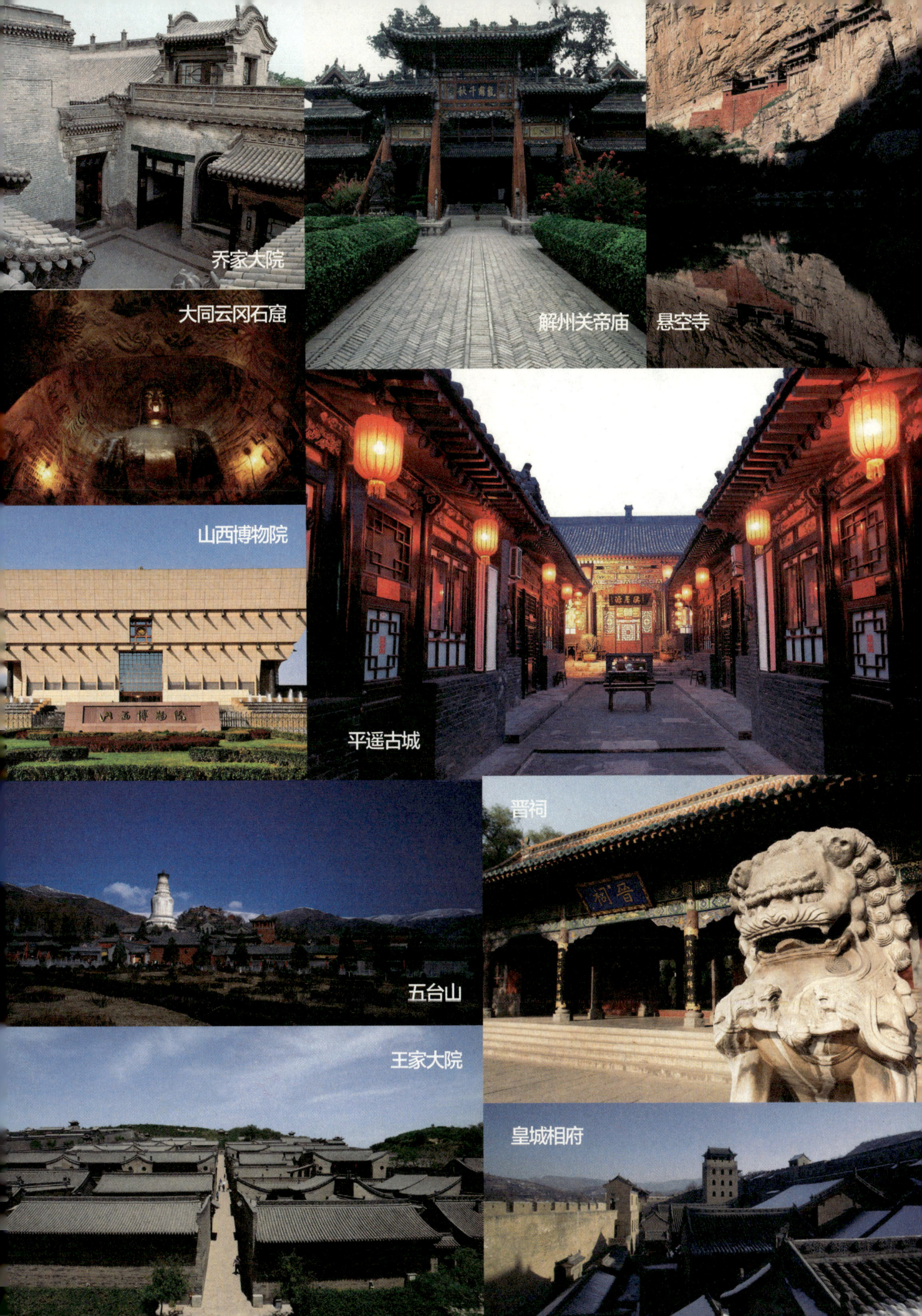

内蒙古
天野苍茫 歌声嘹亮

内蒙古，位于中国的北端，广辽的草原和沙漠向人们呈现了苍茫和豁达的真正含义。

呼伦贝尔、锡林郭勒，巴丹吉林、腾格里都是祖国北部粗犷而秀丽的大片景观，呼伦湖、贝尔湖无疑成为了点睛之笔。而草原和沙漠中的蒙古族风情更为这片土地增添了淳朴自然的神韵。

INNER MONGOLIA UNIVERSITY
内蒙古大学

听学哥学姐揭秘
你不知道的
内蒙古大学

　　内蒙古大学，国家"211工程"重点高校，创建于1957年，位于呼和浩特市。总共拥有二个校区及艺术学院的一部分，分为北校区和南校区，总占地面积约2070亩，建筑面积约1900亩。

北校区
地址：内蒙古呼和浩特市赛罕区大学西路235号

艺术学院
地址：内蒙古呼和浩特市新城区新华东街101号

南校区
地址：内蒙古呼和浩特市玉泉区昭君路

特色建筑

实验动物研究中心

实验动物研究中心位于北校区，有国家和地方政府的重视和支持，资金充裕。这里各种丰富的动物标本、研究设施非常吸引眼球。

交通楼

对于整个校园环境来说，位于南校区的交通学院与艺术楼、教学主楼共同围合出了整个校园主入口广场。在总体空间布局上，采取院落式布局，这样的布局不仅削减了建筑庞大的体量，平面功能较为合理，而且每一个专业都有了自己独立出入口，围合出了内院空间。

 社团活动

舞蹈大赛

内蒙古人本来就能歌善舞，作为内蒙古大学传统大赛之一的舞蹈大赛，自然大力发扬了本地的特色。民族舞、现代舞、街舞等等相互碰撞在内蒙古这片土地上，外来文化和本地文化相互融合，场面丰富又各有特色。

 校园美食

U°coffee

这家店位于艺术学院外，最有特色的是榴莲披萨、华夫饼、咖啡评价也不错。一般点完菜在一楼付账，每个桌子上都有个大象标记，菜上齐了就把大象拿走了！每个大象颜色都不一样，也很可爱，算是店铺里的一个特色。

阿伦高娃蒙餐

布里亚特风味蒙餐在呼市也有挺多家了，这家位于街北校区，他家的奶茶味道浓郁，红菜汤也好喝。这里的列巴套餐和奶茶超赞，店里老板娘态度非常好，所以很多回头客，用户口碑相当好。

校园景点

桃李湖

桃李湖位于北校区，是内大的象征性景点，呈不规则形，湖心有岛。在桃李湖畔分布着一些主要建筑，东南是新建成的十一层高、带有蒙古包式穹顶的综合教学楼，其北面坐落着现代化的图书馆和计算机楼，西面则是全国高校中规模较大的文体馆。晚上绕湖跑步或者散步，都会非常享受。

成吉思汗雕像

这座雕像位于北校区，据说花费超过 410 万美元建造而成。从远处看，闪耀着一种令人目眩的银色。根据蒙古民间的说法，年轻的铁木真在此处曾捡到一根金色马鞭，从此开始了他一生的征战。传说中铁木真曾经以马鞭指天，发出"让蓝天下都成为蒙古人的牧场"的豪言壮语。他最终实现了自己的梦想，带领蒙古骑兵征服了将近一半的世界领土，建立了横跨亚欧大陆的蒙古帝国，这段历史直到今天仍然让蒙古人热血沸腾。

 特色院系

生命科学学院

这个学院有政府的支持，资金很充裕，所以学生做起研究也更能施展才华而不被客观条件所束缚。

内蒙古景点
SCENIC SPOTS IN INNER MONGOLIA

扫码
听不一样的景点故事

呼伦湖
呼伦湖是半咸水半淡水湖，是内蒙古第一大湖，中国第五大内湖。
地址：内蒙古自治区呼伦贝尔市新巴尔虎左旗

大召寺
大召寺是明代蒙古首领主持创建的，其中的释迦牟尼银像是极珍贵的文物。
地址：内蒙古自治区呼和浩特市玉泉区大召前街

孝庄园文化旅游区
孝庄园是一座体现科尔沁人文历史、满蒙联姻、康乾盛世以及中国近400年历史的绝佳景区。
地址：内蒙古自治区科左中旗花吐古拉镇

阿尔山国家森林公园
浩瀚的大兴安岭林海，莽莽苍苍，起伏的山峦涌翠竞秀。在这绿色的海洋里镶嵌着一颗闪亮的明珠——阿尔山国家森林公园。
地址：内蒙古兴安盟阿尔山市

昭君墓
昭君墓始建于公元前的西汉时期，是由汉代人工积土夯筑而成。
地址：内蒙古自治区呼和浩特市南呼清公路9公里处

内蒙古博物院
博物院是全区唯一的自治区级综合性博物馆，也是全国少数民族地区最早建立的博物馆之一。
地址：内蒙古呼和浩特市新城区新华东街27号

成吉思汗陵旅游区
这是蒙古帝国第一代大汗成吉思汗的衣冠冢，为5A级景区。
地址：内蒙古自治区鄂尔多斯伊金霍洛旗巴音昌呼格草原

鄂尔多斯草原
鄂尔多斯草原东距世珍日旅游区70公里，北距夜鸣沙旅游区80公里，与两者形成黄金旅游一条线。
地址：内蒙古自治区鄂尔多斯市杭锦旗锡尼镇西南9公里处

呼伦贝尔大草原
呼伦贝尔草原位于大兴安岭以西，由呼伦湖、贝尔湖而得名，是中国保存完好的草原，有"牧草王国"之称。
地址：内蒙古自治区呼伦贝尔市新巴尔虎左旗海满一级公路

怪树林
怪树林百年前是一片原始森林，由于自然因素，大片枯死的胡杨树东倒西歪，神态各异。
地址：内蒙古自治区阿拉善额济纳旗达来呼布镇西南28公里处

上海市
现代与传统结合的魔力大都市

　　上海地处中国海岸线的最正中,是中国的财富聚集地,悠久的历史又为它的魅力平添了几分厚重。

　　昔日的上海滩歌舞升平,浮华旧梦却最终凋落。今天的上海日新月异,是中国仅次于香港的"购物天堂",外滩、城隍庙等地标也无一不在担当着这座城市的观光窗口。

　　在上海,看分秒必争的铿锵白领,听上海老人的吴侬软语,尝尝浓油赤酱的本帮菜,才不枉到这的一番体验。

FUDAN UNIVERSITY
复旦大学

　　复旦大学，始建于 1905 年，是中国首批"985 工程"、"211 工程"大学，拥有邯郸路、枫林、张江、江湾四大校区，学校占地面积约 240 万平方米。

邯郸路校区
地址：上海市杨浦区邯郸路 220 号

枫林校区
地址：上海市徐汇区医学院路 138 号

张江校区
地址：上海市浦东新区张江高科技园区张衡路 825 号

江湾校区
地址：上海市杨浦区西北角浦区淞沪路 2005 号

听学哥学姐揭秘
你不知道的
复旦大学

特色建筑

第三教学楼

邯郸路校区第三教学楼的3108教室，在复旦有着特殊的意义。洁净的水泥地面和其他的教室并没有什么不同，但从1985年"哲学六君子"的演讲到1993年时任以色列总理拉宾的"中国绝唱"，"3108"一直是复旦最高规格论坛的代名词。

文科楼

邯郸路校区的文科楼于1984年始建，已经有30多年历史了，这里包含了中文、外文、历史、哲学、新闻等文科院，电教中心（现代教育技术中心）、艺教中心等部门也陆续迁入。学文科的同学们，接下来的大学生活会有很大一部分时间在这里度过。

社团活动

复旦诗社

复旦诗社是一个纯粹的团体，诗社里有一些人，他们活跃热情，他们看上去单纯简单，他们使用最美丽的语言。他们飞扬起嘴角的时候，快乐得就像一个孩子。

原创影视协会

原创影视协会是复旦第一个影视制作方面的社团，倚靠复旦新闻学院丰富的资源，旨在提供全校同学一个影视实践操作的平台。

校园美食

海强面馆

这家店在邯郸路校区，破败的外表，"古老"的桌椅，无法阻挡"海强"名声在外以及不变的好口味。没有广告，没有外卖，甚至"环境""服务"全无，好味道盖过一切。

小天府

小天府是邯郸路校区最好的川菜馆，没有之一。最经典的其实是一道冷菜：口水鸡。原料用乌骨鸡，上面盖一层芝麻、葱和碎花生米，很精致，没有很重的花椒味，也不算很辣。

校园景点

相辉堂

相辉堂位于邯郸路校区，是复旦的经典建筑。红瓦白墙，既不雄伟，也不雍容，有着几分历史的风霜感，似乎与它传扬甚远的美名不相符。然而，这里承载着复旦师生很多珍贵的回忆，各种情愫，也只有大学过后才能真正体会。

特色院系

管理学院

这个学院是我国最早设立工商管理教育体系的学院，一路走来虽然磕磕碰碰，但是其基础也因此更加夯实不可动摇。

经济学院

经济学院拥有强大的教学资源，整体实力在国内经济学界处于领先地位。想要学习经济管理，这里是优质首选。

EAST CHINA NORMAL UNIVERSITY
华东师范大学

华东师范大学，创建于 1951 年，是"985 工程"和"211 工程"重点高校。学校设有闵行、中山北路两个校区，占地总面积约 207 公顷。

闵行校区
地址：上海市闵行区东川路 500 号

中山北路校区
地址：上海市普陀区中山北路 3663 号

听学哥学姐揭秘
你不知道的
华东师范大学

特色建筑

思群堂

思群堂位于中山北路校区，1946年建成，清水红砖外墙，有简洁的线条装饰，2009年6月被公布为普陀区登记不可移动文物。

群贤堂

群贤堂是中山北路校区的一座三层小楼，它正门具有古典罗马式建筑风格的4根门柱，与其内部格局相呼应，充分体现了东西方文化相结合的特色。

社团活动

社团管理部

这是监督管理学生的，帮助社团不断发展的部门。总的来说，在学校很有威慑力！

骑乐自行车协会

一个以自行车骑行运动和自行车远征为主要社团活动内容的学生社团，也是学校唯一一个以自行车骑行为主题的学生社团。

校园美食

沁园糕点

沁园糕点位于中山北路校区，自开始经营，每天能卖出3000多份，蜂窝蛋糕是王牌之一。每天接近六点半，浓郁的糕点香味传来，伴着新鲜出炉的面包糕点，新的早晨就开始了。

鼎有名生煎

这家店位于中山北路校区，他们家的牛肉锅贴和生煎包味道可以说是绝了，一个生煎包可以取出一汤匙的汁水！你可以经常看到店里的食客排队排到对岸，这个味道真的找不到第二家。

校园景点

丽娃河

中山北路校区的丽娃河是上海恋爱的十大地标之一，在大学圈子里很有名。在河边咖啡馆的露天座位，喝上一杯咖啡，再聊聊人生，绝对是打发时间的最好选择。

兰亭

闵行校区里栽培了一圃兰花，旁边辅之以花草，兰花有高洁清幽之意，种植起来又非常的不容易，足以见得学校的用心。

特色院系

心理与认知科学学院

这个学院编制了"上海市儿童发展十一五规划"，制定了上海市心理咨询师职业资格标准，如此专业又受到肯定，想要在心理学的职业领域有所发展，这里是一个夯实基础的平台。

传播学院

这个学院在全国传播学领域名声显赫，实力不容小觑。

SHANGHAI INTERNATIONAL STUDIES UNIVERSITY
上海外国语大学

听学哥学姐揭秘
你不知道的
上海外国语大学

    上海外国语大学，国家"211工程"重点大学。学校创建于1949年12月，有虹口与松江两个校区，总占地面积约为74公顷。

虹口校区
地址：上海市虹口区大连西路550号

松江校区
地址：上海市松江区文翔路1550号

特色建筑

图文信息中心

图文信息中心是上外松江校区的地标性建筑，具有新古典主义建筑风格，湛蓝色的穹顶已经成为了一种精神符号。多语种原版书如同砌高知识之墙的巨砖，东厅与西厅两座报告厅，从讲座论坛到文艺汇演，种种魅力，让每个经过的人都会不禁侧目抬头。

图书馆

上外松江校区图书馆设立的都是直接为读者服务的机构，包括报刊阅览室、各个语种的图书借阅室。在上外图书馆，各个语种的图书资源都很丰富，对于学习语言的童鞋无疑是个好福利。

游泳馆

虹口校区的游泳馆即使是下雨天人也很多。夏天游泳凉爽带劲，游完之后一身轻松。泳池很干净，不算大，大人带小孩练游泳的较多。泳池价钱还算实惠，但是换衣服的地方有点窄，如果离得近，还是值得去游的。

 社团活动

模拟联合国协会

虽然只是一个模拟的协会，但是光想想内容和阵仗还是会让人觉得很牛，毕竟没有一定的能力，很难得到认可，一个好的协会，可不是光靠响亮的名字让人信服的。

 校园美食

暖纪

暖纪，看着就窝心的名字，它位于松江校区，走进去，如同家一般温馨，小小的空间被布置得很有情调，柔柔的背景音乐和各式杂志书籍，给小屋增添了浓浓的文艺气息。

金牛角

松江校区的金牛角总体性价比很高，里面的装潢不错，而且员工老板态度都很好。老板是绵阳人，因为照顾上海人的口味，所以菜都没有做得很辣。

 校园景点

大花园

虹口校区充满生机的大花园，碧绿的草地、盛开的鲜花、繁密的树丛、还有鸡群、篱笆、狗等，体现出一种欣欣向荣的生活图景。这个地方休闲浪漫，很适合约会。

特色院系

英语系

英语系是学校的王牌院系，也是国家级重点专业和特色专业。一直以来，英语系在教学和科研方面形成了优良的传统，积累了丰富的经验，教学成果也多次获得国家级教学成果奖和上海市教学成果奖。在上外学英语有一个很大的优势，就是同学们有很多参加志愿活动的机会，不仅锻炼了英语口语能力，也大大开阔了同学们的视野。

SHANGHAI UNIVERSITY
上海大学

上海大学，创建于1922年，是国家"211工程"重点建设大学。一共有三个校区，分别是宝山校区、延长校区以及嘉定校区，学校占地200万平方米。

宝山校区
地址：上海市宝山区上大路99号

延长校区
地址：上海市闸北区延长路140号

嘉定校区
地址：上海市嘉定区城中路20号

听学哥学姐揭秘
你不知道的
上海大学

特色建筑

体育馆

宝山校区上大体育馆曾经承接过全国女篮联赛，是上海女篮的主场。作为一个专业的运动场馆来说，上大体育馆给周边居民平时锻炼提供了场地，更何况是设在大学里的，比较安全。

社团活动

吉他协会

不必担心门槛，无论你是大神还是小白，协会都来者不拒！不仅仅是吉他，拿上擅长的乐器来组乐队，一起在舞台上 High 起来吧！

炫焰魔术社

大学魔术社的发展与魔术事业的发展有着密切的关系。这是大学中最神秘、最奇幻的社团，在这里，你将会看到各种不可思议的魔术表演。在这里，你也会知道那些让你感到神奇的魔术背后的秘密。

校园美食

在汉城

"在汉城"是宝山校区一家韩国料理店，装潢很不错，韩国菜好看又好吃，红黄绿的搭配看起来让人食指大动。

囧囧有食

宝山校区的这家店，光听店名就很有趣，强力推荐这里的地锅鸡和地锅牛腩，地锅菜的汤汁较少，口味鲜醇，饼借菜味，菜借饼香，具有软滑与干香并存的特点。菜上覆盖的面皮，鲜滑可口，肉质鲜嫩，价格适中而且份量充足。

校园景点

泮池

宝山校区的泮池边上有一块区域养着有孔雀、白鸽、天鹅，以及传说中的鸳鸯哦。但是，半夜千万不要一个人去泮池边，至于为什么，那些惊悚的往事就等着你们在宿舍夜谈吧。

特色院系

文学院

上大文学院前身是复旦大学分校，学院的社会学学科被学校列为"211工程"重点发展学科。

社会学院

上大社会学院于建系之初就设立了社会学本科专业，还具有硕士和博士的授予权。社会学是上大的强项，但是这个专业本身比较难就业，学的东西在工作中并不实用，只是在学术研究领域更容易发展。

DONGHUA UNIVERSITY
东华大学

东华大学,是国家"211工程"重点院校。创建于1951年,学校共辖三个校区,占地面积共近2000亩。

松江校区
地址:上海市松江区人民北路2999号

延安路校区
地址:上海市长宁区延安西路1882号

新华路校区
地址:上海市新华路365弄6号

听学哥学姐揭秘
你不知道的
东华大学

特色建筑　　校园景点　　 特色院系

中心大楼

大家一般会在延安路校区的中心大楼买书，最重要的是，教务处就在这里面，选课出了问题，就一定要去里面！

主教楼

这里是延安路校区最为壮观的三主，里面的语音教室是大家上英语课必去的，还有报告厅和表演厅，讲座、汇演什么的经常会在这里举行。

"学生"雕塑

在延安路校区，有一座"学生"雕塑，他们一立一坐，站着的男生单手卷握书本，坐着的女生书本平摊于双膝之上，是1983年校友敬赠给母校的礼物。

镜月湖

这是松江校区的一个人工湖，周围栽种着一棵棵青翠的垂柳，叶子郁郁葱葱，让整个场景看起来安宁平和。

服装设计

东华的服装设计系在服装界是很有名气的，不仅吸引了不少年轻人的眼球，还吸引了世界各地服装行业的目光，几乎每个星期都有一场国际品牌的发布会在系里举行。

纺织学院

东大的前身是纺织工学院，因此纺织学院也算是东大的王牌学院了，纺织工程本科教学获世界纺织教育界权威组织——英国纺织学会认可，标志着本科教学已达到国际先进水平。

 社团活动

魔方协会

高智商的朋友们聚集在这里斗智斗勇，不仅可以结交到很多朋友，也可以锻炼自己灵活的大脑。

DIY 手工社

这个社团鼓励同学们在日常生活中以最少的资源去发现美，创造美，发挥创造力，变废为宝，增添生活中的小情趣。

校园美食

Home garden

延安路校区的 Home garden 是一个洋溢着田园气息的特色西餐厅，独具欧陆风格的美食，精心挑选的葡萄酒可以让你尽情体验异国风味！

Perry's Cafe

进入延安路校区的 Perry's Cafe，你绝对会被惊叹到，这真是一家别有洞天的餐厅酒吧，附近东华和交大的留学生都是这儿的常客，餐厅还提供各类西餐、下午茶等美食，吃货们走起！

 特色建筑

图书馆

　　四平路校区的图书馆，是大学中最神圣的知识殿堂。同济图书馆原本只有2层楼，改造时从老建筑的两个院子分别建起两根巨大的混凝土柱，撑起了两座11层的塔楼。它在国内首次采用了先进的高层跨度悬挑预应力空间结构体技术，源于同济老师的设计灵感。这样高端又免费的学习环境，不好好利用都愧对自己。

大礼堂

　　建于1961年的四平路校区大礼堂，曾是远东最大的礼堂，它净跨40米的拱形网架结构，被誉为当时同种形式的亚洲之最，人称"远东第一跨"。大礼堂设有3564个座位，和整体式钢筋混凝土拱形网架薄壳结构相适应，开阔的大礼堂厅内没有一根柱坐在厅内，视线非常开阔，就像婚礼圣地一样。

 社团活动

东篱剧社

　　东篱剧社是同大一级甲等社团，各式各样的戏剧种类都能在这里尝试，而且戏剧社还走出了学校，到外面比赛。喜欢戏剧表演，加入这个社团，可以过足戏瘾！

 校园美食

留学生食堂

　　留学生食堂位于四平路校区，是出了名的好，甚至上过湖南卫视的《天天向上》节目。石锅拌饭和豆腐汤是留学生食堂里的招牌菜，是去了必点的菜式。

西北食堂

　　西北食堂在四平路校区，二楼的小炒味道比其他地方的好，几个人一起吃饭，一个人买一个菜，就可以吃得很丰盛。食堂二楼还有各种米线凉面不定期供应，等待你的发现。

 校园景点

三好坞

　　三好坞位于四平路校区，建于1956年，由师生们义务劳动建成，得名于毛主席所说的"身体好、学习好、工作好"。这是个典型的中国式园林，有假山、有亭子、有白鹅、有小桥、有流水，雅致而幽静。学习、休息、谈恋爱，样样适宜。

音乐广场

　　音乐广场位于四平路校区，是个完全开放式的广场，有咖啡厅、休息座、超市等，是个热闹的交流场所。经常有一些漂亮的流浪小猫徜徉在广场上，吸引有爱心的同学抚弄喂养。圆形的下沉式小舞台其实是个回音壁，站在中间说话有声音放大的效果，很有意思。

 特色院系

土木工程学院

　　这个学院典型男多女少，所以女孩子会非常受欢迎。土木工程当然不是又土又木啦，不管是学院的师资力量学习环境还是就业前景，这个学院都是毋庸置疑的强大。

建筑与城市规划学院

　　建筑与城市规划学院，应该是最能将文理科有点结合在一起的学科，既有文科的浪漫和创新，又有理科的逻辑和实用。学院如今招生规模宏大，在建筑和城市规划界有重要的影响力。

EAST CHINA UNIVERSITY OF SCIENCE AND TECHNOLOGY
华东理工大学

听学哥学姐揭秘
你不知道的
华东理工大学

华东理工大学，是国家"985工程优势学科创新平台"、"211工程"重点建设院校。在1952年组建而成，现有徐汇、金山和奉贤三个校区，占地面积176.8万余平方米。

徐汇校区
地址：上海市徐汇区梅陇路130号

金山校区
地址：上海市金山区学府路1000号

奉贤校区
地址：上海市奉贤区海思路999号

特色建筑

800人剧场

800人剧场位于奉贤校区，它是一座圆型的大礼堂，是各类大型晚会的举办地。丰富精彩的演讲、热闹华丽的演出、神圣庄严的会议都使这个大礼堂承载了许多美好回忆。

社团活动

模拟联合国

对外交感兴趣，喜欢政治，这里是一个好的平台，还能在此学到很多有用的技巧，对以后的工作会很有帮助！

花艺协会

"花开花落，艺如既往。"花艺协会提倡对生活本质的关注，组织同学参与一系列精品手工活动，用"一花"来给同学们带去"一世界"。

校园美食

九头鸟烧烤餐厅

徐汇校区的这家店宽敞明亮，环境整洁舒适，东西品种多，而且特别新鲜，是学生喝酒聊天的好地方。

老根东北菜

老根东北菜是徐汇校区附近一家专做东北菜的餐厅。店面虽小，但是布置得简单而清爽，桌面擦得很干净，调味瓶摆放得很整齐。东北特色菜地三鲜、拉皮都做得很正宗，价格也实惠，附近的学生和居民经常会过来聚餐，生意很不错。

校园景点

绿园

这是徐汇校区在七教、五教前新建的数个圆形花坛，夜晚时分，这片绿园在多点设置的泛光照明下，显得分外幽静和安宁。

特色院系

化学工程系

华理是一座以化工专业闻名海内外的高等院校，化学工程系自然是它的王牌院系，它师资力量雄厚，教学条件和科研设施精良，国际交往频繁，社会联系广泛。

商学院

商学院集经济学科与管理学科为一体，还与澳大利亚堪培拉大学合作，举办中澳合作MBA教育项目；和多所国外大学建有联系，开办学生互换和双学位教育项目。这个学院无论是学术方面还是实践体验方面机会都非常诱人，只等优秀的你加入其中！

SHANGHAI UNIVERSITY OF FINANCE AND ECONOMICS
上海财经大学

听学哥学姐揭秘
你不知道的
上海财经大学

    上海财经大学，是国家"985工程优势学科创新平台"、"211工程"重点高校。学校源于1917年，占地826亩，设有国定路校区、武东路校区、中山北一路校区三个校区。

国定路校区
地址：上海市杨浦区国定路777号

武东路校区
地址：上海市杨浦区武东路100号

中山北一路校区
地址：上海市虹口区中山北一路369号

特色建筑

白楼

国定路校区的白楼，以通体白色和为同红楼区别而得名。位置偏安一隅不易发现，在教技中心楼后边。虽然位置偏僻，但学校党政领导都在这里办公，紧邻春晖园。

毓秀楼

毓秀楼位于武东路校区，属上海市优秀历史建筑，距今已有59年的历史，是新中国成立早年修建的近现代砖木混合结构建筑。毓秀楼建筑总体为三层，中部局部为四层，整体风格端庄典雅、沉稳大气，外观色调清新淡雅，给人以庄重而慈爱之感。

社团活动

羽毛球协会

为加强校际联谊项目，协会曾经多次邀请复旦、同济、上理、上外、上体等兄弟高校一起交流。虽然是一个课余社团，它的活动可一点不业余哦。

生涯发展协会

打铁还需自身硬，制定好自己的职业规划，多一些就业知识总是有利无害的。

校园美食

第一食堂

第一食堂是国定路校区比较传统的食堂。这里的价格是财大几个食堂中最便宜的，但饭菜的质量没有因此而下降，只是量可能少了点。如果你是胃口较小的女孩子，不妨试试这里哦！

新园餐厅

新园餐厅的价位在国定路校区属于中等偏上。新园的菜带有典型的江南特点——偏甜，从口味较重的地区来的同学可能会吃不惯，不过时间长了应该能适应的吧！新园餐厅经常推陈出新，不断会有新鲜的菜式出现，等你吃厌了旧的，新的又来了。

校园景点

春晖园

春晖园是国定区最大的一块休闲场所，园内有各种花草，还有山坡、池塘、篮球场等，是一个袖珍式花园。

特色院系

会计学院

财经大学的王牌专业无疑是会计和金融。学校名声已经如此响亮，学院有很多国际合作的项目，想出国的话，还是蛮容易的。会计和经济是国家"985"项目，有国家资金支持，项目都搞得比较大，老师也有很多海归，师资力量很强。所以进了财大会计学院，只要不半途而废，前途会是一片光明。

SHANGHAI JIAO TONG UNIVERSITY
上海交通大学

    上海交通大学，是国家"985 工程"、"211 工程"院校。办学历史可追溯到 1896 年，有徐汇校区、闵行校区、黄浦校区、长宁校区、七宝校区，总占地面积 4893 亩。

闵行校区
地址：上海市闵行区东川路 800 号

徐汇校区
地址：上海市徐汇区华山路 1954 号

黄浦校区
地址：上海市黄浦区重庆南路 227 号

长宁校区
地址：上海市长宁区法华镇路 535 号

七宝校区
地址：上海市闵行区七莘路 2678 号

听学哥学姐揭秘
你不知道的
上海交通大学

特色建筑

执信西斋
徐汇校区的执信西斋，是为了纪念1920年在反对桂系军阀战争中英勇就义的资产阶段民工革命战士、孙中山先生的忠实追随者朱执信先生的革命精神而建。整个执信西斋看起来稳重、朴素、大方，有着交大校园那种清新的书卷气。

老图书馆
徐汇校区的老图书馆，是由1916级毕业班同学为纪念建校20周年发起社会各界及师生共同捐资建造的。现在是交大的校史馆，钱学森的那张著名的96分试卷就珍藏在里面。

容闳堂
容闳堂位于徐汇校区，一共有大小房间62间，二楼中部的会议室是校友蒋光照捐资改建的，那时候将原先的玻璃天窗改建为平屋顶，由自然采光变成人工采光。夏天不至于太炎热，冬天又不过于寒冷，很是舒适。除此之外，整幢建筑都保存得很好，还被列入了"上海市优秀历史建筑"。

社团活动

爱乐者协会
协会的露天音乐会是很受欢迎的，尽管相较而言，露天音乐会的音质比起室内可能逊色不少，但是它将高雅的音乐带到了现场，和同学们拉近的距离可不只是一点。

相声协会
相协在继承相声前辈艺术手法的基础上，鼓励大学生自主原创相声，大胆探索"校园相声学"这一全新的艺术领域，使广大学生在笑声中感受相声魅力，发掘生活中的真善美。

校园美食

新疆餐厅
闵行校区的新疆餐厅是名气响当当，常常是还不到饭点就已经座无虚席了。其实这里的主厨是一个四川人，但在新疆当了十几年的厨师，烧得一手正宗的新疆美食。习惯"重口味"的学生不妨来一客烤牛肉抓饭，对于口味清淡的学生，小盘鸡饭、羊肉烧土豆等也是不错的选择。

校园景点

菁菁堂
菁菁堂位于闵行校区，是学校的大礼堂，主体颜色是白色，是中日文化交流中心。在这里，每年都会举行许多重要的活动。

光明体育场
体育场位于闵行校区，建在学校百年华诞之际，名为"光明"，寓意母校教育事业光辉灿烂，前程似锦。宽敞的看台，翠绿的草坪，环形的塑胶场地，绝对是体育爱好者的好去处。那些篮球、足球、排球、网球等活动的爱好者，在这里自然不会受到亏待，都可以找到让他们满意的运动场所。

特色院系

机械工程
机械工程学科实力雄厚，涌现出了钱学森等一大批杰出的科学家、教育家、实业家和管理专家，光看到这些老前辈的名字就可以想象这个专业有多厉害了。想要学习机械，这里是优质首选。

SHANGHAI CONSERVATORY OF MUSIC
上海音乐学院

上海音乐学院,前身是 1927 年 11 月 27 日创办的国立音乐院。学校占地 33 亩,学校现仅有校本部校区。

校本部
地址:上海市徐汇区汾阳路 20 号

听学哥学姐揭秘
你不知道的
上海音乐学院

特色建筑

周小燕歌剧中心
周小燕歌剧中心自成立以来对学员进行科学授课,学校举办的各种类型歌剧会在这里表演,其中也不乏很多知名优秀的演员。

礼堂
校本部礼堂原为犹太俱乐部。砖木结构,法国文艺复兴风格,立面对称构图,强调横三段构图和水平向线条。内部结构陈旧但仍掩饰不住当年的豪华风采,并且装饰做工十分考究。

社团活动

"意镜"摄影社
"意镜"摄影社是一个把身边爱好摄影的同学集结起来,给大家一个展示自我成果、互相交流的平台。摄影是一种态度,是乐于记录下身边点点滴滴的对细节的关怀。走到哪,拍到哪,喜欢摄影的同学不容错过。

音苑书社
书社最主要的活动自然是读书会了,内容主要是组织在校学生一起读一些对我们的学习或人生都有帮助的好书。在同学们对书籍研读之后会举行相互之间交流的读书会,畅谈读后感与心得,并邀请专家老师点评。这个社团,对于爱好文学的青年来说,一定可以找到很多志同道合的朋友。

校园美食

点石斋小宴
餐厅位于校本部周边一栋小洋房内,经营着本帮江浙菜,菜品好吃,环境优雅。在这里一带附近有不少名人名居,对面还有个上海滑稽剧团,所以在这里常能偶遇一些沪上名人。

校园景点

小池塘
校本部小花园中有个小池塘,里面的水清澈无比,那里是鱼儿的乐园,偶尔池边有人经过,它们定会发现并纷纷聚拢一团。每当酷暑难耐的时候,鲤鱼的口中就会有泉水喷涌,清清亮亮的,淋湿了石鱼的头,打湿了池中的浮萍,也浸润了周围的小草。

特色院系

作曲系
这是我国最早建立的培养专业作曲人才的摇篮。由蔡元培、萧友梅、黄自在中国首次系统地将作曲与作曲技术理论纳入高等音乐教育体系。如今,作曲系有雄厚的师资,具备国际先进的教学、创作和科研水平。

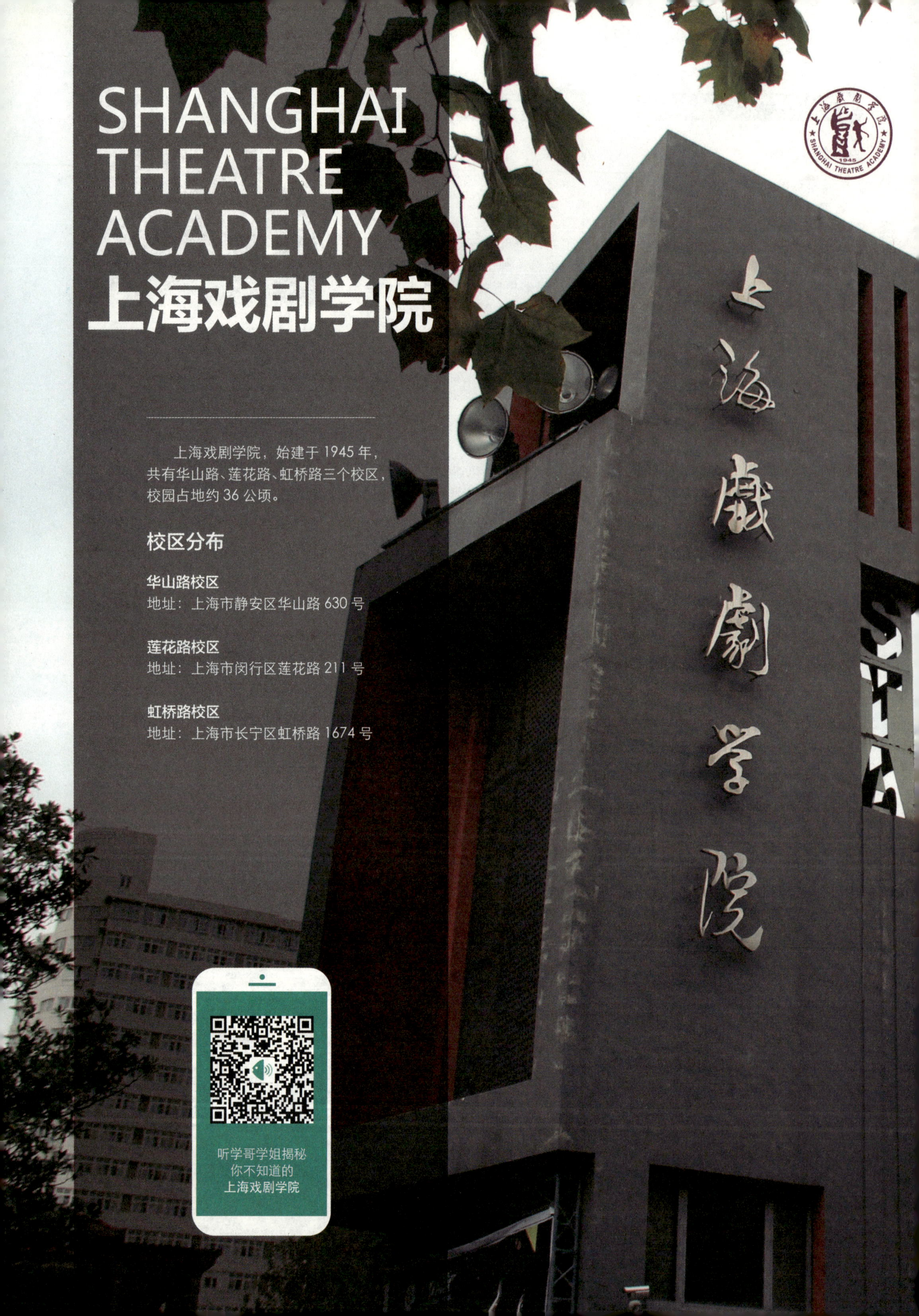

SHANGHAI
THEATRE
ACADEMY
上海戏剧学院
上海戏剧学院，始建于 1945 年，共有华山路、莲花路、虹桥路三个校区，校园占地约 36 公顷。
校区分布
华山路校区
地址：上海市静安区华山路 630 号
莲花路校区
地址：上海市闵行区莲花路 211 号
虹桥路校区
地址：上海市长宁区虹桥路 1674 号
听学哥学姐揭秘
你不知道的
上海戏剧学院
SHANGHAI THEATRE ACADEMY
1945
上海戲劇學院

 特色建筑

红楼

华山路校区的红楼，属于平时上课的教学楼，从正门华山路630号进去穿过草坪在右手边，从后门延安西路355号进去直走在左手边，是一个四层的红砖复古楼。

熊佛西楼

走进华山路校区大门首先看到是一幢漂亮的老建筑——熊佛西楼，是上戏标志性建筑。熊佛西楼的建筑为砖木结构，清红砖清水外墙，平缓的四坡屋顶，开敞的列柱围廊和建筑基座均体现出早期典型外廊式建筑特征。

 社团活动

纳海剧社

这是一个总能给人带来新感受的表演社团，为庆祝58年校庆成立的，一个舞台一台戏一个故事一群人，基本是上戏人的文化精神缩影。在戏剧学院，戏剧社无疑是整个学院精华的浓缩，专业度和乐趣交相融合。

乐音社

这是上海戏剧学院学生自发成立的社团组织，声乐基础训练，名家讲座，相关比赛，歌剧、演唱会等等活动都会举办，喜爱音乐的人可以自由加入，无所限制。

 校园美食

食堂

华山路校区的上戏食堂饭菜都十分可口，就连学校附近的白领、居民都会来食堂吃饭。红烧肉最受欢

迎，去晚了就没了，酱牛肉也十分美味，据说上戏的知名校友偶尔还会返校，来食堂尝尝这些他们吃了四年，十分怀念的饭菜。

 特色院系

创意学院

这是一个听起来就非常有意思的学院，是全国高校内第一家创意学院。目前设有艺术设计、文化管理、媒体创意三个本科专业，这个学院的特色，不仅是创意和乐趣，发展前景也是不容小觑。

表演系

自1952年建院以来，表演系就是学院的主要系科，50多年来培养了众多的优秀表演艺术家和大批的戏剧、影视表演人才，成为新中国成立以来戏剧、影视表演方面的一支重要力量。表演系，无疑就是未来明星的摇篮。

 校园景点

中央大道

中央大道位于华山路校区，并不那么宽敞且小又弯曲。这条干道曾被无数学生走过，留下他们的回忆。走在上面，与上戏的俊男美女擦肩而过，不失为一种享受。

上海景点
SCENIC SPOTS IN SHANGHAI
扫码
听不一样的景点故事

外滩
上海最有名的地方，位于黄浦江畔，夜景很美。
地址：上海市黄浦区中山东一路

田子坊
曾经的街道小厂，废弃的仓库，石库门里的平常人家，如今抹上了SOHO的色彩，多了艺术气息的熏染。
地址：上海市卢湾区泰康路

东方明珠
这是上海的地标之一。
地址：上海浦东新区世纪大道

豫园
位于上海市老城厢的东北部，是江南古典园林，始建于明代嘉靖、万历年间。
地址：上海市黄浦区安仁街

城隍庙
上海市最为繁华的旅游区，重要的道教宫观，熙熙攘攘，小吃众多。
地址：上海市黄浦区方浜中路249号

上海博物馆
上海博物馆以青铜器、陶瓷器、书法、绘画为特色，有文物界"半壁江山"之誉。
地址：上海市黄浦区人民大道201号

陆家嘴
陆家嘴是中国最具影响力的金融中心之一，位于浦东新区的黄浦江畔，隔江面对外滩。
地址：上海市浦东新区张杨路

外白渡桥
这是中国的第一座全钢结构铆接桥梁，是连接黄浦与虹口的重要交通要道，由于其丰富的历史和独特的设计，成为上海的标志之一。
地址：上海市黄浦区中山东一路

南京路
南京路是上海开埠后最早建立的一条商业街，是万商云集的宝地。
地址：上海市静安区、黄浦区

朱家角
朱家角镇紧靠淀山湖风景区，被列为上海四大历史文化名镇之一。
地址：上海市青浦区朱家角镇

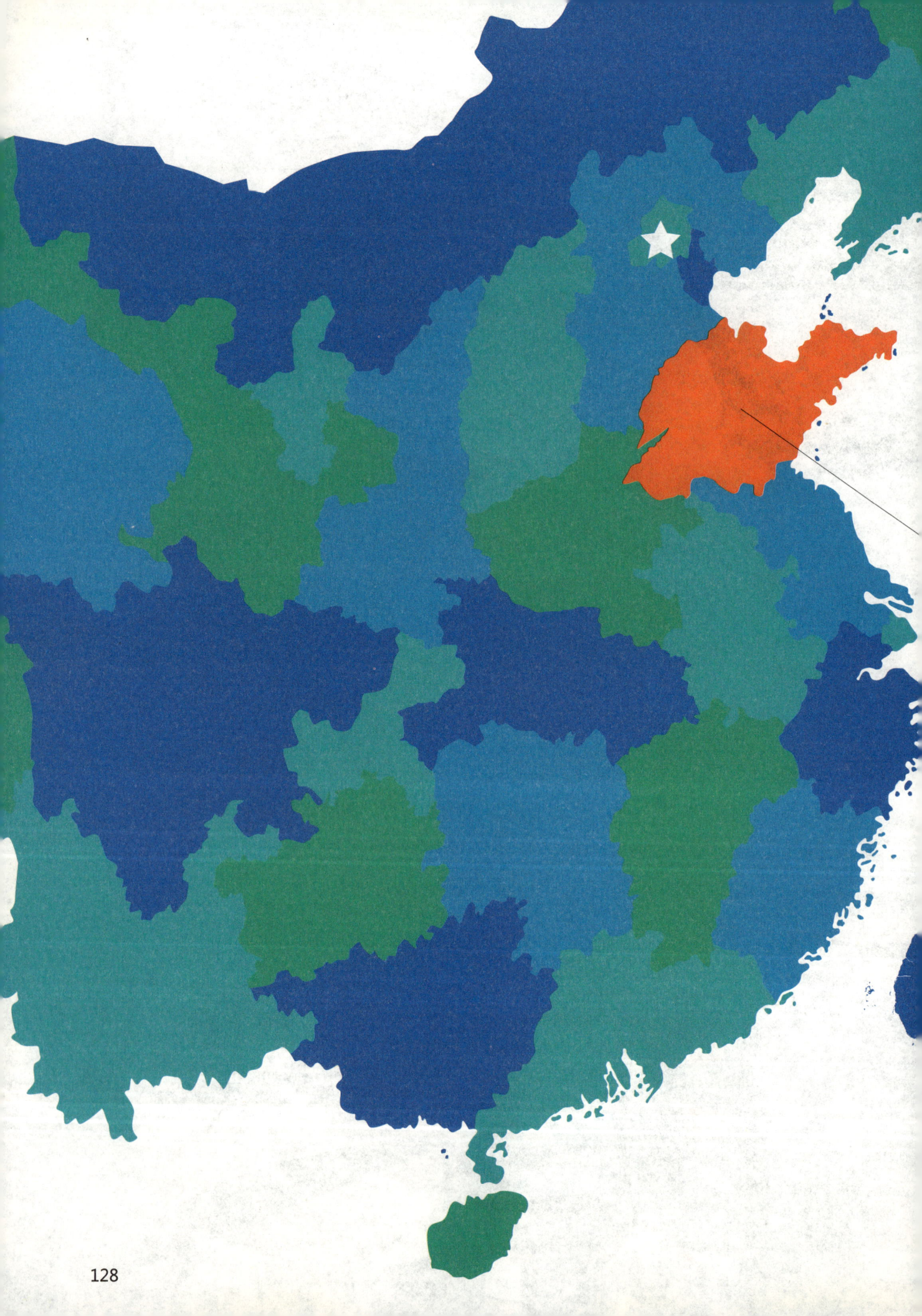

山东省
三面环海的齐鲁半岛

　　山东半岛这片大地上，不仅有名山大川，悠久的历史更孕育了灿烂的文明。

　　齐鲁大地是"万世师表"孔孟夫子的故乡，代表着权威的东方文明。而海滨城市青岛、烟台和威海舒适宜居，海陆空交通都便利快捷。此外还有名满天下的泰山，登上山顶看朝阳冲破天际，整个城市的景观都会在眼下苏醒过来。

SHANDONG UNIVERSITY
山东大学

山东大学，是国家"985工程"、"211工程"重点院校。创建于清光绪二十七年（1901年），学校总占地面积8000余亩，形成了一校三地（济南、青岛、威海）八个校园的办学格局。

中心校区
地址：山东省济南市历城区山大南路27号

洪家楼校区
地址：山东省济南市历城区洪家楼5号

趵突泉校区
地址：山东省济南市历下区文化西路44号

千佛山校区
地址：山东省济南市历下区经十路73号

软件园校区
地址：山东省济南市历下区舜华路中段1500号

兴隆山校区
地址：山东省济南市市中区二环东路12550号

青岛校区
地址：山东省青岛市即墨市

威海校区
地址：山东省威海市环翠区文化西路180号

听学哥学姐揭秘
你不知道的
山东大学

特色建筑

洪家楼天主教堂

此教堂位于洪家楼校区,是济南老建筑之一。典型的哥特式风格,又融入了中国的元素,塔楼上布满了细长的尖塔和狭长的窗户,更突显了塔楼的高大。大厅山墙上排满密集的窗户,底层的火焰门上刻满生动的雕像,一切都充满了向上的动势。

体育馆

中心校区体育馆的建成投资了2.5亿元,圆形的底座,楼顶向两侧升起,稳重不失活泼,建成后便成为山大的地标性建筑。体育馆内建有游泳池、健身房等体育设施,可以为排球、篮球、乒乓球、羽毛球、手球等正式比赛提供场所,还可以为广大师生和周边社会人士的体育教学和健身活动提供设施。

社团活动

自行车协会

自行车协会每年都会利用暑假举行远征考察活动。他们用车轮丈量祖国大地,汗水洒遍征途。车协是一个很有爱的大家庭,如果你喜欢耳边风吹的声音,喜欢双腿酸痛的感觉,这里是你不错的选择。

舜歌合唱团

这是山大乃至山东省的著名合唱团,第一次重要演出是在2010年初,它作为山东省的唯一代表首次出征CCTV青年歌手大奖赛,以一首《魔术先生》闯入决赛。歌曲的原唱歌手周杰伦也对这首合唱作品赞不绝口。

校园美食

城南往事

要想体味地道的济南风情,城南往事是再合适不过了,它在济南有众多分店。它以老济南的街道、景点布景,设有劝业场、状元府等包间,还设有中厅,有四人桌和圆桌,很有老城风味。菜品是地道的鲁菜,很有卖相。

白柠檬树韩国料理店

这家店位于洪家楼校区,已经开了挺久了,周六是不营业的。小店地方不大,位于二楼,上去便有一种小清新的感觉。家居摆设就像家一样,有一面墙摆满了布玩具,桌子临窗而设,可以边吃边看风景。

校园景点

中心花园

中心花园位于趵突泉校区的中心,四周古建筑环绕,中间有一座假山,山前有泉水常年喷涌,西校的路灯很有特色,给人一种古老油灯的感觉,像极了小时候课本里的插画。

特色院系

医学院

医学院位于古风古韵的趵突泉校区,男女比例有点失衡,女生比男生多。医学生很苦逼,周一到周五的课表基本是满的,晚上也是有课的。学院大多老师都有出国经历,如同学们想出国,也可以借鉴老师的经验。

OCEAN UNIVERSITY OF CHINA
中国海洋大学

听学哥学姐揭秘
你不知道的
中国海洋大学

中国海洋大学，位于山东省青岛市，始建于1924年，是国家"985工程"、"211工程"重点建设高校之一。学校辖崂山、鱼山和浮山三个校区，占地3100余亩。

崂山校区
地址：山东省青岛崂山区松岭路238号

鱼山校区
地址：山东省青岛市市南区鱼山路5号

浮山校区
地址：山东省青岛市崂山区香港东路23号

特色建筑

六二楼

　　六二楼是鱼山校区一号门进去正对的那栋大楼，大楼建于1921年，为日本第二次侵占青岛时的日本中学校舍。1945年抗日战争胜利后，收为原国立山东大学校舍。从那以后，这栋楼就被用作校办公楼和医学院教学楼。为了纪念1949年6月2日青岛解放，1950年将它命名为"六二楼"。

鱼山操场

　　绿油油的鱼山操场可是一个运动休闲超级好的场所，即使不踢足球不跑步，躺在草地上望着对面的信号山也是一种享受呀！鱼山操场对面的信号山是青岛的一个著名游览景点，因为爬上信号山后可以在山顶的观景台上鸟瞰青岛，一大片一大片红瓦式房屋映入眼帘，远处的山，远处的海都可以尽收眼底。

社团活动

视频海大

　　视频海大是隶属于中国海洋大学新闻中心的官方视频媒体，可以说是海大最最专业的视频制作团队，参与学校内众多重大活动的采访报道，记录同学们日常生活的点点滴滴。他们使用的都是各种专业的视频制作软件，普通的会声会影根本上不了台面。如果你想学会视频制作方面的技能，那么千万不能错过视频海大提供给你的机会！

海鸥剧社

　　海鸥剧社和大艺团一样，都是海大的文艺界标杆。但海鸥剧社历史非常之悠久，成立于1932年，可以在青岛市博物馆近代史展馆里找到相关记载。海鸥剧社排演的话剧深受海大学子的追捧，每年的年终汇演海报前总是围着一堆人在看。凡有演出，过道里必须站满了人，而海鸥剧社越来越优秀的演出也没有辜负这么拼的观众的热情。

校园美食

彤德莱火锅

　　这家小火锅位于鱼山校区，他们家调料自配，味道鲜美，菜的种类挺多，环境也比较干净，就是有一个缺点，不辣！但是青岛的火锅都这样，所以只能不停地往里放小米椒了～

校园景点

樱花大道

　　在崂山校区四教学区的侧面有一条从北区通向南区的路，这条路的两旁种满了樱花树。每年的四月份，粉色的樱花就开始在风中摇曳，有时候风稍微大一点，你就可以漫步在一场迷人的樱花雨中。樱花树下，即使是随手一拍，也可立即出现明信片的效果。

特色院系

海洋生命学院

　　海大的海洋生命学院与多个国家的大学和研究机构建立了友好合作关系，老师和学生都有很多出国访学，增加见识与交流协作的机会。海洋生命学院中设置有海洋生物技术专业，生物化学与分子生物学，生态学，生物科学，这些专业作为海大的优势热门专业，出国的概率比较大，而且学生一般都会选择出国，对课程较为负责，要求动手能力强，对各种精细复杂试验充满热情的孩子们可以看过来。

海洋环境学院

　　海洋科学一直是海大学风最好的专业，当然也是学霸最多的专业，高数期末考成绩上九十的一抓一大把，考九十五只能算是中等成绩。海科毕业生的去向除了考研升学以外，多去科研机构、海洋局等。大气科学生源也相当不错，它是一门需要有很扎实的数理基础的学科，所以大气学生们的努力程度也可以知道了。大气的保研率和升研率都是很高的，就业方向主要是气象局、环保局、高等院校、科研机构以及军队从事业务服务、科研、教学、技术管理等方面的工作。

CHINA UNIVERSITY OF PETROLEUM
中国石油大学（华东）

中国石油大学（华东）是国家"211 工程"高校，学校始建于 1953 年，有青岛、东营两个校区，校园总面积 4751 亩。

青岛校区
地址：山东省青岛市经济技术开发区长江西路 66 号

东营校区
地址：山东省东营市东营区北一路 739 号

听学哥学姐揭秘
你不知道的
中国石油大学

特色建筑

图书馆
有人说青岛校区的图书馆就像是一只打火机，有人说像油桶，从这些说法就可以意会到它的造型了。

体育馆
体育馆位于青岛校区，是石大最美的建筑之一，造型新奇独特。主馆形如一个博士帽，而副馆就像是沙滩上的一枚贝壳。

 社团活动

习舞堂
这个社团在学校很是酷炫，基本学校大小活动都会请他们去表演节目，经常担任开场或是压轴，每次都是嗨爆全场。

汉服社
汉服社的人都很有古典的气息，每个学期都会有很多的活动，在荟萃广场为大家穿戴汉服、还可以与汉服妹纸合照、参加汉服专场走秀等等，福利多多。

创业联盟
创业联盟是一个类似于兼职的社团，一般是有人在宿舍宣传，然后去听讲座报名。加入之后，留下自己的手机号，社团如果有什么兼职任务都会以短信的形式通知你，大家到时候就可以根据自己的时间合理选择，回复去还是不去。每年开学，会有很多学生去向新生推销手机充值卡，其中很多都是创业联盟的。

 校园美食

蓝海金港大酒店
在青岛校区有一家四星级酒店，老板是石油大学的校友，所以对石油大学的学生有优惠，里面的海鲜自助品种多，性价比高，感兴趣的同学可以去试试看。

济南烧烤
济南烧烤在青岛校区，算得上附近的美食标杆，记得找装修比较差的那一家，他们家的烧烤味道很好吃，价格也特别实惠，烧烤的种类也比较齐全，和舍友来此聚会，喝着扎啤，好不痛快。

 校园景点

小黄山
小黄山在青岛校区，是石大自主投资建造的。不管什么季节，远看小黄山，它都是被一团青翠所包围着。上课路过山脚的时候，可以看到大片的雏菊，各种叫不上名的小清新花种，还有一大片紫色的花海。小黄山是晚饭后散步的热闹场所，因为可以通往校外，很多校外的大叔大妈们会选择到山上散步。因为小黄山地势高，在夜晚站在山顶上向远处的马路眺望，整齐又蜿蜒的路灯，就像是星星组成的银河。

特色院系

地球科学与技术学院
地学院在石油大学里排名首位，一方面是因为地学院的实力很牛，另外就是所学专业的重点是油气开发的第一步。

机电工程学院
能作为石油四大主干学院之一，可见机电学院的厉害之处。不过该专业的录取的分数是很高的。

山东景点
SCENIC SPOTS IN SHANDONG
扫码
听不一样的景点故事

崂山
山东半岛的主要山脉，有"海上第一名山"之称。
地址：山东省青岛市崂山区海尔路

泰山
五岳之首，是天然的艺术与历史博物馆，多松柏和溪泉，巍峨大气。
地址：山东省泰安市泰山区

蓬莱阁
蓬莱阁是中国古代四大名楼之一，素以"人间仙境"著称于世，其"八仙过海"传说和"海市蜃楼"奇观享誉海内外。
地址：山东省烟台市蓬莱县西北五公里处

大明湖
大明湖是繁华都市中一处难得的天然湖泊，济南三大名胜之一，素有"泉城明珠"的美誉。
地址：山东省济南市历下区明湖路271号

沂蒙山
沂蒙山是泰沂山脉的两个支系，指的是以沂山、蒙山为地质坐标的地理区域，不仅是革命老区，还是一个相对独立的文化圈。
地址：山东省临沂市蒙阴县

水泊梁山
古典名著《水浒传》的故事就发生在这里，风景区景点星罗棋布，梁山民风淳朴，武术表演、斗鸡、斗羊别具特色。
地址：山东省济宁市梁山县越山南路

孟庙
孟庙是祭祀孟子的庙宇。
地址：山东省济宁市亚圣路

八仙过海景区
八仙过海周围海域天高水阔，景色壮观。春夏之交，常有海市、海滋出现，奇景虚幻缥缈，美不胜收。
地址：山东省蓬莱市海滨路

曲阜三孔
山东济宁曲阜的孔府、孔庙、孔林，统称"三孔"，是中国历代纪念孔子，推崇儒学的表征。
地址：山东省曲阜市神道路中段路东

趵突泉
趵突泉是国家AAAAA级旅游景区，南倚千佛山，北靠大明湖，东与泉城广场连接，是以泉水、人文景观为主的文化名园。
地址：山东省济南市历下区趵突泉南路

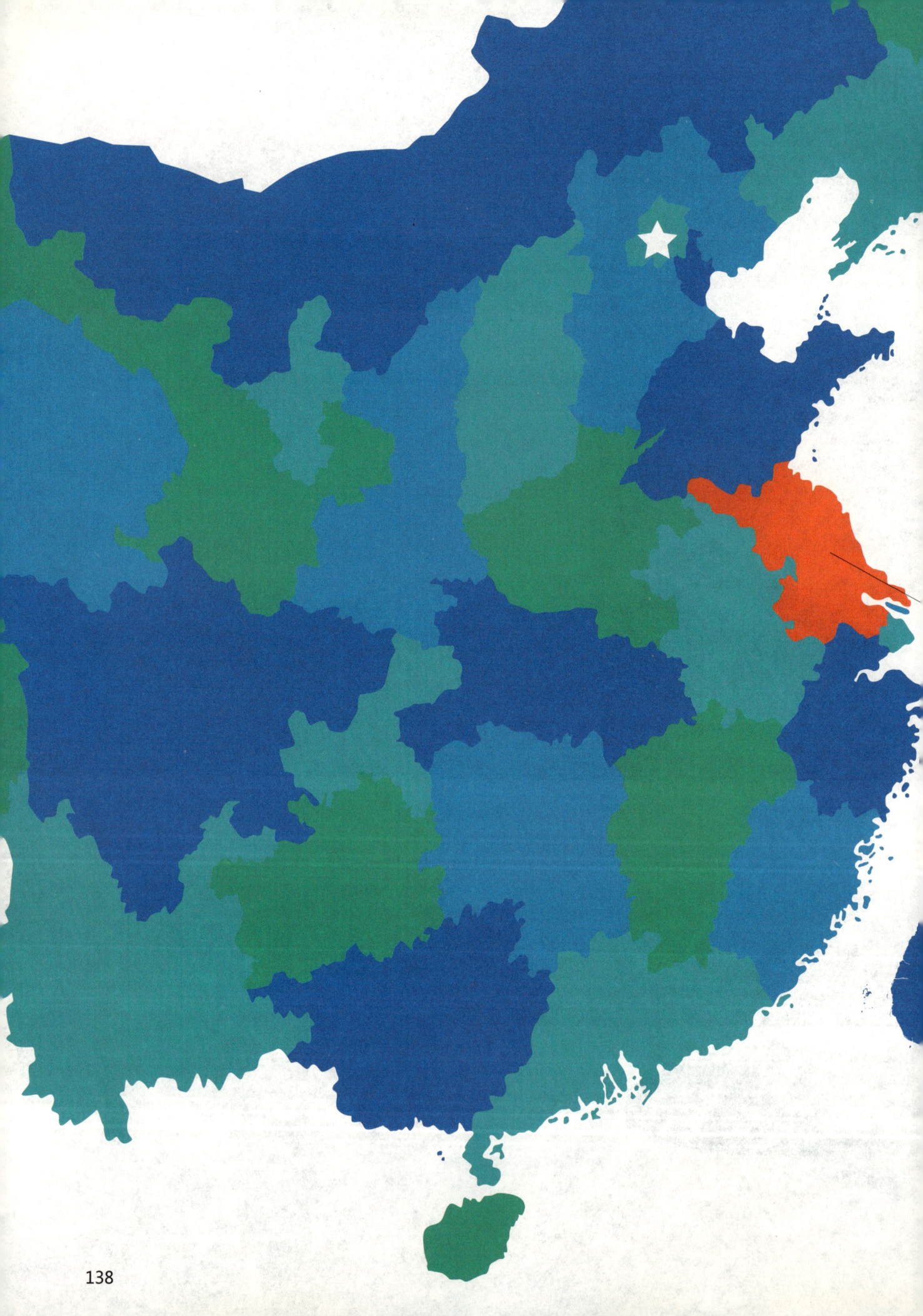

江苏省
温婉秀丽的江南水乡

在江苏,放眼望去,眼下皆是水景,园林、古镇无一不被秀水围绕,这使得"江南水乡"的美称实至名归。

南京六朝遗迹、苏州园林、太湖胜景、连云港海城山水等等无一不引人入胜,还有食不厌精、脍不厌细的淮扬美食,流传千古的诗词歌赋,巧夺天工的工艺品更为这里平添了众多动人的情愫。

在江苏,杯盏勺箸、青石板路、一砖一瓦都无不体现着江南水乡的细腻与温婉。

NANJING UNIVERSITY
南京大学

听学哥学姐揭秘
你不知道的
南京大学

南京大学，肇始于1902年，是国家首批"985工程"、"211工程"高校。有鼓楼、浦口、仙林三个校区，占地面积约370万平方米。

鼓楼校区
地址：江苏省南京市鼓楼区汉口路22号

浦口校区
地址：江苏省南京市浦口区学府路8号

仙林校区
地址：江苏省南京市栖霞区仙林大道163号

特色建筑

北大楼

鼓楼校区的北大楼是由美国建筑师司迈尔设计，受近代西方建筑风格的影响，又保持了中国传统的建筑特色，在南大人的心里非常神圣。

敬文活动中心

敬文学生活动中心是仙林校区的至高点，站在活动中心十楼，可以俯视整个南大仙林校区。

杜厦图书馆

杜厦图书馆地处南大仙林校区心脏地带，该馆设计理念为"开放的图书馆"，可自助借还图书。目前是江苏省藏书量最大、中国藏书量前三的高校图书馆，中国唯一一座双枢纽管理体系的智能化信息图书馆。

社团活动

AIESEC 海外志愿者协会

AIESEC 海外志愿者协会是学校里最有声望的三个社团之一，他们的招新非常严，社团后期会有志愿者的选拔，成功者会去往目的地当志愿者，英语好的同学不要错过。

康平学社

南大有个社团玩转纯粹理论，人数多达两三百人，它就叫"康平学社"。康平学社以人文学、社会学、政治学、经济学和哲学等大文科知识为背景，邀请有关专家开展讲座，邀请嘉宾举行学术性质的研讨会，来增加同学们的人文素养。

 校园美食

铁板饭

如果不介绍铁板饭，不单是对不起每天在仙林校区六食堂排队的同学们，更对不起做铁板饭的师傅，他在学生中人气很旺，能 20 秒做一份铁板饭，1 天能卖 600 份，而且只要 6.5 元一份。

鸡排

不论中午还是晚上，仙林校区九食堂的鸡排窗口总是排着长长的队，吃货们云集这里，不辞辛苦地排队，就为吃到这里的鸡排。分量大不说，鸡排皮酥肉嫩，香透入骨，全南大绝对找不到第二家可以媲美的了。再喝上一口赠送的冰红茶，整个人都变得满足。

 校园景点

赛珍珠故居

在鼓楼校区西南角，有一座黄色的西式洋楼掩映在茂密的树林之中，那是美国女作家赛珍珠在南京的旧居，"南京平仓巷 3 号"指的便是这个地方。

大气山

大气山位于南大仙林校区，是一座海拔不高的山，登上山顶，瞬间视野开阔，能见度很高，可以俯视南大大部分地方。

二源广场

仙林校区的广场取名"二源"，是因为在小广场的东西角各摆着国立中央大学和金陵大学两个大石碑，意在道明现在的南京大学的两个源头。二源广场在南大算是一块比较大的空旷地并且位于杜厦图书馆前，所以是个很不错的取景之地，每年新生季和毕业季，都会有很多人在这里合影留念。

 特色院系

商学院

商学院是最大最"富有"的一个院。每个年级会有 200 人左右，是在南大里人数最多，影响力最大，也是分数线最高的一个院。

天文与空间科学学院

天文与空间科学学院在南大还是有一席之地的，不光是因为全国专业排名第一的美名，还因为天文与空间科学学院在南大有一座独立的山，上面有观望星星，看月亮阴晴圆缺的天文台。

SOUTHEAST UNIVERSITY
东南大学

东南大学，坐落于南京市，是国家"985工程"、"211工程"首批重点建设的大学。学校起源于1902年，建有四牌楼、九龙湖、丁家桥、浦口和无锡四个校区，占地面积5880亩。

四牌楼校区
地址：江苏省南京市玄武区

九龙湖校区
地址：江苏省南京市江宁区东南大学路2号

丁家桥校区
地址：江苏省南京市鼓楼区湖南路丁家桥87号

无锡校区（独立学院）
地址：江苏省无锡市新区菱湖大道99号

听学哥学姐揭秘
你不知道的
东南大学

特色建筑

体育馆
九龙湖校区体育馆结构非常新颖，面积很大，可以用于国内一般的比赛和学校大型演出、活动。

李文正图书馆
九龙湖校区的图书馆门口有个很大的清池，一个开满鲜花的花坛，加上蓝天白云刚好给图书馆的宏伟气势添加了一份别样的优美。

社团活动

华风汉韵文化社
一个以汉服为中心进行传统文化交流和展示的协会，因此俗称"汉服社"。在这里，你可以穿上质朴典雅的汉服，学习庄重谨微的汉礼，观赏衣袂飘飘的汉舞。还可以参加祭孔大典、成人礼等传统节日。

极坐标话剧社
话剧社成立十多年间，一直致力于通过展现原创话剧或者翻排经典戏剧，来表达出当代大学生对于人生以及社会的深刻思考，这是个张扬青春自我的好去处。

创业协会
很多大学生心中都有一个创业梦，东大创业协会是一个很好的选择。不管成功与否，加入这个团体，起码可以为自己吹过的牛皮奋斗终生。

校园美食

桃园
九龙湖校区的桃园餐厅出名并不是因为饭菜有多可口，而是这里有一位届届东大学子口耳相传的校园名人"桃花姐姐"。现在，她已经是桃园餐厅的大堂经理了。

沙塘园
四牌楼校区的沙塘园食堂是学校直接管理的，菜的口味和分量都不错，早餐会做鸡蛋煎饼，1块8毛一个，量很足很好吃。缺点就是只能刷卡，不能收现金。

烤肉饭
烤肉饭是九龙湖校区桃园餐厅里面最有争议的一家了。每天都能看到大排长龙，可是肉的份量明显不够满足食肉动物的需求，到底好不好吃，仁者见仁智者见智了。

校园景点

大礼堂
这座建于1930年的老建筑位于四牌楼校区，它采用了欧洲文艺复兴式构造，尤其是标志性的穹顶，让每个南京人都能轻易辨识出来。并且在它参演《致青春》后，成了最受欢迎的景点。

宿迁玫瑰园
宿迁玫瑰园位于九龙湖校区梅园食堂的后面，园中花卉非常漂亮，是课余饭后散步放松的好去处，也是摄影爱好者们的天堂。

中央大道
东大学子几乎没有人不会在四牌楼校区，这条道路上留下自己的脚印。路的起点是校门，终点是喷泉，长约百米，宽有10米，两边的树木枝叶茂盛，为这条路增色不少。

特色院系

建筑学院
建筑学院是东大里面能跟吴健雄学院齐名的一个学院，同时也是东大最火的学院。2013年，美国哈佛大学研究生建筑系共录取几十名考生，其中来自东大的5位学生同时被录取。

艺术学院
东大在世人眼中是工科学校，但殊不知，其实艺术学院在东大历史悠久。先后有许多艺术大师，如音乐教育家李叔同，戏曲研究和教育家吴梅，美学大师宗白华，绘画大师吕凤子、陈之佛、徐悲鸿、傅抱石、吴作人等都曾执教于此。

SOOCHOW UNIVERSITY
苏州大学

听学哥学姐揭秘
你不知道的
苏州大学

　　苏州大学，是"211工程"重点高校。前身为创建于1900年的东吴大学，有天赐庄、独墅湖、阳澄湖三大校区，占地面积4058亩。

天赐庄校区
地址：江苏省苏州市平江区干将东路

独墅湖校区
地址：江苏省苏州市工业园区仁爱路199号

阳澄湖校区
地址：江苏省苏州市相城区济学路8号

特色建筑

钟楼

天赐庄校区的钟楼在建筑形式上隽秀雅致，比例优美精当。室内装备豪华，全部从美国进口当时最新式样的家具、乙炔气灯，还有供水用的电动机和水泵。在形式上的典范意义使得无论在当时还是历经百年后的今天，它都是整个大学的标志建筑。

博物馆

天赐庄校区的博物馆建筑由两部分构成。前面部分是原司马德体育馆，内部中段空间添加夹层，形成二层展区。后面部分是在原司马德游泳池所在地进行扩建，由地下一层和地面三层组成，建筑风格与司马德体育馆和谐统一，中间游泳池保留。

 社团活动

学生科协

科协会开展以"挑战杯"竞赛为龙头的一系列科技创新活动，理工生依托强大的专业知识和无懈可击的逻辑能力日益发展壮大。科协会有定期的见面会和报告会，各个学部科协的部长及理事长会对下一阶段的活动做好交流、分享并相互学习。

校园美食

朱鸿兴美食广场

天赐庄校区二食堂一楼。进驻了朱鸿兴美食广场，这就意味着会有许多的美食可以享用。比如观前街小吃、汤面、煲仔饭、套餐、盖浇饭、干锅麻辣烫等等，可以说是吃货的天堂了。

食堂

天赐庄校区有9个食堂，分布在每个区域内。东区有中韩学生食堂（五食堂）、四食堂、七食堂和八食堂，菜色齐全打饭效率高，中韩食堂还有一些特色饭菜，麻辣烫和炒饭也很赞。想要特别推荐的就是一食堂、二食堂和三食堂，因为它们是出了名的"土豪食堂"，拥有最新最好的内设和很快的suda WiFi。

 校园景点

文星阁

文星阁，建于明万历十七年，位于天赐庄校区，距今已有400多年。文星阁外观呈四层方形，各层东西南北四面辟拱门，设有腰檐、平座、斗栱等。上覆四角攒尖顶，四角起翘，宛如鸟翼，翩翩欲飞，中间葫芦结顶，整座塔身显得轻盈自然。塔下辅以三级青石，南面石级作八字形，可从两侧拾级而上。全塔通高28米左右。该塔底层边宽8.6米，自下而上作不甚明显的收分，形成有层次而挺直的轮廓线。塔内方室四隅有砖砌八角倚柱，柱端隐出斗拱。顶层用木梁，悬挂巨钟，钟上铸有"文星宝阁"铭文。

文星阁边上有一片篮球场，傍晚时分，男生们都跑到球场上来散发多余的精力。

芦苇荡

独墅湖校区的保研路两旁有大片大片的芦苇荡，每到吃粽子的时节，宿管阿姨们就会组队去摘叶子回去包粽子。这两片芦苇荡给了独墅湖妹子无限期待，因为芦苇荡要是清除了说明独墅湖快要建设好了，校区建设好了说明要有汉子们搬来了。

薰衣草

严格来说，薰衣草园并不在阳澄湖校区，但是实在名声较大，画面太美。阳澄湖美人腿度假区里有大片大片的薰衣草园，六月初夏，阳澄湖半岛薰衣草开得正旺，淡紫色的花丛柔和淡雅，花絮繁茂，一开花就像一大片粉紫色的云霞。

 特色院系

东吴商学院（独立学院）

东吴商学院是隶属于苏州大学的二级学院，与加拿大、澳大利亚、台湾等高校合作培养人才。商学院学生到了大三基本都已经拿到了知名企业的实习offer，更有甚者已经组建了自己的金融团队。简单粗暴一句话，里面的学生基本都是未来的高富帅和白富美。

HOHAI UNIVERSITY
河海大学

听学哥学姐揭秘
你不知道的
河海大学

　　河海大学，是国家"211工程"重点建设高校。前身可以追溯到1915年，学校设有三个校区，总面积约2324亩。

鼓楼校区
地址：江苏省南京市鼓楼区西康路1号

常州校区
地址：江苏省常州市新北区晋陵北路200号

江宁校区
地址：江苏省南京市江宁区佛城西路8号

特色建筑

图书馆

赵薇导演的电影《致青春》就在鼓楼校区的图书馆取景。图书馆的中央有单独连接一楼五楼的旋转楼梯，暗红色的木扶手和米色调的台阶在晴天透过天窗阳光的照射十分好看。

体育馆

体育馆是江宁校区的标志之一，撑起了河海一半以上的颜值，特别大，而且里外都很新，外墙棱角分明，内饰做得很漂亮。

江宁会议中心

江宁校区的会议中心在致远楼的一侧，坐落在东湖旁边，外形呈半弧面形，入口处是精致的落地玻璃门，里面空间不大，能容纳两百人，一般用作学术报告、外校名人交流会、大型社团表演会等。

 ## 社团活动

背包族

背包族是热爱大自然和自由的理想主义者，他们背起背包，带上睡袋和日常用品，手拿一张地图就可以开始一个人的旅行。

天央动漫社

天央动漫社名字取自"天时已尽，长乐未央"中的首尾二字，意思就是——请各位务必好好在这里享受青春。

DIY手工制作社

河海DIY手工制作社是一个以手工制作为主，加上自己的一些灵感创意付诸于行动的社团。在这片乐土上，你可以通过色彩表达你的想法，画出各种类型的涂鸦，手绘T恤；也可以利用生活中简单的物品亲手制作纸花，中国结，巫毒娃娃，发饰等小饰品。

 ## 校园美食

手抓饼

江宁校区六食堂的手抓饼是一种很没有特色的美食，但是卖手抓饼的小哥很有特色，因为这个小哥长得就像国民老公王思聪！

河海老味道

河海百年校庆的时候，食堂里的"河海老味道"引起校友们纷纷点赞。清蒸狮子头、燕窝蛋、红烧大排、千张卷肉、麻辣肉是当年校友们的回忆。现如今，想要找到应该很难了吧。

友谊山庄

友谊山庄位于河海大学西康路校区内，人文环境好，环境清静幽雅，以前为马歇尔的私人官邸，主要经营淮扬菜。不过高档餐厅人均都不便宜，千万不要随便尝试。

 ## 校园景点

廉池

廉池就在江宁校区勤学楼后面，水质不错。尤其是夏季会有莲花盛开，绿色的荷叶簇拥，粉色的荷花争相跃出水面，在岸边散步都是一件很享受的事情。

小浪底

小浪底有长得像歌剧院一样的扇形台阶，位于江宁校区逸夫图书馆至叠翠山之间的中轴线上，目前是校园的标志性景观之一。

梧桐路

每到盛夏，西康路校区道路两边的梧桐亭亭如盖，遮天蔽地，满目青翠让人豁然开朗，酷热天气里树荫下独有的清凉更让人流连。而且每一次经过梧桐路，都会因这里独特的韵味而沉醉，这里适合读书，适合学习，更适合约会。试想下了课，如果能和同学嬉笑打闹着走上梧桐路，肯定好不惬意。

特色院系

水利水电学院

水利水电专业一直是河海的王牌专业，跟清华等名校不相上下，学院男女比例比其他院正常，但还是以男生为主。

CHINA PHARMACEUTICAL UNIVERSITY
中国药科大学

中国药科大学,是国家"211工程"重点建设高校。创建于1936年,有玄武门和江宁两个校区,占地面积约175万平方米。

玄武门校区
地址:江苏省南京市鼓楼区中央路童家巷24号

江宁校区
地址:江苏省南京市江宁区龙眠大道639号

听学哥学姐揭秘
你不知道的
中国药科大学

特色建筑

体育活动中心
此建筑位于江宁校区,这是一个能应对"两季"特征的节能生态型的体育建筑,贝壳式的建筑造型能减小风压和维护面的面积,利于自然光线的入射,备受学子喜欢。

图书馆
学校图书馆是国内药学文献的信息中心。药大每个校区都有一座图书馆,位于各校区的教学中心区。

社团活动

校青年志愿者协会
校青年志愿者协会的活动丰富多彩,主要的特色活动有:学雷锋宣传月(擦栏杆、捡石子、清理橱窗、摆放自行车)、组织公益讲座、爱心捐书、失物招领等。

校艺术团
药大的学子主要利用课余时间参加艺术团的各类排练,承担学校和社会各种文艺演出和其他艺术活动。

百里纷兰环保社团
百里纷兰,取自指示剂"百里酚蓝",寓意一个五彩缤纷的世界。协会主要以校园环保为主,理念是通过组织活动与宣传,保护野生动物和我们周围的环境,促使同学注意到我们可能正在进行的破坏自然环境,并给人类生存和发展造成威胁的行为,鼓励和指导同学们采取保护和改善自然环境的行动。

校园美食

金原鸭血粉丝
这家店在南京有很多分店,口味很地道,老板也很热情,在大学里面,生意是相当的不错。

吉祥馄饨
位于江宁校区的吉祥馄饨,正如这名字,意为吉祥幸运。对比学校以外的馄饨,药大的馄饨是个大馅多,绝对可以让你们吃得开心,吃到满足。

一食堂
江宁校区一食堂是学校最好的一个食堂,天南地北什么风味都有,少盐少油而且很干净,投诉某个菜的质量,很快能得到补偿。

校园景点

樱花园
江宁校区的樱花园主要品种是早樱,早上起来,在樱花树旁晨读是一个不错的选择,呼吸新鲜的空气,大脑会更灵活!

海棠花
每到3月底至4月上旬,开得像小山一样的海棠把江宁校区装点得热闹非凡,观海棠也成为师生们一种特有的情结。

植物园
江宁校区的植物园不仅是观赏植物的好去处,还可以看到珍稀濒危植物,如红豆杉。

明湖
江宁校区的明湖是集聚各种花卉的地方,一到春天,各种花朵竞相开放,整个明湖都会被装扮得漂漂亮亮的。明湖边上种植着一棵棵的杏树,每逢结果实的时候,从远处就可以看到树沉甸甸的,橙色的果实挂在树上,颜色鲜艳,特别醒目。

特色院系

中药学院
中药学院是学校的两大优势学院之一,中药学是其王牌专业。

药物科学研究院
药物科学研究院是药大刚成立不久的一个学院,与上海医药集团、云南白药集团等等开展了合作,实力雄厚。

国际医药商学院
国际医药商学院已成立22年,目前有包含中国工程院院士在内的专兼职博士生导师13人,专职硕士生导师22人。如此强大的一个队伍,在背后默默地为药大的学子及药大的未来付出。

CHINA UNIVERSITY OF MINING AND TECHNOLOGY
中国矿业大学（徐州）

听学哥学姐揭秘
你不知道的
中国矿业大学

中国矿业大学，坐落于徐州市，是首批列入国家"985工程优势学科创新平台"、"211工程"重点建设高校，溯源于1909年创办的焦作路矿学堂，校园占地面积4413亩。

文昌校区
地址：江苏省徐州市泉山区解放南路269号

南湖校区
地址：江苏省徐州市铜山县大学路1号

特色建筑

镜湖图书馆

在南湖校区图书馆看书是一件很惬意的事,闻闻书香,写写字,累了,去旁边的镜湖坐坐,喂喂鱼,吹吹风。另外,镜湖下面有一个C吧,可以喝咖啡、吃点小东西,布置得像一个书屋,灯光打在硬木桌子上很有感觉。

博物馆

矿大南湖校区的博物馆一共分五个部分:自然馆陈列馆、煤炭科技馆、矿业安全馆、企业馆、校史馆、艺术馆。矿大的新生们在报道的时候,可以和家长一起进去参观,完全免费的。

 社团活动

矿大人情迷西藏

矿大人情迷西藏是由矿大骑行爱好者组织的社团,有时周末会组织徐州周边的轻松一日两日骑行。每个人因为单车结识在一起,但是感情绝不仅仅是单车,更重要的是这群可爱的队友们。

梦启支教团

支教团的活动丰富多彩,暑假期间,矿大学子将自己所学的知识传授给那些对知识十分渴望的小孩子,是一件十分自豪和骄傲的事情。在支教当地,支教的同学和老师每天给当地小孩备课,并且自己砍柴做饭。当地的生活条件十分艰苦,对于大学生来说是一种锻炼。

校园美食

小南门

南湖校区小南门后面是"寄生"在矿大身上的一片特殊的繁荣地带。虽说小,但是挤了几十家各种各样的饭馆、小摊,主要目标是学生的钱包和胃。

凤岐把子肉

相传东汉末年,天下大乱。刘备、关羽、张飞三人,彼此惺惺相惜,决定拜"把子"。张飞是屠户,主要屠猪。哥几个拜也拜完了,就把猪肉萱花豆腐,弄在一个锅里煮,这样就有了"把子肉"的名头来源。这家店位于文昌校区,值得尝试。

煎饼

徐州以煎饼为主食。徐州人做煎饼是很简单的,用精致的面粉加适量的水调成糊状,用力搅拌十次左右使味道更劲道,然后放在专门烙煎饼的敖子上均匀滚动,来回几圈,撒上芝麻,那就更加香喷喷的,这个大圆状的煎饼就算好了,文昌校区的煎饼摊一直是大受欢迎的。

 校园景点

矿大花海

南湖校区的花有多少,没有人数得清。光构成花海的就有七八种了,身为矿大学子那真的是有福享受了,秋天的时候各种果子都成熟啦,在不显山后,橘子、山楂、石榴,每次都吃不完。

硫华菊花海

硫华菊的花语是野性美,在南湖校区的土地上表现得淋漓尽致。30多亩的硫华菊,从矿大东门望过去都看不到边,所以"花海"一词真不是吹的。

 特色院系

艺术与设计学院

由于矿大是理工科为主的学校,理工科气息很浓重。而艺术学院就是这茫茫荒漠里的一缕清泉。艺术学院会举行很多文艺活动,每次都是视觉与听觉的享受。

机电工程学院

机电工程中的机械设计,在全国学科排名是非常靠前。矿大机械的男生很容易找女朋友,想想看,操控无人机或者是山地越野机械人给女孩子送情书,能被拒绝吗?

NANJING NORMAL UNIVERSITY
南京师范大学

南京师范大学，是国家"211工程"重点建设的大学。南京师范大学的主源可追溯到1902年创办的三江师范学堂，拥有仙林、随园、紫金三个校区，占地面积200余万平方米。

仙林校区
地址：江苏省南京市栖霞区文苑路1号

随园校区
地址：江苏省南京市鼓楼区宁海路122号

紫金校区
地址：江苏省南京市玄武区板仓街78号

听学哥学姐揭秘
你不知道的
南京师范大学

特色建筑

体育中心
仙林校区的体育中心是南师的一个大手笔，各类场馆一应俱全，坐在这里观看比赛，摇旗呐喊加油鼓劲特别过瘾！

随园图书馆
随园图书馆坐落在随园校区的西山之上，馆舍建成于1984年，是全馆的文献采编中心，还会开展国际、国内的文献资料交流与合作工作。这个馆还设有中国留学生服务中心的赴港留学代办处。

学海楼
在随园校区的睡莲池边，有一幢五层"凹"字形白色大楼，这就是学海楼。学海楼设有强化院分团委，特色在于模拟法庭，在那里，你可以感受法庭上的唇枪舌剑。

社团活动

uno 舞蹈社
uno 舞蹈社是人数较多的社团，还会请韩国的"欧巴"来进行教学，并且会举办演出。只要你喜欢跳舞都能加入，他们没有门槛。

羽毛球协会
羽毛球协会会定期举办比赛，只要交了社费之后就可以打球了，想想也是十分划算的，何况里面还有很多的羽毛球大神带你飞。

皓温舞蹈社
皓温舞蹈社是紫金校区最大的社团，走红的原因是社长帅气的外形，因此备受南师大妹子的欢迎，每次皓温舞社的社长来仙林表演的时候总有无数妹纸为之疯狂。从实力上来说皓温舞社也很棒，他们是由热爱舞蹈的人组在一起，从他们的表演中你就可以看出那种青春的激情。

校园美食

盖浇饭
仙林校区东区食堂三楼的盖浇饭的种类特别多，最重要的是可爱的店长本着良心制作的原则，不仅在量上下足了功夫，口感也非常好，还送蒸蛋。

黄焖鸡
到了南师，你会发现黄焖鸡是无处不在的，每个食堂都有这道菜，但北区的黄焖鸡是最好吃的，而且它里面的鸡肉特别多，绝对是物有所值。

校园景点

月亮湾
仙林校区的月亮湾是闹中的静景，是喧嚣中的平静，走进月亮湾你就能感觉到内心开始不再烦恼，而月亮湾中经常有美术学院的孩子在那里写生，却不知安静写生的他们本身就是最美的景色。

情人坡
情人坡，不负它那让人想入非非的名字，尽职尽责扮演好了情侣约会圣地的角色，坐落于仙林宾馆和彩月湖旁边。手牵手漫步上去吹吹风，看看湖对岸的霓虹灯，听听仙林宾馆的音乐，已经足够对单身狗形成暴击了。

特色院系

文学院
文学院是学校里历史最悠久，实力最雄厚的学院之一。这个学院不仅有基础的文学、语言专业研究所，也有像敦煌文化、中韩文化这样极具艺术性质的研究所，同时还自己创办了刊物《文学学报》和《文教资料》，学术氛围非常浓厚。

教师教育学院
教师教育学院虽然是2005年才成立的院系，但师范专业却是南师历史最悠久的专业之一，每年转专业期间，总有一大波人转向教师院，并且录取的时候教师院的分数也是远远高于其他学院的，其中汉语言师范、数学师范专业，英语师范专业都是最为炙手可热的。

NANJING UNIVERSITY OF SCIENCE AND TECHNOLOGY
南京理工大学

听学哥学姐揭秘
你不知道的
南京理工大学

  南京理工大学，是国家"985工程优势学科创新平台"、"211工程"重点高校。1953年分建而成，学校只有本部一个校区，占地面积4000余亩。

校本部
地址：江苏省南京市玄武区孝陵卫街200号

特色建筑

兵器博物馆

南理工的兵器博物馆收藏了从抗战时的毛瑟枪到现代的 95 式，从二战的普通火炮到现代的新式火炮，很多展品都是十分稀有的珍品，绝对值得一看。

艺文馆

艺文馆是南理工艺术、文化、学术交流的中心。学校的各大晚会、颁奖典礼、迎新晚会、招聘会都会在这里举行。艺文馆是校艺术团的所在地，里面非常的宽敞。

社团活动

爱跑俱乐部

只要你有跑步的爱好，或者想要跑步，不管是出于什么目的，都可以加入爱跑俱乐部。在周末时，还会一起去爬爬山，露个营，去玩真人 CS。

麻衣如雪汉服社

这是个充满着古香古色的社团，互动性也很高。汉服社会在花朝节去踏青，在上巳节互赠兰草，曲水流觞，DIY 风筝。中秋节也会有射箭，投壶，对对联，DIY 柚子灯，拜月等一系列的活动。总之就是古色古香，陶冶情操。

Non-logos 轮滑社

"Non-logos"意为"非理性的"。这也体现了轮滑这个运动的特点。玩轮滑的孩子们大都热情洋溢，向往自由，追求自我超越，可以说是一群激情四射的孩子。轮滑社经常会有刷街活动。去玄武湖、燕子矶、长江大桥等各大景点玩，也会去其他各大高校，找他们轮滑社的小伙伴玩。

校园美食

二三食堂

这里有全国各地的特色美食，味道很地道。一进门，四周都是各式各样的窗口。如果想知道哪个最好吃，看最长的队伍就知道了。

金陵汤包王

这家店的汤包口感非常的好，每天早上络绎不绝。这家店光是包包子的员工就有很多，可见他家生意有多火了。

校园景点

水杉林

水杉林是南理工校园里谈情、休憩的最佳之所，也为置身钟山风景区这个大氧吧中的校园又赐赠了一个小氧吧。

三号路

这是条贯穿南京理工大学南北一条长约 2000 米的校内主干道，路的两旁是高大的法国梧桐。在南理工也有这样的一个说法，如果一对男女走一遍三号路，并且不会尴尬无聊，他们就可以在一起了。因为三号路太长了！

紫霞湖

紫霞湖北侧紧靠冶苑的地方，有一座经典造型的水榭，水榭倚园傍水，红柱白顶，栅窗拱门，石栏廊道，流畅简约，灵秀大气，无论从哪个角度看去，都不失为紫霞湖上点睛之笔。水榭东南是一座土堆假山，水榭与水上曲廊和假山之间是小小的一湾荷塘，夏秋时节，荷香清溢，为整个紫霞湖增色不少。

特色院系

机械学院

机械学院是南理工排名最靠前的学院，也是学霸聚集地，专业排名高，生源必然好。

设计艺术与传媒学院

作为一个理工大学，设计艺术与传媒学院是个偏文科的学院，但并不是鸡肋学院。艺术设计是一个大类的专业，大二要分专业，成绩越高，你选择的范围会越大。

电子工程与光电技术学院

电子工程与光电技术学院是一个大院，但是电光学院的女生很多，男女比例 2：1，在理工院校也算是比较多的了。南理工在光的方向的排名比电方向的排名要好，但是电方向的专业比较好就业。电光院的毕业生一般会选择读研或者出国，少数也会选择就业，但基本也都能找到理想的工作。

NANJING UNIVERSITY OF AERONAUTICS AND ASTRONAUTICS

南京航空航天大学

南京航空航天大学，是国家"985工程优势学科创新平台"、"211工程"重点高校。学校前身是1952年创建的南京航空工业专科学校。学校有明故宫和将军路两个校区，占地面积2448亩。

明故宫校区
地址：江苏省南京市白下区御道街29号（近明故宫）

江宁校区
地址：江苏省南京市江宁区将军大道29号

听学哥学姐揭秘
你不知道的
南京航空航天大学

特色建筑

博物馆

江宁校区博物馆,也就是南京航空航天馆,这是众多航空爱好者向往的地方。漫步在南航校园,循着淡淡的航空煤油味道,你不难找到这个令航空迷们流连忘返的地方。

大西门直升机

江宁校区有名的大西门直升机为通用航空赠送的 Mi-8 直升机(B-7808)。Mi-8 运输直升机是由苏联米尔飞机公司研制的双引擎中型直升机,在 1967 年进入苏联空军服役,除了担任运输任务以外,还能够加装武器进行火力支援。

音乐厅

江宁校区的音乐厅位于东区艺术学院及学生发展中心之间——美丽的东湖旁。它是完全按照纯古典风格打造,特别有古风古韵。现在一般是作为毕业生毕业演出表演场地使用,感兴趣的同学可以关注校内活动海报,去一睹它的真容。

 ## 社团活动

乐器协会

这个协会成立了学校有史以来第一个室内乐乐队,举办了很多场室内音乐会,还自发组织管弦乐快闪。喜欢乐器的同学快快加入吧!

英语爱好者协会

英语爱好者协会是一群热爱英语或者想要提高英语实力的小伙伴们集聚的地方。协会由活泼的 EC 部(English Corner),积极的口语实践部,缜密的活动部,万能的外联部,多才多艺的宣传部,热情奔放的留学生交流部六个部门组成。协会是绝佳的结交外国好友,锻炼英语口语实力的好去处。

 ## 校园美食

五食堂

因为位置的关系,很多同学可能在学校几年也没去过江宁校区的怡园,去那里就餐的同学以男生为主,见不到妹子,所以也有人称它是"光棍食堂"。

桃李苑

桃李苑在明故宫校区,内部格局全部是高档酒店式的装潢。所以家里来人或者毕业谢师宴等等,都可以到高端大气的桃李苑来。

校园景点

砚湖

砚湖是江宁校区的人工湖之一,水域辽阔,曾经因为环境别致还被评为南航十大美景之首。砚湖最神奇的是湖中还有一条水中小路,有没有感受到浓浓的诗意。

 ## 特色院系

理学院

这个学院开设的著名选修课——"物理与艺术",节节爆满,接近 300 人的教室座无虚席。对于外行来说听听名字就已经晕了,但是对于内行却是增长专业知识的好福利。

机电学院

机电学院现在设有设计工程、机械制造及自动化、机械电子工程、航空宇航制造工程四个本科专业,是国内第一批经国务院批准设有博士学位授权学科的单位。选择这个学院的同学有可能获得对外交流的机会,因为学院与国内外的许多大学都建立了广泛的学术联系。

JIANGNAN UNIVERSITY
江南大学

听学哥学姐揭秘
你不知道的
江南大学

　　江南大学，坐落于无锡市，是国家"211工程"重点高校。学校源于1902年，只有一个校区，占地面积3200亩。

蠡湖校区
地址：江苏省无锡市滨湖区蠡湖大道1800号

特色建筑

图书馆

亚洲单体建筑面积最大的图书馆，它在蠡湖校区最中心位置，荣氏家族捐资建成。推荐一楼图书馆西门温馨雅座，但一般人满为患，喜欢体验小资生活的同学可以一探究竟。

校史馆

校史馆于2007年底开始筹建，2008年10月建成开放。馆内展出的历史照片和实物中，其中有不少是校友珍藏了多年所捐赠的珍贵物品。身为一个江南学子，这里绝对不能错过。

体育馆

体育馆是一座银灰色的大型建筑，呈弧形穹顶状。体育馆可容纳的观众席位有4085座。具备篮球、排球、网球和健身等大型活动场地，学生可以进去打球娱乐，就是费用偏高，10块钱一个小时，需要预约。

 社团活动

烘焙科学俱乐部

烘焙科学俱乐部是富有食品学科特色的社团，相信只要是吃货肯定对这个社团有着超乎常人的亲切感。

骑迹俱乐部

骑迹自行车俱乐部组织了周末骑行、公益环保、惠山赛以及寒暑假远征一系列活动，骑迹人的足迹遍布川藏、云贵、内蒙、海南、重庆、青海等等，每段路上都留下属于骑迹人自己的故事。

 校园美食

麻辣烫

蠡湖校区蠡湖餐厅的麻辣烫非常好吃，也很出名，会有同学专程从南区过来吃，不过只有到冬天冷的时候才有得吃。蠡湖餐厅可以刷学校的饭卡，也可以直接付现金，非常贴心。

炒饭

说道三食堂，它的炒饭是最好吃的。油而不腻，量多肉也多，完全是色香味俱全，简单奢华，吃到你根本停不下来。

羊肉面

四食堂羊肉面的分量够一个东北大汉吃的了，加入香菜和干切羊肉，一碗面下肚，香菜的香味，羊肉的嚼劲，拉面的厚实，加上调料的神奇运用，香到食堂没有面能与之匹敌。

 校园景点

樱花林

这片樱花为一日资企业在2008年种植。虽然没有武大樱花那么有名气，但很有韵味。樱花林南面是小河，北面是大块草地，每一个镜头都是一幅美丽的风景画。

星波桥

星波桥位于蠡湖校区北商，是连接女寝和二食堂的咽喉要道，大量的人员（尤其女生）每天从此穿行。而星波桥的有趣点之一就是它的两端有向外的突出，可供站人赏景。

 特色院系

设计学院

江南大学设计学院书写了许多"中国第一"，有中国设计界的"黄埔军校"之誉。除此以外，设院也是出帅哥美女的地方，他们都是智慧与美貌共存的学子。

生物工程学院

生工学院是江大的强势学院之一，它有生物工程、生物技术、生物工程(酿酒)三个本科专业。它的课程是比较多的，并且要注意的是有很多实验课，还是比较辛苦。

NANJIANG AGRICUTURAL UNIVERSITY
南京农业大学

南京农业大学,是国家"985工程优势学科创新平台"、"211工程"高校,前身可溯源至1902年三江师范学堂农业博物科和1914年金陵大学农学本科;学校有卫岗、浦口两个校区,总面积900万平方米。

卫岗校区
地址:江苏省南京市玄武区卫岗1号

浦口校区
地址:江苏省南京市浦口区点将台路40号

听学哥学姐揭秘
你不知道的
南京农业大学

特色建筑

教学楼

卫岗校区教学楼位于南农的中央，呈中轴对称的样子，蓝色的瓦檐，灰色的墙体，迎合冬天白色的大雪，凋零的树木，很有一番美感。

主楼

主楼毗邻卫岗校区教学楼，为民国时期建筑。平面看就像一艘正在航行的轮船，俯视就像一架翱翔蓝天的飞机。主楼由我国著名建筑师杨廷宝设计，最初是华东航空学院的教学楼，经历多年沧桑，主楼一直屹立，已经成为南农标志性建筑之一。

 社团活动

青年志愿者协会

青志协不时会组织协会成员去农村助教，去养老院慰问老人，还会宣传开展爱心捐赠，帮助一些有需要的人们。

绿源环协

绿源协会是个很有意义的协会，是绿色环保的传播者和服务者。各位学弟可以多多考虑加入这个有意义的社团，里面的妹子长相素质都可以，并且很有爱心。

 校园美食

江南人民公社

卫岗校区附近的江南人民公社是一家以"大跃进时期"人民公社为主题的餐厅，其中以湘菜为主打，味道做得还不错，偏辣，消费水平中等。

江村鱼头

卫岗校区附近的江村鱼头消费价格偏高，里面装修豪华，吃饭所用的餐具也很有特色，每个人的餐具里都含有一包纸巾。

巴蜀酒家

巴蜀酒家在卫岗校区西门，出门之后右拐，很好找。推荐里面的山药木耳，山药吃起来很爽脆，木耳的鲜美搭配山药的鲜爽，比较清淡。这家店价格比较大众，在南京这种消费水平比较高的地方算很实惠的。

 校园景点

桃李廊

卫岗校区的桃李廊的鸟瞰图像一只牛，风景很漂亮，旁边就是文化广场。很多学生早上会在这里晨读，伴着清晨的露水，一个崭新的早晨就从这里开始了。

中央广场

中央广场位于卫岗校区，四周种植了法国梧桐树，每年的秋天那金黄色的叉状叶子就会在秋风的吹拂中徐徐飘落，落满整条大道，伴随缓缓的清风，景色很醉人。

莲池

莲池位于卫岗校区的大学生活动中心的西向，旁边种了些柳树和樱花树，樱花盛开，美极了。虽然樱花品种不如武汉的多，可是在历史痕迹保存得相对好的环境下，花儿的灵动点缀着这座古城，欢快又不失严肃。

特色院系

动物科学技术学院

动物科学技术学院就是搞动物医学研究，南京农大校长就是在这个领域工作的。给猪喂食、牛的饲料问题等等，都跟这个学院有关。

植物保护学院

植物保护学院的前身是私立金陵大学于1916年设立的中国第一个植物病虫害学系，是中国近代植物病理学、昆虫学及植物检疫事业的发祥地。植保实验室的大牛云集，在全国各高校中凤毛麟角，足见植保院的人才济济。

NANJING UNIVERSITY OF THE ARTS
南京艺术学院

听学哥学姐揭秘
你不知道的
南京艺术大学

南京艺术学院，前身是1912年中国美术教育的奠基人刘海粟先生约同画友创办的上海美术图画院，学校只有一个校区，占地700余亩。

主校区
地址：江苏省南京市鼓楼区虎踞北路15号

特色建筑

南大门

南大门位于北京西路,应用了现代建筑艺术造型的优势,三角形的平面,简约新颖;有大块通透又具实体墙面的立面,虚实对比强烈;朴素的暖灰色彩,整洁明快,同时还融入南艺珍贵历史印记——上海美专校门楼,独树一帜。

美术馆

南艺美术馆是按照国际美术馆标准建造的,简直就是殿堂级的环境。美术馆东门口拥有大面积的开放型艺术广场,为城市提供了具有凝聚力的公共开放空间,同时美术馆在地下一层拥有专门的地下停车场,相当便利贴心。

邵逸夫图书馆

图书馆位于南艺校园的中心地带及制高点,与人文学院、文化产业学院教学楼相邻,距离学生生活区仅一步之遥。它的开放时间是每天上午8:00至晚上21:30,此外图书馆北侧罗马广场旁设有"艺术沙龙"自修活动室。

 ### 社团活动

搏击体育武术健身社团

在这里男生可以增强体魄练出腹肌,女生可以学一招半式得以防身。社团在武术中加入了咏春拳的优点,将拳道的理念和综合格斗理论相结合,学习格雷西柔术缠斗招式,使学习者从中寻找最简单直接的防身技巧。

联想 Idea 精英汇

这个社团是由共青团中央和联想集团共同创立的国家青年就业创业见习基地。全国共有184所精英汇,每年将会有300个联想实习生名额。优秀的精英汇成员将会公费出国旅游交流,同时会被联想公司优先录取,这个是不是相当诱人的福利呢。

 ### 校园美食

南艺后街鸡蛋灌饼

曾经有人说过:"没有吃过南艺后街的鸡蛋饼,就不算来过南艺。"大名鼎鼎的鸡蛋饼,江湖上关于它的传说已广为流传!饼上边脆脆酥酥,下边厚厚软软,刷上秘制酱,人均消费4元,当早饭或宵夜真是物美价廉!

雷记云南过桥米线

这家店自2014年3月开业以来一直广受同学们好评,凭借它干净整洁的环境,经济实惠的米线套餐,人气爆棚。它的米线很细,但也很有劲道,分量很足,同时,它依旧是爱吃辣的同学的最爱。

武大郎烧饼

吃货们不知道武大郎是谁,但绝对知道武大郎烧饼,这就是作为一个吃货的自我修养!学校南门的武大郎烧饼绝对是一些小伙伴们的私家美食,厚实的面饼上放着两根火腿肠,再加上一片生菜,就是满满的满足!

 ### 校园景点

演绎大楼

演艺大楼的顶层是一处远瞰整个南艺的好去处,也是拍日出的绝佳地。当日幕落下的时候,上到顶层,走到太阳板的另一头,你就能看到电视塔倒影在太阳板上连成一线的动人景色。

特色院系

传媒学院

传媒院的老师属于思维很跳跃的那种,艺术家嘛。这个学院帅哥美女简直一抓一大把,不仅长得好看,一开口口若悬河,都是奔着主播范儿发展的。

音乐学院

这个院就是传说中的"文艺青年"工厂,因为你会发现,周围的小伙伴们举止脱俗,长相清丽,不要质疑你的眼睛,因为这个叫做——气质。

美术学院

美院是南艺历史最悠久的学院,甚至可以说是南艺的王牌,它培养了一批又一批优秀人才,是很多学子梦寐以求的地方。

江苏景点
SCENIC SPOTS IN JIANGSU
扫码
听不一样的景点故事

周庄
这里环境淳朴，远离城市的喧嚣，小桥流水，让人感觉平和又安宁。
地址：江苏省苏州市东南38公里

夫子庙
南京孔庙、南京文庙是供奉祭祀孔子之地，是中国四大文庙之一。
地址：江苏省南京市秦淮区中华路

拙政园
拙政园是江南古典园林的代表作品，与北京颐和园、承德避暑山庄、苏州留园一起被誉为中国四大名园。
地址：江苏省苏州市姑苏区东北街

灵山
灵山坐落在美丽的太湖边，区一面临湖，三山怀抱，为难得的佛国宝地。
地址：江苏省无锡市滨湖区

瘦西湖
瘦西湖原名保障湖，因湖心淤塞，盐商出资疏浚，后由一书生改名瘦西湖。
地址：江苏省扬州市淮扬区大虹桥路

金山
金山近邻金山寺，是镇江城市"南山北水"战略、北部滨水区建设的亮点工程。
地址：江苏省镇江市润州区金山路

钟山
钟山自古被誉为江南四大名山之一，因山顶常有紫云萦绕，又得名紫金山。
地址：江苏省南京市玄武区石象路

玄武湖
玄武湖古名桑泊、后湖，已有一千五百多年的历史。六朝时期为皇家园林，明朝时为黄册库，系皇家禁地，清朝时期辟为公园。
地址：江苏省南京市玄武区玄武巷

鼋头渚
鼋头渚是太湖西北岸的一个半岛，因巨石突入湖中，形状酷似神龟昂首而得名，是中外驰名的旅游度假休养胜地。
地址：江苏省无锡市滨湖区大浮镇充山村

虎丘
虎丘有"吴中第一名胜"之称。主要景点有断梁殿、憨憨泉、虎丘塔、试剑石、剑池、拥翠山庄和万景山庄。
地址：江苏省苏州市姑苏区虎丘路北端

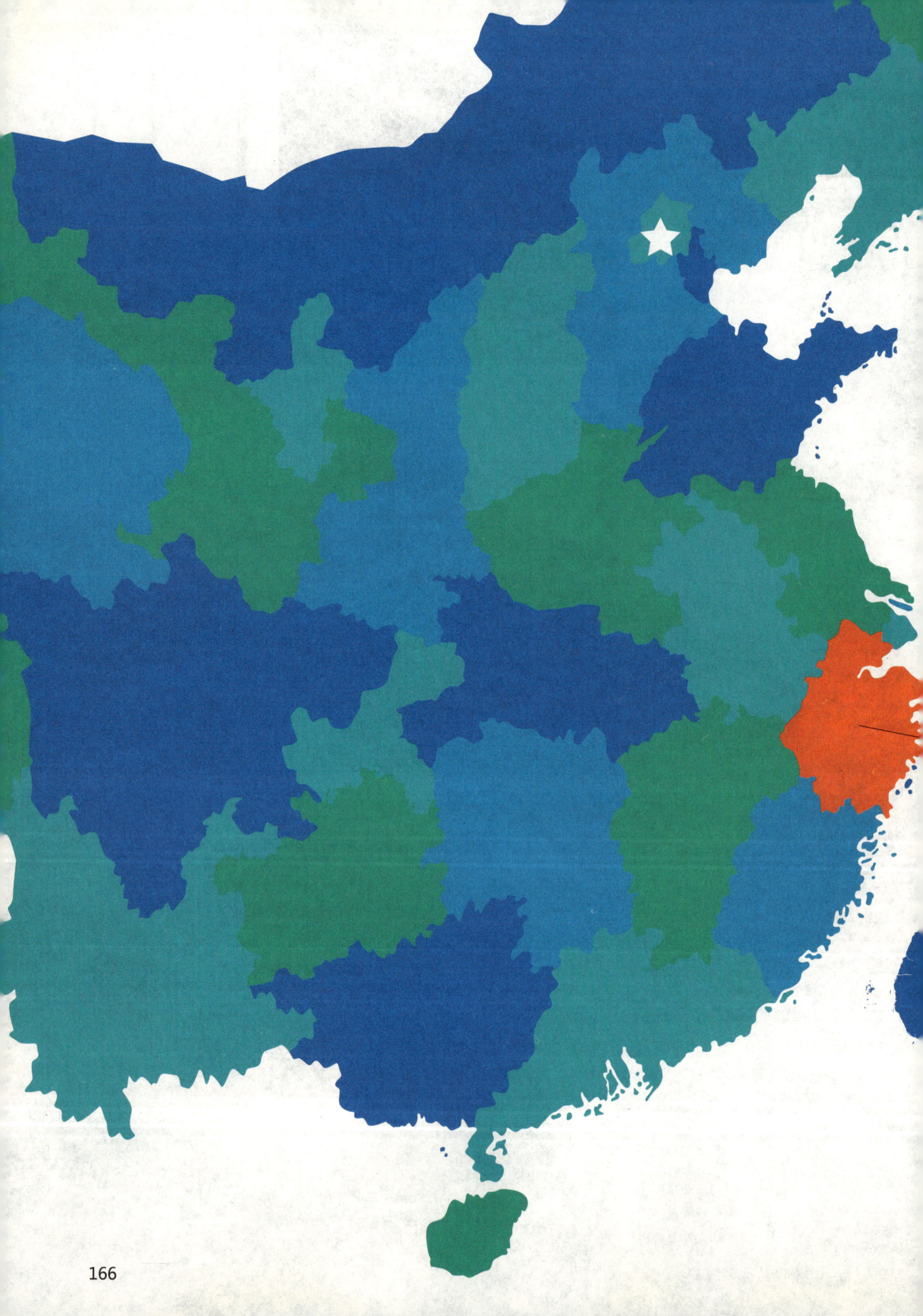

浙江省
鱼米之乡 茶香水美

　　浙江省地处中国东南沿海,邻近上海,东临东海,还有钱塘江经过,水域资源非常丰富。这里盛产鱼米和丝绸,龙井茶闻名中外。这里也是书法宝地,西湖、天台山、绍兴都以其秀丽的风光驰名于世,而秋季观海宁潮,品尝大闸蟹更是享受鱼米之乡美乐的不二之选。

ZHEJIANG UNIVERSITY
浙江大学

浙江大学建于1897年，是中国"985工程"、"211工程"重点建设高校。共拥有紫金港、玉泉、西溪、华家池、之江五个校区，占地总面积约450万平方米。

紫金港校区
地址：浙江省杭州市西湖区余杭塘路866号

玉泉校区
地址：浙江省杭州市西湖区浙大路38号

西溪校区
地址：浙江省杭州西湖区天目山路148号

华家池校区
地址：浙江省杭州市江干区凯旋路268号

之江校区
地址：浙江省杭州市西湖区

听学哥学姐揭秘
你不知道的
浙江大学

特色建筑

之江图书馆

之江校区的图书馆依山而建，砖红色的墙面格外雅致，周围绿荫环抱，给人一种复古的感觉，传言冯小刚导演也曾到此取景。值得一提的是二楼的中间有两个音乐休闲区，供学生听音乐以放松心情。别致的布局，古朴的桌椅，优雅的吊灯，之江图书馆的内部设计采用的是自由组合的形式，不讲求固定法式，注重的是一种形式美。

社团活动

联合利华俱乐部

浙大有一类小众而高规格的社团，那就是企业俱乐部。目前有十余家企业在浙大设立了企业俱乐部，目的就是建立企业与学校之间沟通的桥梁。其中做得最好的一家就是联合利华俱乐部了。企业俱乐部吸引的大多数是商科的同学，或是对商科方向感兴趣的同学。俱乐部对年级没有要求，下到大一新生，上到学神老博，只要有自己的亮点，都有可能加入。最吸引人的还是企业提供给俱乐部直接的福利，比如暑期实习生、校招的绿色通道等。

校园美食

留学生食堂

很多人可能以为玉泉校区的留学生食堂就是专门为留学生开放的，可真相却是，所有人都可以去留学生食堂吃饭，包括校外的人！玉泉留学生食堂每天都爆满，一是因为真的好吃，二是因为价格实在便宜，三是因为校外的附近居民或者游客都会选择到留食来"蹭饭"吃！出了留学生食堂，杭州再也找不到这么便宜又好吃的地方了！

大鸡腿

紫金港校区的大鸡腿也算是业界有名了吧，新生们一进浙大没几天，就会被学长学姐带去品尝一次大鸡腿。学长学姐们总是习惯带着新生成群结队地去吃大鸡腿，在夜晚烧烤摊的氛围烘托下，大家总是能很快地打成一片。因此大鸡腿烧烤摊也成为了社团破冰、内建的常去之地。

校园景点

启真湖

紫金港校区启真湖有个特色，就是黑天鹅。很多游人来到启真湖，都会慕名来看浙大的黑天鹅。天气好的时候，湖面水光潋滟，十几只黑天鹅在下沉广场附近的启真湖中自由嬉戏，野趣横生。一旁就是葱绿的西区大草坪，湖水、草木、天空相映成趣，构成一幅绝美的画面，绝没有人会不愿意驻足欣赏这般美景的！

之江情人桥

之江校区的美景一直都闻名遐迩，当年冯小刚导演在拍摄"唐山大地震"时就在此处选景并进行了拍摄。其建筑群以砖红色为主，西洋风味十足，颇具年代感，掩映在满目葱茏的绿树之中。情人桥位置算是偏僻，要穿过校舍，方可看到一座精巧的石桥。石桥周围遍布杂乱的花花草草，晚上去更是能听见各种小虫的私语。许多情侣都喜欢来这边，享受自然和独处的曼妙。

特色院系

计算机科学与技术学院

浙大计院里面，养着一群神秘的高等生物——"程序猿"。他们大多过着黑白颠倒的生活，酷爱互联网，每天沉浸在代码的世界中。程序猿经常出没的线上平台叫做CC98，是浙大校内人气第一的BBS。其中有一个版块聚集了许许多多的宅男码农，名为"心灵之约"，在这个版块上，浙大学生匿名倾诉自己的故事，发泄自己的情绪，总能轻轻松松被顶到热门话题。而这群顶帖的人之中，有一股中坚力量，那就是浙大那群朴实却可爱的码农们。

CHINA ACADEMY OF ART
中国美术学院

中国美术学院，建于1928年，占地1000余亩，拥有南山、象山、张江三个校区。

南山校区
地址：浙江省杭州市上城区南山路218号

象山校区
地址：浙江省杭州市西湖区转塘街道象山路352号

张江校区
地址：上海市浦东区春晓路109号

听学哥学姐揭秘
你不知道的
中国美术学院

特色建筑

美术馆

这是美院主要的美术馆，毕业展以及平时的大型展览都会在这里展出，南山校区的同学非常便利。

民艺博物馆

民艺博物馆位于象山校区，由日本著名建筑师隈研吾设计，菱形的建筑形态，创造了流动的展览空间，交替变换的层高和空隙，将参观者带到被自然景观包围的户外区域。

象山18号楼

象山校区里所有的楼都是以数字直接命名的，简单粗暴也很好记，18号楼位于山南。18号楼是出了名的迷宫，第一季跑男的撕名牌环节就是在这边取景，当时就困倒了王祖蓝。这是学校的各种实验工坊所在，里面功能很全，做毕业展或者平时作业要用到这些实验工坊。

社团活动

民间美术研究协会

此协会不仅仅是平日里研究民间传统美术，有时候还会有实地考察，是一个低调又实在的社团。

RUNWAY模特社

颜值最高的社团，大型活动除了走秀外还包含精品模特摄影活动，模特社每周一次的形体训练与化妆课程，教你如何穿高跟鞋不必胆战心惊而且更加自信优雅，可以让你从一无所知到可以在面试前，给自己画一个完美得体的妆容。

古琴社

这绝对是美院里最低调的一个社团了，活动场地档次高，就在水岸山居的茶琴会。作为一个在国美独一无二的传统古典音乐社团，活动是跟古琴息息相关的，不管作业再多，身体有多懒，每周一次的练琴，风雨无阻。月末再由师傅指点考核功课。社团每年都有五次专业的讲座。

青鸟社

这是个动漫社团，很多热爱大自然的同学会参加这个社团。社团每年都会举办春日祭秋日祭，会有很多coser出没，还有很多有趣的游戏玩，玩游戏的积分奖品非常萌～

校园美食

一休屋寿司

小店非常小，人气超高，寿司的种类多，价格亲民，是转塘小镇最好吃的寿司了。

萤火虫自助餐厅

这是一间比较有良心的自助餐厅，就算是吃素的同学也可以在里面找到自己的天堂，更别说肉食性动物了。

火车咖啡店

这是一个很有氛围的咖啡店，在一列火车里面，里面有各式各样好吃的甜点。

校园景点

瓦爿墙

瓦爿墙是象山校区的标志性建筑，它用的是很多拆迁下来的旧砖瓦经过加工，环保再利用，堆砌起来的一道墙，使得很多旧砖瓦在新墙上延续了自己的生命。

水岸山居

水岸山居位于象山校区，它是王澍教授为美院设计的专家楼，也是王澍教授获得"建筑界诺贝尔奖"普利兹克奖后的第一件作品。波浪形的黑瓦屋顶，黄色的土墙，水岸山居宛如水乡的长廊，又如山地的村落，而它利落的线条和回转的空间，充满现代美感。

特色院系

中国画与书法系

这两个专业是世界的一流水平，是美院的学霸专业，能考上的同学本身文化课成绩平均水平都比较高。

ZHEJIANG UNIVERSITY OF MEDIA AND COMMUNICATIONS
浙江传媒学院

浙江传媒学院，创办于1978年。学校共有杭州和桐乡两个校区，占地面积1286亩。

桐乡校区
地址：浙江省嘉兴市桐乡市逾桥西路998号

下沙校区
地址：浙江省杭州市下沙高教园区学源街998号

听学哥学姐揭秘
你不知道的
浙江传媒学院

特色建筑

演播楼

下沙校区的传媒演播大楼堪称传媒的顶梁柱，22层高的演播楼是浙传里最具特色的大楼，外观美丽大方，黄红间隔，被同学们叫作"变形金刚"。晚上灯光打上，那真是亮瞎眼，活生生的一个浙传地标，看到它自然就知道到传媒了。

S楼

众所周知，浙传的妹子们比较多，住的地方当然不能亏待了。S楼就是下沙校区的女生寝室楼，至于为什么叫S楼，其实是根据寝室楼的分布形状来命名的，从上向下俯瞰，似大写字母S。S楼又名彩虹楼，寝室阳台外围从上到下是被隔层隔开，上面涂有各种颜色，整体来看，像是被披上了一件七彩的外衣，甚是漂亮。

社团活动

珍逗社团

这是一个有钱任性有实力有资源的传媒团体，他们的口号是："上帝欠你的，珍逗还给你。"至于为什么叫"珍逗"，他们自己的解释是：珍惜每一个逗大家开心的机会。很有创意吧！其实它刚开始是一个小品社，经过多年的发展，华丽转身为一个集歌舞、小品、音乐剧于一身的综合性社团。

那兰之侯动漫社

这是一个以扩大求知领域，丰富校园文化生活为宗旨，以打造精品社团，提高同学综合素质为目的的社团。那兰之侯是浙传存在以来唯一的校级动漫社团，从成立以来一直以漫画原创和COSPLAY两个主题作为社团发展的主线。社团每周都会邀请著名的动漫画家及专业老师为社员讲课，发展校园动漫原创力量，吸引了越来越多的动漫爱好者。

校园美食

杨国福麻辣烫

基本整个下沙校区的人都知道，吃麻辣烫，必去"杨国福"。他家麻辣烫汤底很有特色，吃起来很合胃口。"杨国福"还在微信上开设了外卖，有事没事来碗麻辣烫，生活真是好不惬意！

校园景点

消防公园

之所以叫它消防公园，是因为在下沙校区这个公园小广场上有一个消防车改装的机器人，很大很霸气。其实这个公园还有一个名字叫"情人坡"，确实，情侣们经常手牵手来这里散步，不要以为自己是单身狗就不能来，这里也有三五成群的好友带着零食来野餐，也有狗友们拉着狗狗来这边玩耍。

特色院系

电视艺术学院

电视艺术学院是目前浙传影视艺术类专业最齐全的学院，建院以来已为全国广播电影电视界输送了近3000余名编导、摄像等广播影视专门人才，是广播电影电视界后期制作人才的摇篮。学院注重国内外合作办学，与国内外多所高校互派学生进行交流学习。学院拥有十分强大的师资队伍以及硬件设备，为学生实践教学提供了重要的保障。

播音主持学院

从建校以来，学院为社会输送了大量的传媒人才，著名校友有李维嘉、朱丹、戚薇……播音学子个个拉出去可以做模特，身材好，颜值高那是必须的，当然学院学费也高。想进传媒的艺术专业也是不容易的，首先艺术专业分数要高，其次就是文化知识成绩。

浙江景点
SCENIC SPOTS IN ZHEJIANG
扫码
听不一样的景点故事

乌镇
这里有六千多年的悠久历史，完整地保存了晚清和民国时期的水乡古镇风貌格局。
地址：浙江省嘉兴桐乡石佛南路18号

普陀山
这里香火旺盛，有宏伟的南海观音，是全国著名的观音道场。
地址：浙江省舟山市普陀区梅岑路

西湖
这里以秀丽的湖光山色和众多名胜古迹被称为"人间天堂"。
地址：浙江省杭州市西湖区西湖风景区

千岛湖
这里有"天下第一秀水"的美称，农夫山泉就取水于此。
地址：浙江省杭州市淳安县梦姑路

西塘
这是保存得较完整的原生态水乡，有江南水乡的清净和淳朴的风情。
地址：浙江省嘉兴市嘉善县西塘镇

桃花岛
这里是"东邪"黄药师的居住地，很多金庸的武侠电视剧就拍摄于此。
地址：浙江省舟山市普陀区桃花镇

沈园
沈园至今已有800多年的历史，是绍兴古城内著名的古园林。
地址：浙江省绍兴市越城区鲁迅中路

天一阁
天一阁是中国现存最早的私家藏书楼，也是亚洲现有最古老的图书馆和世界最早的三大家族图书馆之一。
地址：浙江省宁波市海曙区马衙街

鲁迅故里
绍兴鲁迅故里是绍兴市区保存最完好、最具文化内涵和水乡古城经典风貌的历史街区。
地址：浙江省绍兴市越城区鲁迅中路

天台山
这里的国清寺很幽静，远离城市喧嚣，适合修身养性，陶冶心灵。
地址：浙江省宁波市鄞州区

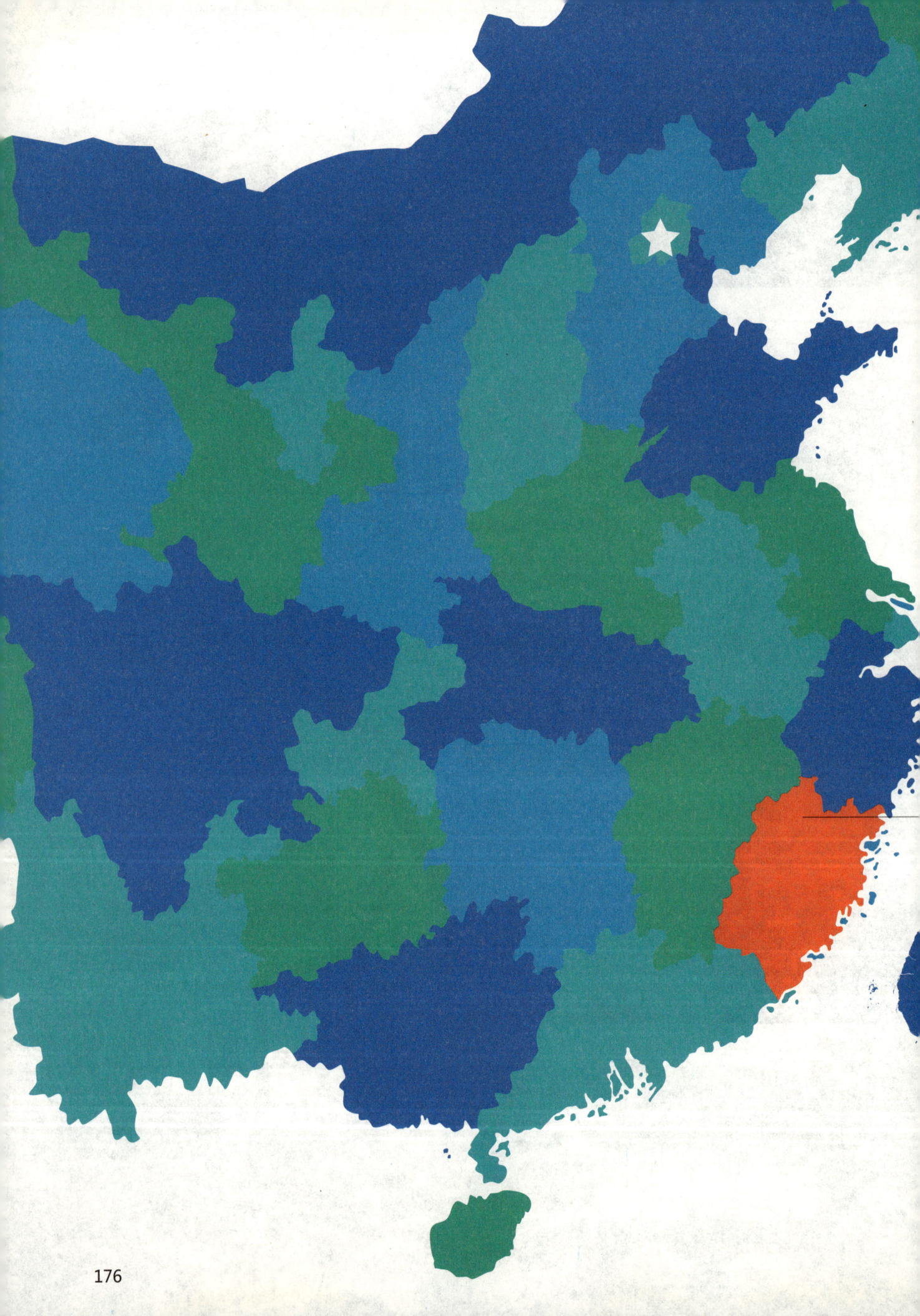

福建省
集市井与浪漫于一体的闽南宝地

　　祖国东南沿海的福建省,与台湾隔海相望,深受闽南文化的熏陶,有着台湾的清新与浪漫,也保留着浓郁的市井味道。

　　福建是全国绿化覆盖率最高的省份,空气清新,水质优良。这里是古代海上丝绸之路的启始地,小城泉州安详又平和,集各国建筑于一体的鼓浪屿浪漫又小资;古朴的客家土楼也彰显着浓郁的闽南气息。沙茶面、土笋冻、各色海鲜更是让你在这个缓慢宁静的闽南之地乐不思归。

XIAMEN UNIVERSITY
厦门大学

听学哥学姐揭秘
你不知道的
厦门大学

　　厦门大学，创立于1921年，是国家"985工程"、"211工程"重点建设高校。目前学校有思明、翔安两个校区，占地超过9000亩。

思明校区
地址：福建省厦门市思明区思明南路422号

翔安校区
地址：福建省厦门市翔安区新店镇

特色建筑

集美同安楼群

厦大思明校区集美同安楼群是从建校之初就在的，展现了东方与西方建筑风格的融合，也决定厦门大学此后整个建筑群的风格走向。虽然经历了这么多年风风雨雨，但定期的检查维修使之完好地保存至今。

芙蓉宿舍楼

思明校区芙蓉宿舍被称为厦大最美宿舍，是嘉庚风格建筑走向成熟的标志，红砖绿瓦、中式屋顶、西式屋身的外廊建筑样式，无数游客到这里都会发出感叹。

嘉庚楼群——颂恩楼

此乃厦大思明校区嘉庚楼群主楼，即嘉庚三，是厦大最高的建筑。其坐落于厦大校园中轴线上，左右有嘉庚其他楼群围绕，正对芙蓉湖，如此精美的构图也是厦大游客拍照留念的主要景点。

社团活动

登山协会

厦大的登山协会活动多多，不论周末在周边地区露营，或者节假日出省登山，都会让人觉得生活中时刻充满了惊喜与挑战。想要参加这样的社团，你还要接受厦大登协每周在操场进行的体能训练，他们风雨不变，千锤百炼。这样的社团，怎么能错过呢？

西部梦想社团

西部梦想社团是厦门大学第一个以"服务西部"为主题的公益性社团。在这里同学们可以参与支教活动，做很多有意义的事情。

花韵手工社

花韵手工社是一个以手工为主，非常年轻而且有活力的社团。这里日常会做各种各样的手工，像布艺，软陶，纸艺等等。遇到特色节日时，又会有不一样的体验。不管男生女生，只要有一颗热爱手工的心，就来加入花韵手工社吧。

校园美食

派屈克

不管你是真的喜欢咖啡，还是为了去咖啡厅找找文青的感觉，又或者是想要蹭一下wifi，都要推荐你去厦大思明校区附近的派屈克。而来了派屈克必做的事情，就是点一杯咖啡，要一块甜点，然后跟店长聊聊咖啡吧。

德烤面包

德烤面包是厦大思明校区附近最有特色的面包店，而最大的特色在于这家店的老板是一个德国人。这位德国老板在厦门做正宗德式面包，口感扎实有嚼劲，一口咬下去就知道是真材实料做的面包。

校园景点

芙蓉湖

"厦大有湖，其名芙蓉。芙蓉者，出淤泥而不染。而此芙蓉湖，乃厦大灵秀之源。"这说的就是厦大最为人熟知的"芙蓉湖"了。它位于思明校区的中央，是整个校园规划的点睛之笔。

芙蓉隧道

芙蓉隧道，是连接厦大老校区和新校区的通道，也是厦大主要景点之一，吸引着无数文艺青年及游客来此观光。这里是中国最文艺的隧道，是中国最长的涂鸦隧道。隧道里靠近入口和出口分别有两个咖啡厅，里面有各种纪念品饮品供大家选择。

情人谷

情人谷也叫厦大水库，而且其实它就是个水库。只因厦大思明校区北面五老峰地势造就的一个山谷，并且据说这里流传动人的爱情故事，所以后来取名"情人谷"。其实在厦门还未引进九龙江水之前，全厦大的用水几乎都靠这个水库供应，饮水思源，这里又称为"思源谷"。

特色院系

管理学院

俗话说得好"经济是器，管理是道"，因此在厦大，管理学院是一个大院系。而最好的专业是会计学，比较是国家重点学科全国第一。再说了，会计这个职业是旱涝保收，比较好找工作，收入也稳定。

经济学院

这是厦大规模最大的学院，相信许多还未进入厦大的前辈们，都考虑过这个学院，然而最终只有学霸级的人物才能进入这个殿堂。

FUZHOU UNIVERSITY
福州大学

听学哥学姐揭秘
你不知道的
福州大学

福州大学，是国家"211工程"重点建设高校，办学始于1958年，拥有五个校区，占地5200余亩。

旗山校区
地址：福建省福州市闽侯县大学新区学园路2号

怡山校区
地址：福建省福州市鼓楼区杨桥西路50号

铜盘校区
地址：福建省福州市鼓楼区软件大道89号

厦门工艺美术学院鼓浪屿校区
地址：福建省厦门市集美区康泰路151号

厦门工艺美术学院集美校区
地址：福建省厦门市集美区理工南路852号

特色建筑

图书馆
旗山校区的图书馆是一个学霸云集的地方，每天都有很多人在这里学习，然而却从来没有占座这样的现象，这无不说明了福大的学生素质以及科学的管理方法。

公共教学楼
福大旗山校区的教学楼呈弧形坐落于图书馆外围，由清华大学设计。公共课程基本都在这里上，连起来的好处就是每节课下了换教室的时候比较方便。

大学生素质拓展中心
旗山校区的大学生素质拓展中心，一半坐落在山的怀抱，而一半则是在水中。闲来无事的时候，可以站在水中的长廊上，看水面的鸭子安闲自在的同时，顺便呼吸清新空气，放空自己。

 社团活动

酷玩协会
这是一个街舞协会，女神多多，男神自然也是数不胜数，小鲜肉们快快报名吧。

高雅飞扬协会
飞扬交谊舞协会中舞蹈种类多多，还有假面舞会，可以和那个谁来一场美丽的邂逅。

活力跳绳协会
这个协会赋予了跳绳新的活力，伴随着音乐，踩着节拍，他们通过跳绳，享受美的律动，感受运动的快乐，体验合作。

 校园美食

紫荆园
旗山校区紫荆园是学生食堂里最高逼格的一个食堂，整体结构被划分为上下层，不过值得一提的是，在卫生环境这一块，紫荆园可是受到了大多数人的一致好评。

读书生活吧
点一杯果汁，听着轻音乐，吹着空调，如果你也想在这样的地方自习，就来福大旗山校区图书馆。在图书馆二楼机房左侧的楼梯旁就隐藏着一个"读书生活吧"，让你感受不一样的图书馆自习。

 校园景点

阳光园
因为旗山校区阳光园的位置离同学生活学习的地方稍远一点，平时很安静，人不多，会有文艺青年在这里读书，画画。

美苑
旗山校区的美苑面积不小，里面雕塑作品很多，最受关注的就是厦门工艺美院的作品《love》，它的颜色是红色，很有热情，由人的姿态摆出字母形状和字母组合出"love"，人的身上有乐谱，艺术感满满。

 特色院系

电气工程及其自动化学院
电气工程及其自动化专业作为福州大学就业率120%的王牌专业，自然是高考中高手必争之地，但重要的是，这里妹子少。

机械工程及其自动化学院
机械学院和电气学院相比真真也是毫不逊色的，学院的就业率也是排前三的，毕业后平均工资也不错，所以，分数也蹭蹭往上涨，简直一发不可收拾。

化学化工学院
据说化工院的研究生和博士生之所以比本科生还多，而且在福大从不讨论化学学院的就业率，因为人家读研率都高的不行。

经济与管理学院
经管学院用自己1:7的男女比例直接将福大男女比例拉至3:1，据说，近年来女生数又再上涨。而且经管的老师都很幽默的，上课都很有趣，涉及当代社会热点，经济发展，句句戳中同学们的心。

艺术学院
虽然福大的理工类专业很热门，但艺术类也不甘示弱，毕竟国内排名前100。目前学院按美术学类、设计学类进行大类招生，但学习地点不在福州，而是在厦门。

福建景点
SCENIC SPOTS IN FUJIAN
扫码
听不一样的景点故事

菽庄花园
菽庄花园面向大海，背倚日光岩，原是地方名绅林尔嘉的私人别墅，1955年献作公园。
地址：福建省鼓浪屿风景区港仔后路

胡里山炮台
胡里山炮台始建于清光绪二十年，具有欧洲风格，又有明清时期的建筑神韵，历史上被称为"八闽门户、天南锁钥"。
地址：福建省厦门市思明区曾厝垵路

日光岩
日光岩耸峙于鼓浪屿中部偏南，是由两块巨石一竖一横相倚而立，成为龙头山的顶峰，为鼓浪屿最高峰。
地址：福建省厦门市思明区晃右路

清源山
清源山因为山上泉眼诸多别称"泉山"，因山高入云称"齐云山"。位于城市北郊又称"北山"，山上有三峰亦称"三台山"。
地址：福建省泉州市丰泽区

百鸟园
百鸟园位于鼓浪屿英雄山，共有冠冕鹤、火烈鸟、丹顶鹤等中外名鸟，内设珍禽寨、孔雀台、涉禽池等景区。
地址：福建省厦门市思明区鼓浪屿鼓声路

湄洲岛
被誉为"南国蓬莱"，是妈祖文化的发祥地。
地址：福建省莆田市湄洲大道

郑成功纪念馆
这是海内外爱国人士景仰英雄、台湾郑氏宗亲寻根访祖之胜地。
地址：福建省厦门市思明区永春路

武夷山
武夷山位于福建、江西交汇处，历史悠久，资源丰富。
地址：福建省武夷山市三茄度假区观景路

毓园
毓园是林巧稚大夫纪念园，为纪念鼓浪屿的优秀女儿、人民医学家林巧稚大夫，厦门市政府于1984年5月修建此园。
地址：福建省厦门市思明区复兴路

永定土楼
永定土楼是世界上独一无二的神奇的山区民居建筑，是中国古建筑的一朵奇葩。
地址：福建省龙岩市永定县凤城镇间滨路

安徽省
祖国东南的多山腹地

安徽省位于中国的东南部,紧靠长江三角洲,有众多名山,盛产茶叶和竹制品。此外,这里也是中国重要的中成药产地。安徽黄山、大别山、齐云山闻名遐迩,另外,淮南、芜湖也算有资有色,不失为假日的休闲观光之选。

ANHUI UNIVERSITY
安徽大学

　　安徽大学，是国家"211工程"重点建设高校。于1958年以合肥大学、原安徽大学部分科系为基础建立，共四个校区和一个大学科技产业园，占地面积3200余亩。

馨苑校区
地址：安徽省合肥市蜀山区九龙路111号

龙河校区
地址：安徽省合肥市蜀山区肥西路3号

江淮学院
地址：安徽省合肥市蜀山区史河路8号

国际商学院
地址：安徽省合肥市四洲路4号

听学哥学姐揭秘
你不知道的
安徽大学

特色建筑

文典阁图书馆

磐苑校区鸣磬广场往东走，就是文典阁图书馆，以安徽大学首任主政刘文典之名为名，各种学霸潜伏其中，是一个读书充电的好地方。

适之楼

这是一个半环型学生活动中心大楼，从磐苑校区西门进入便可以看到，此用途比较齐全，时常举办各种大型表演。

 ## 社团活动

黄梅之家

一曲《天仙配》大多数人都耳熟能详，甚至会随口吟唱。而安大里有一群人正是凭着对黄梅戏的热爱，组织成了一个社团，将黄梅戏渗透到年轻人的生活中。

推理研究社

喜欢英剧里的卷福吗？向往像他一样通过推理找到蛛丝马迹吗？这里是以侦探小说，推理动漫，推理游戏为主体的社团，也是一个展现推理能力的平台。

桃之夭夭女子坊

"桃之夭夭，灼灼其华。"引用自诗经，特指女子的美好品格。而在安大里，这可是一个专为女生群体而设立的桃园天地，宗旨是为女生服务。

 ## 校园美食

黄金脆皮鸡饭

磐苑校区桔园二楼有一道美食，让所有吃过它的人为之倾倒，此名曰黄金脆皮鸡饭。用特别好吃已经无法形容了，只不过每次一到饭点就特别火爆，要吃请早。

梅园清真食堂

虽然磐苑校区梅园食堂的人气不算很高，但是也有一些值得推荐的。清真食堂就是其中一个强推的地方，肉多量大，让人十分满足。

九龙街美食

每个学校都会有这样一条美食聚集地，而安大磐苑校区的九龙街美食街除了小吃烧烤以外，各样具有地方特色的美食也是应有尽有，人均消费基本上不超过10元。

校园景点

独秀大道

磐苑校区的独秀大道是一条步行道，与至诚大道相映成趣，其命名是为了纪念皖籍革命家陈独秀同志。当然，这也是饭后散步纳凉的好去处。

鸣磬广场

这是一个处于磐苑校区适之楼东向怀抱之中的下沉式广场，平时是用作学校举行大型室外活动和学生读书休憩，而名字则是契合了整体校区"磐苑"之名。

 ## 特色院系

新闻与传播学院

学校新闻传播学院可以说是学科界的壮年，培养了许多优秀的人才。安徽电视台最出名的女主播周群，就是该院系学生。

文学院

文学院在外界的名声不错，是个人才辈出，藏龙卧虎的大院。从这个大院走出来的同学，在各个地方说起来都十分有范儿。

HEFEI UNIVERSITY OF TECHNOLOGY
合肥工业大学

　　合肥工业大学，创建于1945年，是国家"985工程"、"211工程"高校。现有屯溪路、六安路、翡翠湖、宣城四个校区，占地面积408万余平方米。

屯溪路校区
地址：安徽省合肥市包河区屯溪路193号

六安路校区
地址：安徽省合肥市庐阳区六安路269号

翡翠湖校区
地址：安徽省合肥市经济开发区合肥大学城翡翠路420号

宣城校区
地址：安徽省宣城市宣州区熏化路301号

听学哥学姐揭秘
你不知道的
合肥工业大学

特色建筑

主教学楼

屯溪路校区的主教学楼,典型的苏式风格,外表给人的感觉就是朴实无华,很有大学情怀。到里面去参观,斑驳的墙壁,老旧的设备,确实能给人一种沧桑的历史感。

图书馆

图书馆是屯溪路校区的地标建筑,造型新奇独特,从空中俯瞰就像是一只引颈而鸣的天鹅,与旁边俪人湖中的黑天鹅相得益彰。

社团活动

斛兵骐骥车队

这个车队有学校汽车试验室,很多大牛老师的支持,资金也相对于其它社团更充裕。最重要的是他们有一辆非常酷炫的赛车,"合肥工业大学"六个大字醒目地标记在车子的尾翼上,简直帅得没有边界!

宅基地 ACG 协会

无论你是想要制作游戏,创作漫画,还是组建乐队,只要你能找到陪你热血陪你疯的小伙伴,这里都会给予你最大程度的帮助,传授你想学却无处可学的技能,分享你最为渴求的经验!

校园美食

合工大新区美食街

每一个大学的旁边都会有一条让人难忘的小吃街,更何况是大学城这个高校云集的地方,于是乎,这条位于屯溪路校区的小吃街也就以亲民的价格除了很多吸引学生。

江西瓦罐汤

这可算得上是屯溪路校区第一食堂的特色美食了,每一份瓦罐汤只需要 3.5 元,汤的品种也很多,比如金针菇汤、香菇鸡肉汤、蛋花汤等,可谓物美价廉。

第五食堂风味小吃

屯溪路校区第五食堂在第四食堂的楼上,是合工大里面最具有特色的一个食堂。其特色之处在于汇集了各地的风味小吃,强推猪手饭,酱香猪肘切成丁,与米饭搅拌在一起,超级好吃!

校园景点

斛兵塘

曹操 80 万大军进攻东吴,人马浩荡,为清点人马数量,挖出了这口旱塘,作为计量将士的量具,屯溪路校区的斛兵塘也因此得名。如今这既是智慧的体现,也是合工大文化符号之一。

俪人湖

俪人湖位于翡翠湖校区的中心地带。在这里,你将看到合工大的校宝——黑天鹅。

春华路和秋实路

春华秋实有三重意思,饱含学校对于工大学子的希冀。第一层意思是比喻事物的因果关系,有耕耘才有收获。第二层意思是比喻文采与德行。第三层意思就是指时间的流逝,岁月的变迁。其实,工大的每一条路,我们都会走很多遍,爱意,走着走着便会愈加浓厚,此所谓日久生情吧。

特色院系

机械与汽车工程学院

这个学院号称是中国汽车界的"黄埔军校"。学校每年都会为奇瑞企业输送大批的人才,学院专业要求很高。

建筑与艺术学院

建艺学院的院长李早是学校唯一的女院长!她有过日本留学的经历,经常会邀请一些国内国际的建筑大师来学校讲座。建艺也是唯一一个有自己独立教学楼的学院,每个班都有固定教室。

计算机与信息学院

我国第一个微型计算机、第一个三相异步电机都是出自合工大!历史上,学校的计算机就很强了。现今,学校唯一的一个国家级重点实验室就出自计院!计院学子能够轻松地操作电脑,玩转各种软件,同时他们也能够将理论和实践紧密结合,创造出各种新奇有趣的软件,或者机器人。还有非常重要的一点就是,计院的男女比例适中,学风优良,当然课也是满满的。

UNIVERSITY OF SCIENCE AND TECHNOLOGY OF CHINA
中国科学技术大学

听学哥学姐揭秘
你不知道的
中国科学技术大学

中国科学技术大学，是国家首批"985工程"、"211工程"重点建设院校，中国科大1958年创办于北京，有东南西北四个校区，占地面积135万平方米。

东校区
地址：安徽省合肥市包河区金寨路96号

南校区
地址：安徽省合肥市包河区徽州大道1129号

西校区
地址：安徽省合肥市蜀山区黄山路

北校区
地址：安徽省合肥市蜀山区黄山路4号

特色建筑

英才书苑

英才书苑是中科大东校区图书馆管理的大型新书展厅，并且拥有自己的官网。另外书苑布局非常的温馨，而且设有视听区域，只有身临其境，才能感受到它的不同与惬意。

国家实验室

坐落在中科大西校区的国家同步辐射实验室，是国家计委批准建设的我国第一个国家级实验室。整个大建筑坐落在一个四面环水的一块大草地上，感觉非常的神秘，而且只有一条小路通往实验室，周围和内部都是绿树环绕，并且有专门的人员看着，一般人很难发现。

社团活动

跑步爱好者协会

社团里的成员基本都是跑步爱好者，大家平时会不定期在学校操场慢跑锻炼，偶尔会一起参加一些半程马拉松和mini马拉松比赛，当然不是强制的，自愿报名。参加这个协会，不仅锻炼了身体，而且能认识很多志同道合的朋友，最重要的是在一次次的长跑过程中磨练了意志。

美食社

美食社经常会和学校的食堂合作，评选出食堂里最受欢迎的十个菜。而且每年这个社团都会组织全校的师生参加厨艺大赛，然后食堂的厨师们会评选出其中的美食。加入美食社，不仅可以认识到来自五湖四海的美食高手，互相之间切磋厨艺，还可以"指点江山"，四处寻找合肥的美食。

校园美食

芳华餐厅

西校区的芳华餐厅广受欢迎，不过价格略微贵一些。芳华餐厅最大的特色就是麻辣香锅了，不少东区同学会特地跑过来吃的。

东苑餐厅

东苑餐厅在东校区学生食堂的二楼，面积不算大，可是好吃的不算少。最特别的是这里的自助式取餐，饭菜全都装在盘子里，自己可以根据喜好随意搭配，在出口处统一结账，每天用不同菜做"排列组合"也是一大乐趣。

校园景点

樱花大道

说起樱花，大家最先想到的肯定都是武汉大学的樱花，但其实在中科大东校区内，也有一条闻名合肥的樱花大道，每到樱花盛开的季节，合肥市民就会涌入赏樱，拍照，留念。科大也非常的人性化，平时校园是不允许外人随便进入的，但是那个时候，会特意的对外开放。

郭沫若雕像

因郭沫若老先生是中科大的主要创建者之一。因此在东区校园里树立了郭沫若老先生的铜像，并将铜像所在的广场命名为郭沫若广场。除此之外，还因郭老用自己的稿费资助过奖学金，所以现在该奖学金已经成为中科大毕业生的最高荣誉，甚至享誉国外。

特色院系

物理学院

物理学院主要有两个方向特别强势，那就是量子通信和低温超导。比较有代表的老师就是潘建伟和陈仙辉，这两个人有多牛，可以自己去百度一下。同时物理其他一些方向也都在国内名列前茅，值得一提的是，物理有一个方向是关于弦理论的，全国只有几个学校有这个专业，感兴趣的同学可以试一试。

地球与空间学院

中科大的地球与空间物理专业在全国是排名第一的，而且在世界享有盛名，学院每年都会举行斯坦福-麻省理工-科大夏令营。

安徽景点
SCENIC SPOTS IN ANHUI
扫码
听不一样的景点故事

黄山
黄山归来不看岳，这里是道教圣地，云雾多，湿度大，降水多。
地址：安徽省黄山市黄山区

桃花潭
桃花潭内自然景观和人文景观融为一体，既有清新秀丽、苍峦叠翠的皖南风光，又有保存完整、风格独特的古代建筑。
地址：安徽省宣城市泾县桃花潭镇玉屏路

宏村
宏村依山伴水而建，村后以青山为屏障，地势高爽，可挡北面来风，既无山洪暴发冲击之危机，又有仰视山色泉声之乐。
地址：安徽省黄山市黟县宏村镇

棠樾牌坊群
棠樾牌坊群，明建三座，清建四座。乾隆下江南时曾誉棠樾村"慈孝天下无双里，衮绣江南第一乡"。
地址：安徽省黄山市歙县郑村镇棠樾村

九华山
九华山因有九峰形似莲花，因此而得名。这里素有"东南第一山"之称，至今保留着乾隆御赐笔金匾"东南第一山"。
地址：安徽省池州市青阳县九华山镇

包公园
包公园是为纪念北宋著名清官包拯而建，位于安徽省合肥市，属国家4A级旅游景区。
地址：安徽省合肥市芜湖路

天柱山
天柱山因独特的自然景观，名列安徽省三大名山之一。
地址：安徽省安庆市潜山县天柱山路

琅琊山
琅琊山是皖东有名的历史胜境，是全国首批获得AAAA级的旅游风景名胜区。
地址：安徽省滁州市南谯区览山路

胡氏宗祠
胡氏宗祠体量宏大，砖木结构，悬山屋顶，是典型的徽派风格。
地址：安徽省宣城市绩溪龙川村

李鸿章故居
李鸿章故居是典型的晚清江淮地区民居建筑。是合肥市仅存的规模最大的名人故居。
地址：安徽省合肥市庐阳区淮河路步行街中段208号

广东省
岭南窗口

广东省位于中国的最南端,与香港、澳门接壤,优越的地理位置使得它成为了祖国的"南大门"。

相比其他省份,这里的自然风光并不出众,丹霞山、海滨也并无二致。但是这里文化氛围开放,国内众多的文化产业都在这里发展良好。而广东美食、流沙包、叉烧和云吞面已然成为了独特的粤式风味,精致清淡,养胃可口。

SUN YAT-SEN UNIVERSITY
中山大学

听学哥学姐揭秘
你不知道的
中山大学

中山大学，创立于1924年，是国家"985工程"、"211工程"建设高校，目前共有四个校区，总面积达5.971平方公里，四个校区分别是南校区、北校区、东校区、珠海校区。

南校区
地址：广东省广州市海珠区新港西路135号

北校区
地址：广东省广州市越秀区中山二路74号

东校区
地址：广东省广州市番禺区大学城外环东路132号

珠海校区
地址：广东省珠海市香洲区唐家湾

特色建筑

永芳堂

南校区的永芳堂是为了纪念孙中山先生所建的,里有存放有孙中山先生的衣冠冢。虽然永芳堂和里面其他更老的建筑相比,风格更加现代,似乎有点格格不入,但是由于设计宏伟广阔,后来也成为了中山大公园的著名景点。

图书馆

中大的图书馆,又大又漂亮,南北两校的图书馆古朴厚重;东珠两校的图书馆现代气派,是以一本打开的书为造型设计的。四校图书馆的馆藏加起来超过六百万,不仅藏书丰富,而且实现了四校的馆藏流通,只要登录中大图书馆的网站就可以预约到不同校区的书籍,等到邮件通知预约成功之后就可以到自己所在的校区的图书馆前台拿书了,非常方便。

社团活动

AISEC 中大

AISEC 是第二次世界大战之后由七个不同国家的年轻人发起,由全球高校学生独立运营的青年组织,主要通过和公益组织和商业公司合作,为大学生提供海外公益项目体验机会的海外志愿者成长计划以及为本地大学生提供海外实习机会。

校园美食

福雪饺子馆

位于南校区小北门的福雪饺子馆是中大同学都十分爱去的一家东北菜馆,因为价廉物美,菜的分量实在,口味正宗而受到同学的欢迎。

张记芭蕾鸡

在中大珠海校区的北门外的小吃市场里,有一档张记芭蕾鸡,可以说在学生中间是无人不知无人不晓。和一般大火大烟的烤鸡不同,张叔的芭蕾鸡特别在于不是大火烤出来的,而是靠火的热量将鸡焖熟,火焰不会直接接触到鸡本身,这样烤出来的芭蕾鸡金黄油亮,焦脆而不焦黑,而且同学吃起来也不会上火。

校园景点

隐湖 & 岁月湖

隐湖位于中大珠海校区教学楼的西侧,光是名字里一个"隐"字,就引人遐想连篇,似乎有"大隐隐于市"的诗意感。隐湖种满了荷花,湖的中央有一个无人可至的小岛,四周还有争奇斗艳的花卉,遮天蔽日的树木,围成了一片别样的天地。

内环

内环坐落在东校区大学城岛上,岛上一共有三条环岛的公路:内环、中环和外环。内环是环绕着 2008 年举办亚运会而修建的一系列体育场馆,还有舒适宜人的中心湖,湖边平坦的草坪是年轻的大学情侣谈情说爱的好去处,沿着内环还可以依次经过大学城的十所高校生活区。内环全长大概 4.5 千米,车流稀少,路况良好,两边都有茂密的绿化树,非常适合进行慢跑运动。

特色院系

中山医学院

中山医学院是中大除了管理类专业之外最高分的学院,更是全国都有名的医学专业。在中大选读医学专业的同学有一个特别大的优势,因为中大有很多附属医院以及合作的医院,都是鼎鼎有名的三甲医院,光是在北校区附近就有三间大医院,给北校区同学们提供了大量且便利的实习工作机会。

经管类学院

与大多数大学只有一个经管类学院不同,中大有三个经管类学院,分别是管理学院、国际商学院,以及岭南学院。这三个学院录取分数相差不大,一般来说管理学院录取分数最高,但在某些地区岭南学院的分数也会高得直逼北大清华分数线。三个经管学院当中管理学院最老,且管理类专业较强,而岭南学院的金融经济类专业更强,国际商学院两项兼有,但是比较年轻,所以并不是非常成熟。

JINAN UNIVERSITY
暨南大学

听学哥学姐揭秘
你不知道的
暨南大学

暨南大学，是国家"211工程"重点建设大学。学校始于1906年，共有广州石牌、瘦狗岭、深圳、珠海、广州番禺五个校区，总占地面积约240万平方米。

石牌校区
地址：广东省广州市天河区黄埔大道西601号

瘦狗岭校区
地址：广东省广州市天河区瘦狗岭路377号

深圳校区
地址：广东省深圳市南山区侨城东街6号

珠海校区
地址：广东省珠海市香洲区前山路206号

番禺新校区
地址：广东省广州市番禺区兴业大道东855号

特色建筑

大拱门

暨大将拱门作为每个校区的正门，已经成为暨大的标志性建筑了。"暨南大学"四字是由叶剑英元帅亲手所题的。

万国墙

石牌校区的万国墙是一座橙色钢铁雕塑，记录了自1978年以来学生来源的所有国家。每一个新生到来，几乎都能在这堵墙上找到自己的国家或者地区的名字，找到一份归属感。

社团活动

新生训练营

暨大特色就是不用军训，但是有"新生训练营"这个特色活动，为期五天左右，但很轻松，不像传统军训那么艰苦。

北极光歌唱大赛

这个比赛是由学生社团联合会组织举行的，一年一次。每年到临近比赛的时候，就会有"北极光"的摊位在饭堂门口进行各种抢票小游戏，当然也有一些在微信上进行的线上的抢票游戏，所以抢到门票也不容易。而想要参加的同学，要经过严格的初赛和复赛，才能进入到最后的决赛。如果你在之前已经成为了学校艺术团的一员，你就可以不用参加初赛而直接进入复赛了。复赛和决赛选手的歌声都很好听，特别是决赛，光影效果和声效都很震撼。

校园美食

"口口香"饺子店

这是石牌校区附近最好吃的一家饺子店，价格十三四块，可以吃得超级撑。饺子都是现场手工制作的，口味很多，越吃越喜欢。

麻辣香锅

麻辣香锅在石牌校区附近，这是一家贵州人都说正宗的麻辣香锅，荤菜和素菜都按斤算价格。如果是比较能吃辣的广东人，平常吃微辣就合适了。

校园景点

情侣树

情侣树位于石牌校区图书馆门前的大草坪上，它其实是白色和紫红色的两棵紫荆花挨着生长，颜色鲜艳而分明。

金陵广场

石牌校区的金陵广场位于金陵苑宿舍的一楼，是一个架空的楼层，这是举办各式各样活动的好地方。

明湖

虽然夏有蚊虫冬有冷风，但石牌校区的明湖湖边小径仍是暨大观光旅游、散步的必经之路。无聊的时候坐在那里吹吹风，和朋友聊聊天，不失是一件乐事。提到明湖，就不得不提湖边的一座明湖楼了。每天饭点在明湖楼总会排起外卖长龙，因为一些靠近明湖楼的学生都会懒得跑到饭堂那么远去吃饭。

特色院系

国际学院

国际学院设立的专业其实和其他学院一样，只是它是全英语授课，学费会比普通学院的要贵，就连他们用的全英课本都比普通学生的教材贵三四倍。

艺术学院

艺术学院有四个专业，分别是音乐、动画、书法、电影编导。大众所熟知的"皇阿玛"张铁林是艺术学院的院长。"院长"这个头衔可不是挂名的，"皇阿玛"当年奔波了两年，辛辛苦苦筹备起了艺术学院。据艺术学院学生透露，张铁林院长经常会动用自己的人脉来给自己的学生拍电影拉赞助，还会在自己拍戏的时候给学生提供难得的实习机会。

SOUTH CHINA UNIVERSITY OF TECHNOLOGY
华南理工大学

听学哥学姐揭秘
你不知道的
华南理工大学

华南理工大学，组建于 1952 年，是国家"985 工程"、"211 工程"重点院校。分为五山和大学城两个校区，占地面积 294 多万平方米。

五山校区
地址：广东省广州市天河区五山路 381 号

大学城校区
地址：广东省广州市番禺区外环东路 382 号

 特色建筑

35号楼

五山校区的35号楼真是个奇葩，虽然只有6层，占地面积也不大，但可谓"麻雀虽小五脏俱全"，饭堂、图书馆、教室一应俱全，吃喝拉撒在这里就全搞定了。

图书馆

五山校区图书馆面迎珠江，气势雄伟，外形宛如张开的双臂，是大学城校区的标志性建筑之一。图书馆宽敞明亮，有空调，茶水间还有咖啡等饮料。平时来这里自习的同学不少，到了考试前期，大家更是蜂拥而至。

 社团活动

自行车爱好者协会

这个社团有"自行车义修"活动，还有非常炫酷的荧光夜骑，长假车协会带领小伙伴去骑行观光，体验各种有趣的活动。

华工法律援助社

这个社团不仅会邀请司法界和实务界的法律专家举办讲座，还会举办送法入校、送法入社区、法院旁听等志愿服务型活动，为大家提供一个实践交流的平台。

木棉羽毛球俱乐部

羽毛球俱乐部每年都会进行招新，不过如果你要进入这个俱乐部，技术还不行的话，就要提前练一练了，因为社团只招收有一定水平的同学，不招新手。进入社团会进行水平考试，在这里，可以和其他各学院的羽毛球爱好者切磋球艺，还可以认识到其他高校的同学。

 校园美食

"地沟伯"外卖

在五山校区的北九学生宿舍楼下每逢吃饭时间，不管吹风下雨，总会有一位卖盒饭的老伯伯，人称"地沟伯"。他卖的饭样式多变，味道胜过学校饭堂。

贝岗美食街

大学城校区的美食街联结了广东外语外贸大学和中山大学，街边各种美食，还有GOGO新天地，麦当劳和大型餐厅，还有购物商城和电玩游戏城，吃喝玩乐各项设施都齐全。

 校园景点

中心湖

中心湖位于大学城校区小谷围岛的正中心，中心湖面积广大，湖边青草依依，绿树环绕。

西湖

五山校区的西湖上有一个美丽的亭子，但这是情侣都不太想去的地方，因为它有个不吉利的名字——分手亭。

 特色院系

建筑学院

建筑学的同学开学会有素描考试，不及格就得说拜拜。想在大二转建筑学专业的同学大一期间必须十分努力的学习，还要学好素描。

电子与信息学院

电信学院的科研实验项目很多，可以说是全校动手实践机会最多的学院，而且华工电信是华南地区最好的，值得报选。

电力学院

电力学院只有三个专业：电气工程及其自动化，核工程，能源与动力工程。电院的电气工程及其自动化是华工的第二热门专业，录取分数居华工第二。如果想进入这个专业，广东省高考生排名大约在全省前4000名才有望进。如果想进入卓越班，那会更加困难。这么好的前景，想转这个专业的同学也是一大堆，因此真的是非常难转。另外，大一学的专业大部分都是全校开设的基础课，转专业的同学并不用担心大二会落下什么课程。

SOUTH CHINA NORMAL UNIVERSITY
华南师范大学

华南师范大学，入选中国首批"211工程"，始建于1933年。学校有广州石牌、广州大学城和南海三个校区，占地面积共3025亩。

石牌校区
地址：广东省广州市天河区中山大道西55号

大学城校区
地址：广东省广州市番禺区广州大学城外环西路378号

南海校区
地址：广东省佛山市南海区狮山镇南海软件科技园旁

听学哥学姐揭秘
你不知道的
华南师范大学

特色建筑

第一课室大楼

第一课室大楼是石牌校区最漂亮的教学楼，在网上搜华南师范大学，出来的很多图片就是这个建筑。

蝴蝶型教学楼

大学城校区的教学楼是呈蝴蝶型展开的，蝴蝶的两个翅膀中间有一个亭子，这里是毕业照的必拍之地，也是太极课、轮滑课等户外课程的上课地点。

社团活动

国际会议厅

国际会议厅在大学城校区行政楼的负一层，虽然位置比较偏僻，但它绝对是整个学校最高级的会议厅。阶梯座位、紫白交替的灯光，比较像电影院大厅。一些明星来学校宣传也会在国际会议厅，电影《少年班》剧组就曾在国际会议厅举行了华师站的校园巡回宣传。

荷花社

其实荷花社是一个在校澳门学生组成的自我管理服务社团，一年一度的澳门文化节是荷花社的特色活动，以游园会的形式举行，精彩纷呈。

扫舞盲

扫舞盲是由经济与管理学院学生会主办，以班级为单位，每一个经管学生都要参加的活动。男女同学在这时候要打破隔阂，牵手共舞。绯闻情侣由此诞生，再给力一点，班对的出现也不是不可能。由于经管学院阴盛阳衰的局面，除了少数幸运的女孩子能够与男生起舞，其他的可就要悲催地女女搭配了，所以，女生记得要主动，不然小鲜肉就是别人的了。

校园美食

陶园

在周末陶园餐厅就会提供早茶，外省的同学可以在自家校园里体验到广式早茶特色，而且陶园是石牌校区一天经营时间最长的餐厅，从早餐到宵夜，想吃就能去。

小贝岗

大学城校区的小贝岗是一班"走鬼"聚集翰园和教学区之间的十字路口形成的美食带，虽然不是很讲卫生，但胜在选择多样化，时间也很灵活，每到下课时间都挤满了人。

校园景点

情人桥

在石牌校区有一条著名的情人桥，它弯弯曲曲地迂回在湖面上，桥周围绿化很好，在情人桥上吹吹风、散散步也是极好的。

楼梯瀑布

有人叫华南师范大学为"滑湿"。名字来源于一条神奇的楼梯。华师石牌校区建造历史悠久，排水系统并不是很好。每逢雨季，雨水就会沿着旧校区的楼梯一泻而下，宛如一条气势磅礴的瀑布。

异木棉

石牌校区，木棉树遍布整个校园。每年的2、3月，木棉花开，到处都是花团锦簇，一片嫣红，使整个学校都充满着浪漫的气息。走在校道上，踩着软绵绵的花瓣，整个人有一种轻飘飘的感觉，心里十分舒畅。不仅是校内同学，很多市民也会在这时特意来赏花。

特色院系

体育科学学院

作为一所重点大学的学生，体育科学学院的同学打破了会读书的都是弱君子的形象。华师有超过国家标准的体育馆、运动场，这都为体科同学提供了很好的硬件。

教育信息技术学院

华师有三个国家级重点学科，教育技术是其中一个，有师范生也有非师范生。它包括摄影、新闻学和传播学三个本科专业。达到毕业与学位要求者，按所选专业颁发毕业证书和学位证书。教育信息技术学院的同学在毕业时会被授予文学学士学位。这个专业同学以后主要是从事中小学计算机教育，也有很多人选择去电视台、医疗公司、出版社、广告界等行业，工资待遇在应届毕业生中都是属于高的一类。

广东景点
SCENIC SPOTS IN GUANGDONG
扫码
听不一样的景点故事

丹霞山
景区内有世界上独一无二的阳元石、双乳石等等，是科学和文化之山。
地址：广东省韶关市仁化县和浈江区

东坡纪念馆
史上苏轼被贬惠州时，解决了当地饮咸水湖的问题，因此广东惠州建立了东坡纪念馆。
地址：广东省惠州市惠城区西湖孤山

广州塔
广州塔昵称小蛮腰，有5个功能区和多种游乐设施，是中国第一高塔，世界第四高塔。
地址：广东省广州市海珠区阅江西路222号

黄花岗七十二烈士墓园
烈士墓园是为纪念孙中山领导的同盟会在广州"三·二九"起义战役中牺牲的烈士而建的。
地址：广东省广州市越秀区先烈中路

南澳岛
这里早在明朝就有了"海上互市"的称号，海鲜种类繁多，是海味爱好者的天堂。
地址：广东省汕头市南澳县

长隆野生动物世界
长隆野生动物世界以大规模野生动物种群放养和自驾车观赏为特色，被誉为"中国最具国际水准的国家级野生动物园"。
地址：广东省广州市番禺区大石镇礼村路

罗浮山
罗浮山是罗山与浮山的合体，历史上许多文人骚客曾在此游览并留下无数文化遗存。
地址：广东省惠州市博罗县

南华禅寺
南华寺是中国佛教名寺之一，是禅宗六祖惠能弘扬"南宗禅法"的发源地。
地址：广东省韶关市曲江区马坝镇

锦绣中华
锦绣中华是目前世界上面积最大、内容最丰富的实景微缩景区，亦称"深圳小人国"。
地址：广东省深圳市

西樵山
西樵山是一座历史悠久的死火山，被评为首批国家AAAA级风景名胜区。
地址：广东省佛山市南海区西樵镇

广 西
南疆山水甲天下

　　广西壮族自治区是一个有众多少数民族的地方，这里聚集了壮、瑶、苗、彝等民族，风情独特。千百条河流聚集在这里，亚热带雨林气候孕育了丰富的动植物资源，还有奇特的喀斯特地貌，漓江边山环水绕，还有涠洲小岛遗世独立，不列入国内旅游排行榜前五名简直有愧于这得天独厚的自然资源。

GUANGXI UNIVERSITY
广西大学

听学哥学姐揭秘
你不知道的
广西大学

广西大学，国家"211工程"高校，于1928年创建。学校占地面积约4605亩，有一个校区。

校本部
地址：广西省南宁市西乡塘区大学路100号

特色建筑

东体育馆

体育馆前的足球场上有一个金三角野战训练营，提供激光枪、服装、帐篷等设备以及掩护场所，近来非常流行。

图书馆

说到图书馆，那是爱看书之人来到校园后重点关注的对象，而西大图书馆是广西建筑面积最大，设施最先进，现代化程度最高的图书馆。西大图书馆也对校外人员开放，但校外人员一年要交六十块会费，两百多块押金。

社团活动

公关协会

这是一个致力于挖掘学生交际潜力的社团，目的在于把学生打造成闪着成熟笑容与自信的公关小能手。

杨氏太极拳协会

在这里小伙伴们可以以东方哲学领悟生命的律动，体会刚柔并济之美。一阴一阳，妙手一运一太极，太极一运化乌有，急缓相间，行云流水，在内外兼修的过程中让心中正轻灵，颇能修身养性。

校园美食

手抓饼

刚出炉的手抓饼那叫一个酥，外层薄如纸，一碰就碎，手撕开来，饼的丝丝络络相连，外面金黄酥脆，里面柔软甜香。

杭州老牌蒸饺

这家店便宜又好吃，一笼蒸饺三块五，白菜猪肉馅，虽说简单，可是一吃进去会很惊喜。

卷筒粉

卷筒粉就是用工具把调好的生米粉铺在板上，然后加各种料，比如酸菜、玉米、叉烧等，用工具卷起来，混搭起来，味道更赞！

重庆酸辣粉

酸辣粉几个字概括就是辣、酸、香、滑，把粉吸到口里，滋溜滋溜的，那叫一个酸爽！酸辣粉里面放了三四只虾，是完整的虾，还放了一些鱿鱼，价格略贵，可以上美团去买，就可以省不少钱了。

校园景点

碧云湖

碧云湖被西大全体师生公认为西大最美的景点，但它的美已早不如前，因为受到了一些污染。

小树林

建小树林里有一种像决明草的树，它会开金黄色的花，大片落在地上，很美。

大榕树

这个叫大榕树的地方，不是指一棵大榕树，而是许多榕树。虽然这里没什么美景，但是太极协会每天下午会在这里进行练习。晚上大榕树旁会有一盏大路灯点亮，只能照射到其中一块区域，形成一种忽明忽暗，若隐若现的视觉感，所以有时会有一些童鞋在这里举办小聚会之类的活动，连灯光都不用打，自带烛光晚餐特效。

特色院系

农学院

农学院出来以后，可以选择成为种植技术员，越老越吃香，还可以到植物保护站服务基层。

商学院

西大商学院本科研究生教学体系是在滇黔桂西南地区最大的，国际交流方面，和美国、日本、新西兰和东南亚各国建立了长期的合作关系。

法学院

现在这个以法治国的社会，不管走到哪，都有法律的约束，只要有足够的耐心，学点法律还是很有用的。

广西景点
SCENIC SPOTS IN GUANGXI
扫码
听不一样的景点故事

漓江
漓江沿江河床多为水质卵石，泥沙量小，水质清澈，两岸多为岩溶地貌，旅游资源丰富，著名的桂林山水就在漓江上。
地址：广西省桂林市灵川县

阳朔西街
阳朔西街是阳朔最古老最繁华的街道，明城墙、碑刻、古寺、古亭、名人故居、纪念馆等这些古老的建筑保存皆较完整。
地址：广西省桂林市阳朔西街

九马画山
九马画山五峰连属，东南北三面环山，西面削壁临江，宛如一幅神骏图，便称此山为"九马画山"。
地址：广西省桂林市阳朔县兴坪镇漓江边

黄姚古镇
黄姚古镇有着近千年历史，是"中国最美的十大古镇"之一。
地址：广西省贺州市昭平县黄姚镇

姑婆山国家森林公园
森林公园是天然的动植物王国，被誉为"华南地区最大的天然氧吧"。
地址：广西省贺州市八步区姑婆山大道

龙母庙
龙母庙是为纪念战国时期南方百越民族女首领"龙母"而兴建的庙宇，与广州陈家祠、佛山祖庙齐名为"岭南古建筑三瑰宝"。
地址：广西省梧州市城北桂江东岸

柳侯祠
柳侯祠是柳州人民为纪念唐代柳宗元而建造的庙，祠内陈列有许多文物及史料，反映了柳宗元的生平和政绩。
地址：广西省柳州市城中区解放北路

涠洲岛
中国最大、地址年龄最年轻的火山岛，岛上植被茂密，风光秀美，有南海"蓬莱岛"之称。
地址：广西省北海市南北部湾海域

北海老街
北海老街——珠海路是一条有一百多年历史的老街，是中西合璧骑楼式建筑。
地址：广西省北海市海城区珠海路

龙脊梯田
这里有"世界梯田之冠"的美誉，景观开阔，是以农耕文化为主体的观景区。
地址：广西壮族自治区桂林市龙胜各族自治县

海南省
天涯海角此处寻

　　海南省是中国陆地面积最小的省份,却是海洋面积最大的省。这里是世界一流的旅游胜地,气候宜人,鸟语花香,热带雨林、红树林,三亚、西沙群岛浪漫舒适,是休闲旅游的不二之选。漫步在天涯海角边,海风迎面,潜入海里看各色生物,在沙滩上烧烤夜啤,身心愉悦,舒服至极。

HAINAN UNIVERSITY
海南大学

听学哥学姐揭秘
你不知道的
海南大学

　　海南大学，坐落在海口市，是国家"211工程"重点大学。2007年组建而成，有海甸、城西和儋州三个校区，总占地面积5200余亩。

海甸校区
地址：海南省海口市美兰区人民大道58号

城西校区
地址：海南省海口市龙华区学院路4号

儋州校区
地址：海南省儋州那大镇宝岛新村

特色建筑

本部图书馆

图书馆北楼下的苏轼壁画和简介占据了整面墙，古朴典雅的风格每每都能把学生们诱惑到图书馆。图书馆楼下还有一个很有味道的露天影院，充满了情调和文艺气息。

本部学院楼

这个学院办公楼是海南大学最高的楼，楼顶全是各种创意爆棚的涂鸦，美美萌萌的各种版本。最重要的是从楼顶可以完完整整俯瞰海口的美景，是海大学生晚上纳凉、聚会、赏月的绝佳去处。

本部思源学堂

思源学堂是海南大学最高级别的大礼堂，作为学校的大礼堂，迎新晚会、毕业汇演、名人演讲都是在这儿举行。它每周都会放一部电影哦，而且是全校学生的避暑圣地。

社团活动

在路上自行车协会

在路上自行车协会每次出去骑行可都是有航拍的，活动多不胜数，非常有活力，绝对不容错过。

快乐追梦坊

快乐追梦坊绝对是青年新秀后来居上的优秀协会。最牛的活动当属举办了两届的校园版"职来职往"。快乐追梦坊就像它的名字一样，把成长收益放在第一位，把经济收益放在第二位，四年来为广大学子提供了诸多的社会实践机会，其中两次"职来职往"更是直接获得企业的聘书，其中不乏东风日产、智海王潮等知名企业。

校园美食

海南第一家（清补凉）

毫无疑问清补凉绝对是海南饮食文化中的标杆，海甸校区的海南第一家可以随时去随时吃，而且还可以免费续杯。

北门的川香王

海甸校区的川香王这家店是典型的酒香不怕巷子深，它就静静地待在角落，没有广告，没有传单，但是生意的火爆程度就是对美味最大的肯定。

校园景点

本部东坡湖

东坡湖，大家一想便知说的是苏轼。为了纪念苏东坡在海南生活的三年，海南大学就把这个湖改名为东坡湖。

本部西门世纪大桥

世纪大桥虽然不属于海南大学校园景点，但绝对是海大学生私享的美景，每天早晚在学校的最高楼看世纪大桥的美景绝对是奢华的享受。

本部荷花池

荷花是我国的传统名花。在海南大学海甸校区的荷塘路，每年6月至9月期间，荷花池是校园一道独特的风景线。荷花池四周的椰子树和榕树也为荷花池增添了几份氤氲，因为有这个地方，学校还重新翻修了旁边的主干道，如此一来每天下午大家都更愿意沿着荷花池走路去南门了。

特色院系

经济与管理学院

海南大学的11个专业里当属金融学最难学，最可气的是保研名额很少，可怜学霸们只能重新加入考研大军。

食品学院

食品学院的课程很有趣，期末考试的作业可能是带学生去实验室腌泡菜，七天之后开封，按照泡菜的好吃程度来量化成绩考核。

法学院

法学院不管在哪所大学都是神一般的存在，不仅因为难学，而且法学院的都是学霸。

海南景点
SCENIC SPOTS IN HAINAN
扫码
听不一样的景点故事

南山
南山历来被称为吉祥福泽之地，"福如东海，寿比南山"则更道出了南山与福寿文化的悠久渊源。
地址：海南省三亚市市辖区

亚龙湾海底世界
海南最南端的半月形海湾，有"天下第一湾"的美誉。
地址：海南省三亚市田独镇六盘路附近

蜈支洲岛
"中国第一潜水基地"，更宁静，更清丽，被称作中国的马尔代夫。
地址：海南省三亚市海棠湾镇蜈支洲岛

天涯海角风景区
天涯海角背对马岭山，面向茫茫大海，是海南建省20年第一旅游名胜，新中国成立60多年海南第一旅游品牌。
地址：海南省三亚市市辖区天涯镇

海南热带野生动植物园
中国首家以热带野生动植物博览、科普主题的AAAA国家级景区，是浓缩海南岛动植物精华的天然大氧吧。
地址：海南省海口市秀英区东山镇

海瑞墓
海瑞墓始建于明万历十七年（1589年），是皇帝派许子伟专程到海南监督修建的。
地址：海南省海口市龙华区丘海大道

大小洞天旅游区
是著名的道教文化风景区，以其秀丽的海景、山景和石景号称琼崖第一山水名胜。
地址：海南省三亚市市辖区

辽宁省
东北海滨的东方鲁尔

"辽宁"两字寓意"辽河流域，永远安宁"。辽河流域是中华民族的文化发祥地之一，从秦王朝至今，各朝历代在这方土地上留下了众多文化古迹。2177公里的海岸线风光绝伦，集名山、秀水、奇洞、异石于一身，加上大连、沈阳等宜居城市使得辽宁省"东方鲁尔"的美称名副其实。

在这里，冬赏冰雪夏避暑，游山玩水可谓四季皆宜。

DALIAN UNIVERSITY OF TECHNOLOGY
大连理工大学

听学哥学姐揭秘
你不知道的
大连理工大学

大连理工大学，是国家"985工程"、"211工程"重点建设高校。建于1949年，有三个校区：主校区、盘锦校区和开发区软件学院校区。总占地面积433万平方米。

主校区
地址：辽宁省大连市甘井子区凌工路2号

开发区软件校园校区
地址：辽宁省大连市金州区经济技术开发区图强街321号

盘锦校区
地址：辽宁省盘锦辽东湾新区大工路2号

特色建筑

图书馆
主校区的这个图书馆外号叫"令希大酒店",因为他从里到外都是如此的高大上,可与酒店媲美。

山上礼堂
山上礼堂位于主校区,看名字,略显华丽。看外观,却略显破旧。在课余时间,学累了,犯困了,去山上礼堂听一次百川讲堂的风趣讲座,或者观看一场高大上的舞蹈演出,都是一次心灵的洗礼。

社团活动

单车旅行者协会
虽然大连并不常见自行车,但是周末参加一些骑行活动,去野外踏青,赏花开花落,看漫卷云舒,对于不爱交际的学生,何尝不是一个恰当的选择?

绿窗协会
开一扇绿窗,让世界洒满阳光。只要我们多做善事,勿以善小而不为,世界会更加美好。

校园美食

乡麦大盘鸡
主校区这家店,大盘鸡的鸡肉事先被油煎过,又被卤汁浇过,有股淡淡的香料气味。鸡肉鲜嫩,土豆块软糯,再和着泡过鸡汤的米饭一起入口,好吃得连筷子都想一并吞掉。

鸡蛋灌饼
"九舍鸡蛋灌饼"之前只是一个小摊,常年驻扎在九舍旁边的小街道里,经常被保安人员以影响交通为由而驱赶。后来搬到民勇美食广场下面,有了一个固定的门面,一直都是生意火爆,价格亲民。

海龙麻辣拌
主校区正宗的"海龙麻辣拌"对每个爱吃辣的人来说,都是不可抗拒的诱惑。这里以前只有一楼的一个小门面,但每天订单多到老板娘数不过来。店里无时无刻能见着三两好友,或者恩爱的情侣,坐在靠窗的座位上,一边聊天,一边享受美食。

校园景点

情人路
情人路是大连理工主校区里最美的一条路,周围一排排笔直的水杉更是永远看不厌的风景。

银杏树
尽管校园里有香樟树、松树等等古老的植物,然而主校区的银杏一定是很多人关于大连理工的独家记忆。

玉兰花
"如此高花白于雪,年年偏是斗风开。"用这句诗形容主校区的玉兰,是再合适不过。20世纪50年代初,为美化校园,屈伯川老校长特别要求每一位到南方出差的教师员工,要带回一株花木,玉兰就这样落户校园,在此后的岁月里,经过精心培育,本是南方品种的玉兰在大连理工这片土地上扎根生长。

特色院系

工程力学系
大连理工的工程力学一直是王牌学科,在该专业有一句话广为流传,"学在大工,死在力学"。可见力学是真的不好学。

机械工程学院
机械工程算是学校的王牌学科,不过都是典型的"和尚班",女生很少,想报机械的妹子一定要慎重考虑。

土木工程学院
土木工程一直都是该校报考的热门专业,分数居高不下。很多人一开始总是分不清土木和建筑的区别,还有人嚷嚷着想考土木建筑的。建筑,指的是如何设计房子外观、内部,而土木就是如何保证建筑的结实和安全。虽然在综合实力上,大连理工土木与同济大学、清华大学等尚有差距,但与东南大学、天津大学等难分伯仲。

NORTHEASTERN UNIVERSITY
东北大学

听学哥学姐揭秘
你不知道的
东北大学

东北大学，国家首批"985工程"、"211工程"重点建设高校，始建于1923年，占地总面积253万平方米，共有沈阳南湖、沈阳浑南、秦皇岛三个分校。

沈阳南湖校区
地址：辽宁省沈阳市和平区文化路3号巷11号

沈阳浑南校区
地址：辽宁省沈阳市浑南新区智慧大街500号

秦皇岛分校
地址：河北省秦皇岛市经济技术开发区泰山路143号

 特色建筑

建筑学馆

浑南校区的建筑学馆是一所临时图书馆，虽然没有校本部图书馆的书多，但日常借阅、学习肯定是绰绰有余的。

文管学馆

文管学馆位于浑南校区中部区域，中轴线西侧，分为A、B两座建筑，通过连廊连接，主要于来办公和教学。教学楼内部结构和院系分布略复杂，如果刚进校需要一段时间熟悉适应。

图书馆

奥斯特洛夫斯基曾说："人的一生，可能燃烧，也可能腐朽"。图书馆就是这样一个能让人燃烧的地方：她藏书丰富，初步形成了有着自身特色的藏书体系；她宽敞明亮，内设桌椅，方便学生阅览自习。不得不说，图书馆就是"学霸"的天堂，也是让"学渣"们"起死回生"的地方。

 社团活动

社团统筹管理部

这个部门的工作其实相对单一，但是因为职能所在，偶尔也能体验一下管理社团的优越感。

文化宣传部

在这个社团里可以学到很多有用的电脑技术，比如海报制作、PPT运用、PS和视频剪辑等，无论是用于生活还是将来的工作，这些技术都可以为以后的工作、生活提供便利。

 校园美食

炖顿香风味快餐

南湖校区这家餐厅虽然外表不突出，不过菜的味道很好。餐厅已经开了好几年了，老板和老板娘人很实诚，值得一去再去。

四川特味

南湖校区这家店店面很好看，服务特别好，东西量大实惠，味道也超赞。

 校园景点

拓荒牛雕塑

雕塑位于南湖校区，是东北大学建校九十周年时，深圳该校友向母校捐赠的一尊拓荒牛。它的意义在于激励大家勇敢地去挑战、去突破自己。

 特色院系

理学院

理学院在南湖校区，楼名叫"建筑学馆"，是欧式建筑，很有观赏价值。理学院无疑是理工男的天下，但是理科好的妹子进到里面会有很多福利哦。

材料与冶金学院

材料与冶金学院在东北大学是具有举足轻重的地位，研究生教育非常受重视，目前各类研究生总数和本科生总数的比例达到了1:1。

LIAONING UNIVERSITY
辽宁大学

辽宁大学，是国家"211工程"重点建设院校之一。初创于1948年11月，学校有三个校区，即沈阳崇山校区、沈阳蒲河校区和辽阳武圣校区，教学区占地面积2016亩。

崇山校区
地址：辽宁省沈阳市皇姑区崇山中路66号

蒲河校区
地址：辽宁省沈阳市道义经济开发区道义南大街58号

武圣校区
地址：辽宁省辽阳市青年大街38号

听学哥学姐揭秘
你不知道的
辽宁大学

特色建筑

哲理楼

在颇有些简化版"斯大林式"建筑风格的崇山校区，有一栋被辽大校友认为最值得保留的老建筑，就是现在的哲理楼。这是一栋俄式三层小楼，金黄的银杏叶衬着覆盖在楼上的爬山虎，别有一番韵味。

艺馨楼

名为"艺馨"，寓意学校把培养德艺双馨的人才放在首位。蒲河校区的艺馨楼内设有标准化的演播室、表演厅、琴房、练功房、画室、摄影实验中心等，环境优雅。楼顶开放式的观景台，成为学生交流思想、获取灵感的平台。艺馨楼并不出名，但从艺馨楼里走出来的许多学生却为人们所熟知。他们参加全国主持人大赛和艺术节展演，才华四溢让人们记住了辽大广播影视学院和艺术学院。《刘老根》《马大帅》《乡村爱情》等一部部电视剧的热播，饰演小翠儿、小芸、香秀、谢永强等角色的演员就是曾在艺馨楼里读书的学生。

社团活动

舞者使命

舞者使命社团是辽大蒲河新校区唯一的街舞社团，热爱街舞的你就千万不能错过啦！社团会有专业、定时的街舞课程；还频繁地和其他学校街舞社团的交流并且不定时地参加和举办各种文艺活动。

新世纪英语协会

新世纪英语协会是辽宁大学最大的英语社团，举办了很多很多的活动，不得不提到的是新世纪的晨读，你可以和一些志同道合的好朋友一起学习英语，在晨曦中感受清晨清新的空气。

青年志愿者协会

青年志愿者学会和一些孤儿院、敬老院、社会团体建立了长期、亲密的联系。协会会组织大批次的志愿者到孤儿院看望孤儿，传递温暖；到敬老院扶助老人，表演文艺节目，为老人送去欢歌笑语。使更多的人关注社会的弱势群体。如果你有一颗爱心，有责任感，想要锻炼自己，那就加入进来体验一番。

校园美食

不二神奇火锅面

在崇山校区的回民食堂，火锅面不管是哪一种口味都很美味，当然这里人也是爆多的，所以建议不要在饭点去，因为排队实在是太长了。

韩国料理

崇山校区这家店生意很火爆，有和蔼可亲的韩国姐姐和欧巴精心布置过的档口，走过去一定会听到韩语的欢迎光临，亲切而又有礼貌。由于店主是韩国人，店员也都是朝鲜族，无论是选料还是烹饪都很严格，就连每份料理都有一份免费的精美开胃小菜、开胃汤。小店也零售韩国饮料，好喝且不贵。

校园景点

银杏路

辽大崇山校区的银杏路在十月的沈城成为了人们赏景郊游的好去处。一到秋季，一条一百多米的银杏路上金灿灿一片，地上的树叶金黄金黄的，形成一片银杏地毯，写尽了秋天的美丽。

喷泉广场

蒲河校区喷泉广场的形状很像一个八卦阵，总是被同学们调侃，但它只有在开学季、毕业季时才可以一睹它的风采。虽然难得，不过喷泉喷起来的时候确实壮观漂亮。

特色院系

艺术学院

辽宁大学艺术学院之前叫本山艺术学院，现在有表演、戏剧影视导演、戏剧影视文学几个专业方向，建有排练场、摄影棚、实习剧场等高水平的设施。小帅哥们来到学校参加开学典礼的时候就可以一睹艺术学院的风采了。

经济学院

经济学院始建于1984年，前身可以追溯到1952年新中国成立时的第一所财经类院校——东北财经学院。经济学院所在的楼叫则行楼。中央电视台原台长焦利，万达集团董事长王健林等都是辽大经济学院走出的知名校友。

DALIAN MARITIME UNIVERSITY
大连海事大学

大连海事大学，原大连海运学院，于1994年更名为大连海事大学，国家首批"211工程"重点建设高校，共一个校区，占地面积137万平方米。

校本部
地址：辽宁省大连市甘井子区凌海路1号

听学哥学姐揭秘
你不知道的
大连海事大学

特色建筑

新游泳馆
新游泳馆里面的热水淋浴很是酸爽！冲劲特别大，打在背上感觉很舒服。

体育馆
体育馆是个圆形的建筑，很多室内体育课都在体育馆里上，比如柔道，太极，女子防狼术等等。

教学楼
海大的校训是"学汇百川，德济四海"，教学楼里就有这四栋楼是用校训命名的，分别是学汇楼，百川楼，德济楼，四海楼。学汇楼是个整体圆形的建筑，而剩下的三座楼都是新楼，并成一排，很多课都在这里面上，环境也不错，空调全天开放，24小时热水，还有自动贩卖机！

社团活动

校学生会
大连海事大学学生委员会是学校最大的社团，权力最大，管理范围最宽，确实是无可置疑的人才辈出之地。

军乐团
军乐团是全校唯一一个发津贴的社团，不过每天都要起早去训练，据说，每次校长会见外宾，会叫军乐团演奏，有奖金。

校园美食

一二餐厅
学校的一二餐厅在东山，因为东山都是汉子，菜的分量都很足，而且有的窗口还可以免费加饭。

黑石礁
黑石礁值得推荐的就是大盘鸡，这个大盘鸡好吃到两家店每到晚上就卖到没货的程度！

3.5食堂
这个食堂正式的名称是西山培训餐厅，比较小，因为位于四餐厅和三餐厅之间，所以俗称3.5食堂。3.5食堂价格便宜，晚上开到十点，是唯一一个晚上还开着的食堂。

校园景点

罗马柱
这是八根罗马建筑风格的大柱子，与科技会馆、图书馆和学汇楼形成一个圆形，非常壮观。

心海湖
真正能称得上是海事一景的还得是心海湖，这是为庆祝大连海事大学百年校庆而创建的观景湖，湖里养了很多金鱼，湖畔还有很多供学生们休息观景的假石。

特色院系

航海学院
这个学院主要专业就是航海技术，是海事大学的王牌学院牌中的王牌专业，整个学院大概一千余人，清一色的汉子！

信息科学技术学院
近年来海事的强势专业不景气，所以一直靠信息院拉就业率，因为信息这个东西有固定的需求量，海事信息院的毕业生找工作都还不错。

法学院
虽然法学院人数不多，但有个专业以前也是海大的王牌，现在也是录取分数最高的专业，最被外人知道，就是海商法！

外国语学院
俗话说：窈窕淑女，君子好逑，外国语学院里美女如云，其他学院的男生们加油吧！

辽宁景点
SCENIC SPOTS IN LIAONING
扫码
听不一样的景点故事

星海广场
这是世界上最大的城市广场，位于中国大连市，是大连市的城市标志之一。
地址：辽宁省大连市沙河口区中山路

丹东鸭绿江断桥
原为中朝界河鸭绿江上第一座大桥，抗美援朝期间大桥被美军炸毁，中方一侧残存四孔，成为抗美援朝战争的重要历史见证。
地址：辽宁省丹东市振兴区江岸路

沈阳故宫博物院
清代入关前，其皇宫设在沈阳，迁都北京后，这座皇宫被称作"陪都宫殿""留都宫殿"，后来就称之为沈阳故宫。
地址：辽宁省沈阳市沈河区沈阳路171号

兴城古城
兴城古城是中国十佳古城，是我国目前保存最完整的四座明代古城之一。
地址：辽宁省兴城市老城区中心

张氏帅府
张氏帅府是张作霖及其儿子、伟大爱国者张学良的官邸和私宅。
地址：辽宁省沈阳市朝阳街少帅府巷48号

千山风景名胜区
千山由近千座状似莲花的奇峰组成，亦是道教全真派圣地。
地址：辽宁省鞍山市东南17公里处

凤凰山国家森林公园
凤凰山森林公园是朝阳市最大的旅游景点，风光秀丽，是中外游客参观游览的好去处。
地址：辽宁省朝阳市双塔区菩提路

万佛堂石窟
中国东北地区年代最早规模最大的石窟群，被誉为中国北方石窟造像艺术宝库。
地址：辽宁省义县万佛堂村大凌河北岸

青岩寺
这是闾山主要浏览胜地之一，建于北魏，盛于中唐，至今已有一千五百年的悠久历史。
地址：辽宁省锦州市北镇市常兴店镇717县道

沈阳植物园
荟萃了世界五大洲及国内重点城市的园林和建筑精品，共有100个展园分布于南北两区。
地址：辽宁省沈阳市东陵区

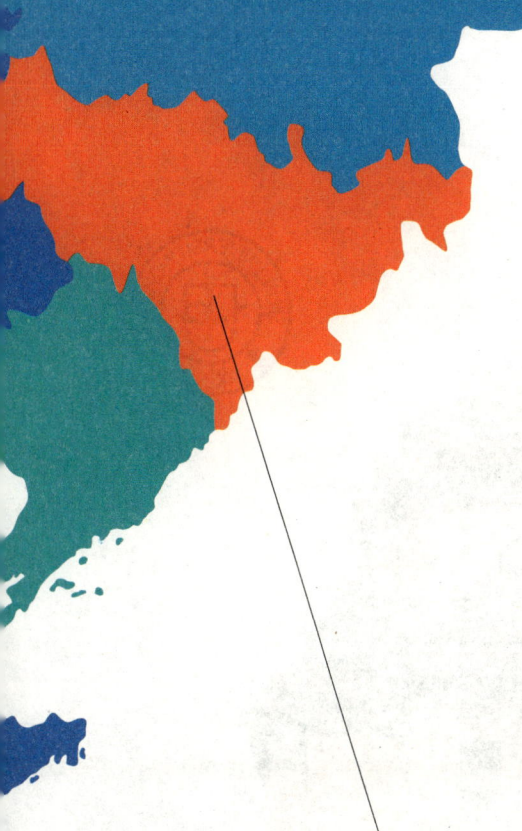

吉林省
东北大省的湖光山色

　　吉林省位于中国东北地区，处在与日本、韩国、俄罗斯、朝鲜、蒙古与中国东北部组成的东北亚几何中心地带。这里夏季高温多雨，冬季寒冷干燥，有神秘的长白山自然保护区，国家级的净月潭森林国家公园，还有大片湿地丰富着这里的自然景观。在冬季，可以感受漫天飞雪，更有雾凇这一个神奇的景致为其添加了北方特有的魅力。

JILIN UNIVERSITY
吉林大学

吉林大学，坐落在吉林省省会长春市，始建于1946年。是国家"985工程"、"211工程"重点建设高校。学校有6个校区，占地面积为661万平方米。

前卫校区
地址：长春市高新区前进大街2699号

朝阳校区
地址：长春市朝阳区西民主大街6号

新民校区
地址：长春市朝阳区新民大街828号

南湖校区
地址：长春市朝阳区南湖大路5372号

南岭校区
地址：长春市南关区人民大街5988号

和平校区
地址：长春市绿园区西安大路5333号

听学哥学姐揭秘
你不知道的
吉林大学

校园景点

五月花广场

这是当之无愧最能代表吉大的景点。它的地理位置优越,在前卫校区,规模足以让人震撼。春天的广场是最漂亮的,道路两旁开满了各式各样的花,说是人间仙境也不足为过。

清湖

不要想歪,这里没有白娘子,也没有许仙。前卫校区经过重新规划调整的青湖,周围修了特别具有艺术气息的小木屋,每天早晨都有很多人去那里读书,出了小木屋还有修建整齐的花圃和园艺,刚开学的时候花开的正旺,再加上一池塘的荷花,简直美翻了。

特色院系

商学院

吉大的商学院竞争是非常激烈,学霸都聚集在了会计班,所以招生的时候,会计专业的分数也是最高的,报考的同学们要做好准备。

车辆工程

吉大车辆的工程的优势主要在于两点,一是悠久的历史,绝大部分大学车辆专业的骨干教师都是吉大出来的,采用的都是吉大的教材。第二是就业形势一直很好,去一汽大众、去奥迪都不算困难。

法学院

吉大法学是中国四大法学之一(北京大学、西南政法大学、吉林大学和华东政法大学),是中国法学理论很牛的大学。法学院的教室是单独装修的,改造成了一个大法院。关于就业,就拿金杜律师事务所来说,作为中国数一数二的律师事务所,大家都说它是吉大法律人的事务所,因为创始人和优秀的律师都是从吉大走出去的。

特色建筑

图书馆

前卫校区的图书馆是六个校区中最高大上的图书馆,外面有一面是玻璃的,视野特棒。图书馆一楼是24小时开放的,有消费区。

体育馆

南岭校区体育馆一楼是篮球场,在这里打球是要收费的,不过配有浴室,运动完可以直接冲凉。

东荣大厦

这是一所综合性的建筑,位于前卫校区,分A、B两个区。A区主要是教学办公室、一般很多辅导员都在一个办公室,学校里经常会有许多事要处理,所以这是大学四年经常跑的地方。B区主要就是会议室,很多节目在这里进行。

社团活动

育苗支教

社团去支教的地点有很多选择,最南到海南,往西到四川,往北到黑龙江,但是支教的地区条件都比较艰苦,所以要做好心理准备。

AIESEC

这是一个非常棒的国际社团,同时也是最烧钱的组织。这个社团会组织去海外的某些国家进行教学活动,给你带来生活上的变化,让你有新的视角。

企模

这个社团最吸引人的就是"家文化",他们有企模实验室,那就是一个小家,每个人在那里都会觉得温暖。大家一起做狼人游戏,一起玩真心话大冒险,一起订外卖,打比赛,企模家文化的影响力深入人心。如果你想成为商业精英,如果你想交友,那么企模就是一个非常棒的平台。

校园美食

艾米大鸡排

前卫校区的鸡排是主打,绝对压倒性的优势,因为你就会看到在另一个角落还存在一家鸡排店,但基本无人问津。

汪家村

这家店位于前卫校区,早餐时间的队伍可以来回折两个弯,而且大家都会很乐意排队,因为吃一顿能让心情美美的早餐是很重要的。

231

YANBIAN UNIVERSITY
延边大学

听学哥学姐揭秘
你不知道的
延边大学

延边大学，地处吉林省延吉市，是国家"211工程"重点建设大学。学校始建于1949年，占地296万平方米。

校本部
地址：吉林省延吉市公园路977号

特色建筑

综合楼

延大最有特色的建筑当然非综合楼莫属啦,综合楼正对着延边大学校门,能给人一种非常宏伟、庄严的感觉。教学楼的外观设计也非常漂亮,有点像城堡,给人一种西式建筑的感觉,所以吸引了很多校外的人士前来参观,同时也吸引了诸多即将步入婚姻殿堂的新人来拍结婚照,这里还是毕业生拍毕业照必不可少的地方。

科技图书馆

科技图书馆共有八层,一楼是大厅,里面主要是借书、休息的地方。二楼是电子阅览室,主要便于学生利用计算机来查阅图书馆网络资源、视听资料等,学生在查阅网上资料时需要使用自己的校园网,而且离开时一定要点击计算机右下方的下机按钮。三楼到七楼是阅览区,主要是理工农林类的书籍,去图书馆学习的人一般都很多,尤其是快到期末的时候很多人都找不到坐的地方。图书馆里的学习氛围非常好,很安静,对于要考研的同学来说图书馆是一个不错的选择。

社团活动

不死鸟社团

延大"不死鸟"社团平时练习都是说朝鲜语,而且他们所用的乐器也是朝鲜族地区特有的,叫做"四物乐",所以如果不是朝鲜族同学的话,沟通起来会有点困难。这个社团参加过很多大型节目,比如远赴韩国参加漆谷世界四物乐大赛,并且取得了不错的成绩。

记者社团

记者社团分为校记协和各学院的记者团,需要写稿、组织各种活动,在这个过程中可以锻炼自己的文笔,要是以后同学们找份文秘工作,那参加这个社团对你是非常有帮助的。

校园美食

服务大楼延吉冷面

来延吉一定要去吃冷面,因为延吉的冷面在东北是比较出名的。冷面里是有冰渣子的,所以吃的时候会凉飕飕的,夏天去吃的人最多,冷面里还可以吃到水果和各种肉丸,料是非常齐全的。

全州拌饭馆

这里有两种方式进餐:韩式暖炕和普通桌子,两个人可以坐一面,暖暖的。店里的鱿鱼圈是沾番茄酱的,很特别,可以慢慢品尝。

梅菜扣肉饼

一说起梅菜扣肉饼,尝过的人都要流口水了,那是相当的好吃。但是吃这个饼挺费劲的,因为做一个饼的时间太长了,去过的人都知道,至少得半个小时以上。他家的门面非常小,但是为了吃他家饼的人排老长队了,人要是多的话,至少得等上一个小时。

校园景点

综合楼前绿化带

综合楼前有很多果树,还种了很多的花,一到夏天就会有很多校外的人来参观,各种拍照留恋。还有一些学生会来这儿取景拍微电影。不过这个地方只有夏天的时候才看得到生机,一到冬天就会被雪给压没。而且延吉的冬天特别长,所以延大学子都非常珍惜、爱护这个地方。

后山苹果梨园

这里说的后山是指医学院后面的一带,主要是苹果梨园,苹果梨原产于朝鲜,后被延边朝鲜族人引进延边。以前人们称它为"真梨",后经过不断培育,改名为"苹果梨"。后山的苹果梨园非常大,被校外的人承包了,所以学生最好不要去那儿摘梨吃。

特色院系

朝鲜与韩国学学院

延边是朝鲜族人民的聚居地,所以来这里学韩语是有优势的,环境好,基本上到处都是朝鲜族学生,你有什么不会,随便问个人就知道了。这个专业是延大最好的专业,所以你确定你的分数能报上才行,不然被调剂可就惨了。

NORTHEAST NORMAL UNIVERSITY
东北师范大学

听学哥学姐揭秘
你不知道的
东北师范大学

东北师范大学，坐落在吉林省长春市，建校于 1946 年，是首批国家"211 工程"高校之一。学校有本部和净月两个校区，占地面积 167 万平方米。

校本部
地址：吉林省长春市南关区人民大街 5268 号

净月校区
地址：吉林省长春市南关区净月大街 2555 号

特色建筑

钟楼
钟楼就是有个高高在上钟表的楼，那是净月校区的指南针，每到整点时刻钟声都会响彻天空。

净月博物馆
净月校区的博物馆是一个玻璃表面的楼，楼里面有一个大的恐龙骨架，博物馆摆设完全模拟森林，样本很全，确实特别漂亮。

图书馆
吉大两个校区的图书馆均位于中心，净月图书馆的表面是玻璃条格，整个呈倒U型，常有蓝天白云辉映其中。本部正常造型，比较旧，但比较大。离各宿舍楼和各教学楼都很近，基本步行3～5分钟就可以到达，更是与一食堂二食堂左右相邻，是同学们自习的主要场所。

社团活动

东师青年报社
对撰写文字或文学方面感兴趣的童鞋可以踊跃尝试，但进去可不容易，纳新需要经过层层筛选。

大学生艺术团
在大艺这种社团，快乐无疑是必须的，整天和音乐舞蹈艺术打交道，想不醉人都不可能。

"东师之声"校园广播站
校园广播站是东北师范大学校园内唯一的声音媒体，各种播音强手都在，每天都可以在校园的每一个角落听到他们的声音。他们为学子们精选音乐，精选新闻，精选报道，还以各种形式播放出来，跟娱乐新闻差不多，播音员声音一个比一个甜美响亮。

校园美食

春妮馅饼
这是历年东师净月校区最受瞩目的小吃，饼很普通，但有韭菜鸡蛋馅饼、豆沙饼、甘蓝火腿这三类，都特别好吃。

鸡蛋灌饼
净月校区的灌饼非常美味，又方便携带，做得快，而且分量足能吃饱，因此买的人特别多，但不用怎么排队。

鸡排饭
校本部的鸡排饭是东北的特色。东北的大米向来特别好吃，粒粒喷香，有嚼劲，加上酥脆的鸡排，让人怎么都吃不腻。

校园景点

音乐喷泉
净月校区的喷泉长相酷似大白菜，别名"会唱歌会流泪的大菜花"。喷泉两边是环绕校园的小河，里面荡漾着丛生的芦苇，特别养眼舒适。

雕塑公园
雕塑公园位于净月校区，学生们的作品都零散地遗落在树丛中，如果细细观赏，你会发现各种乐趣。

荷花湖
东北师范的两个校区都有荷花湖。荷花湖面积适中，里面除了荷花还夹杂着一些芦苇之类的绿色植物，当然也有譬如蝌蚪，青蛙，小鱼，贝类的动物。湖的周围总是会画龙点睛地安插一个个别具特色的白亭或绿色长廊。学习累的时候，漫步在白色长廊上，看着荷花湖里荡漾的一抹抹绿色和星星点点的娇羞的淡红色，倦意也会退去。

特色院系

教育科学学院
东师本来就以教育学闻名，从教育学院毕业的学生都被各大高校挖去，供不应求。当然，教育学的录取分数也很高，这是必然。

数学与统计学院
数学与统计学院是本部王牌专业之一，就业前景特别牛，智商高的都基本在里面了。这个学院一般读硕士出来都是高级教师或是跨专业读金融了，出来是高级金融师。但是数院是特别苦的，大学四年几乎年年是"高四高五"的生活，并且很多都是发展读博的，很多人努力了四五年都没有毕业，最后直接拿个本科学位或硕士学位放弃了。

吉林景点
SCENIC SPOTS IN JILIN

扫码
听不一样的景点故事

长白山天池
长白山是一座休眠火山，火山口积水成湖。
地址：吉林省延边市安图县二道白河镇池北区

乌拉街镇
乌拉街镇是满族主要发祥地之一，远在五千年以前的新石器时代，满族人的祖先肃慎人就生活在这里。
地址：吉林省吉林市龙潭区乌拉街满族镇

吉林文庙
作为清朝在东北建立的第一座孔庙，它既是清朝对汉文化传入东北的认可，更是汉文化与东北少数民族文化互通的历史见证。
地址：吉林省吉林市文庙胡同南昌路2号

叶赫那拉城
清初皇太极生母孝慈高皇后的出生地和清末慈禧太后、隆裕皇后的祖籍地，素以"三代皇后的故乡"而闻名于世。
地址：吉林省四平市铁东区叶赫镇

防川风景区
风景区位于中朝俄三国交界的地带，是中国唯一濒临日本海的景区，也是中国距离日本海和日本最近的地方。
地址：吉林市延边市敬信镇防川村

磐石官马溶洞
溶洞具有鲜明的中国北方型溶洞特征，马溶洞范围很大，洞连洞，洞中有景，景景传神。
地址：吉林省磐石市官马镇杨木顶子山腰

松花湖风景名胜区
水域辽阔，湖汊繁多，以得天独厚的地理位置，四季分明的气候条件，明媚秀丽的湖光山色吸引了大量国内外游客。
地址：吉林市丰满区丰满桥东侧松滨路

雾凇岛
这里是欣赏雾凇的好去处，雾凇岛的日出也尤其漂亮。
地址：吉林省吉林市龙潭区乌拉街满族镇

玉皇阁
始建于公元1774年，院落平面略呈长方形，布局严谨，建筑物依地势构筑，分为前低后高两组，错落有致。
地址：吉林省吉林市古城北环山路

伪满皇宫博物院
伪满皇宫是由清朝末代皇帝爱新觉罗·溥仪居住的伪满洲国傀儡皇宫改建而成的博物馆。
地址：吉林省长春市宽城区光复北路5号

黑龙江

昔日"北大荒" 如今已成冰雪王国

　　黑龙江省位于中国的最北端,与俄罗斯接壤。

　　这里以前曾被称为"北大荒",如今早有了翻天覆地的变化。连绵起伏的大、小兴安岭,蜿蜒流长的松花江、牡丹江,秀丽精致的莲池,沃野千里的松嫩平原无不为这东北大省勾勒出了鲜艳绮丽的幅幅画卷。

　　在漫长寒冷的冬季,这里无疑已成为华丽的冰雪王国,赏冰雕、滑雪,让身体在零下的寒冷中也能自在欢乐。

NORTHEAST AGRICULTURAL UNIVERSITY
东北农业大学

听学哥学姐揭秘
你不知道的
东北农业大学

东北农业大学，是国家首批"211工程"重点建设大学。学校1948年创建于哈尔滨，共一个校区，占地面积496.4万平方米。

校本部
地址：黑龙江省哈尔滨市香坊区木材街59号

特色建筑

游泳馆

东农游泳馆外观造型漂亮,大气奢华,给人一种舒畅的感觉,同时它的规模又是哈尔滨数一数二的,独特的建筑理念赋予了这座游泳馆独特的气质。

音乐喷泉

东农每到开学季,最大的亮点莫过于这个音乐喷泉,平时它一般是不开的,只有每年新的面孔踏入学校,新的血液注入东农的时候,这个音乐喷泉才会向来自四面八方的学子展示她曼妙的身姿。

图书馆

走进一所大学,除了令人沉醉的校园文化之外,最吸引人的就是大学的图书馆了,东农的图书馆亦是如此。虽说大家已经经过了高考的洗礼,但是,来到大学作为学生学习仍旧是第一任务,图书馆在这里为学子们提供了极佳的学习环境,周末想当学霸的同学们可以拿着资料来这里好好地复习、预习一下自己所学的课程。

 ## 社团活动

社联礼仪队

礼仪队,作为一场活动的形象,礼仪生可以在这里提升精神面貌,规范坐姿、站姿、走姿,更好地展现个人魅力,锻炼在社交礼仪中的应变能力和表达能力。

社联 A-king 舞团

社联 A-king 舞团,拥有自己的人人网主页,官方微博和微信公众平台,致力于在校园内推广最纯正的 Hip-hop 文化,每周会定期组织社团活动。

 ## 校园美食

东农饺子园

来了农大不吃一顿饺子都不算来过,园里有各种风味的饺子,价格便宜公道,食材美味新鲜,尤其是玉米馅的饺子久负盛名。

棘园

这里有味道不错的盖饭,对比较喜欢吃面的同学来说,可以去棘园吃炒面。棘园的小炒,风味独特,值得一试!当然,在棘园三楼是大学生活动中心,在那里经常举办各种迎新晚会、辩论赛、歌唱比赛等,大家可以经常去观看!

校园景点

马家花园

马家花园又名遁园,原为私家园林,如今已经渐渐淡出哈尔滨乃至黑龙江人民的记忆,但是它的文化底蕴却永远充斥在东农人的心中。

 ## 特色院系

食品学院

食品学院可以说是东农的老大哥,是全国最早开设畜产品研究方向的本科专业,现在它的行业水平已经是遥遥领先。

经济管理学院

学院拥有良好的教学与科研设施,在历届的招生中往往成为备受关注的焦点,慕名而来的人才也是比比皆是。

农学院

这是东农骨干学院之一。通过它的名称,你就不难想象它就是东农最具代表性、最具特色的学院。如果说选择农业大学是你的初衷,那么选择农学也定不会让你后悔。农学院现有农学、植物保护、种子科学与工程、植物科学与技术 4 个专业,人才济济的大院能够成长到现在,背后的实力不容小觑。

NORTHEAST FORESTRY UNIVERSITY
东北林业大学

听学哥学姐揭秘
你不知道的
东北林业大学

东北林业大学创建于1952年，是国家"211工程"重点建设院校，学校地处哈尔滨市，仅有一个校区，占地136万平方米。

校本部
地址：黑龙江省哈尔滨市香坊区和兴路26号

特色建筑

丹青楼
目前东林最大气的教学楼,右临科学会堂,左接研究生院,内有多媒体教室。这里不仅是东林学子们上课的地方,更是自习圣地。

图书馆
图书馆,无疑是东林人最爱的地方。大家在这里读书,观影,学习。每周一次的抢座"大战";每天一场的精品电影;大量丰富的图书,文献,报刊。这些都是莘莘学子关注的重点。

社团活动

武术协会
武协是学习武术的好天地,磨练意志,强健体魄,武协是大学里实现武术梦的最佳选择!

西部志愿者协会
西部志愿者协会致力于西部欠发达地区的风俗文化、生活条件、教育水平等多方面的调研与宣传,尽己所能为西部地区的发展奉献一份力。

校园美食

功夫鸡排
功夫鸡排的出现,让很多美食爱好者赞不绝口,只闻气味就能叫人食欲大动。

颐丰园(新食堂)
现代西式餐厅的装修风格使这里上了头条,被学院界评为最壕的食堂。食堂生意非常火爆,人挤人,碟碰碟,欢迎各地的美食爱好者前来试吃。

饺子城
一楼食堂有一个餐厅叫饺子城,每天来吃饺子的客人络绎不绝,这里卖的饺子不仅种类多而且美味可口,很多学生和老师吃后都赞不绝口。食堂还有包饺子DIY活动,学生可以自己包饺子,然后食堂负责人帮忙煮饺子,学生就可以吃到自己包的饺子了,这样的活动适用于社团或者是班级集体活动。

校园景点

校史馆
校史馆有3个主要的功能,陈列、科研和文化传播,它为档案的保存收藏提供了一个重要的平台,同时也是学校研究校史的重要机构,当然,也是校园文化传播的一个载体。

中国(哈尔滨)森林博物馆
这是我国第一家以森林为主题的博物馆,展品中既有3万年的长背鳍燕鲟化石、非洲野生动物标本,也有原始人类生活相关的建筑、家具等。

特色院系

林学院
林学院是东北林业大学最具特色的学院,拥有雄厚的资源和国家的政策扶持,是你报考的首选。

机电工程学院
就目前的就业情况与招生情况来讲,机电工程学院与土木工程学院在东林算是独领风骚,招生的门槛比其他专业的要高,这也使它的就业情况在东林所有专业里面遥遥领先。

土木工程学院
土木工程学院,东林规模最大的工科学院之一。学院已经和美国、日本、韩国、苏丹、英国、俄罗斯等国高校及相关部门进行了交流与合作。近10年来,学院毕业生一次就业率均在95%以上,其质量得到用人单位的好评。

HARBIN INSTITUTE OF TECHNOLOGY
哈尔滨工业大学

哈尔滨工业大学,是国家首批"985工程"、"211工程"重点院校。溯源于1920年,拥有哈尔滨本部及威海、深圳研究生院三个校区,面积约347万平方米。

校本部
地址:黑龙江省哈尔滨市南岗区西大直街92号

威海校区
地址:山东省威海市环翠区文化西路2号

深圳研究院
地址:广东省深圳市南山区西丽深圳大学城哈工大校区

听学哥学姐揭秘
你不知道的
哈尔滨工业大学

特色建筑

一区主楼
校本部的主楼是一栋俄罗斯风格的建筑，带有塔尖，外部墙面颜色庄严而神秘，让人看了不由得心生敬畏！它不仅有上课用的教室，还有举办各种演出和会议用的大礼堂！

土木楼
这是一栋历史悠久的建筑，位于校本部，是希腊陶立克式建筑风格，也是哈尔滨市的代表性建筑之一！

航天馆
校本部的航天馆位于科技园内，分为三个展区，室外大型实物展区两个，室内展区一个。室外展区主要展示一些返回舱、飞行器等大型实物。室内展区则展出一些文献资料，航空航天模型等。经常会有很多学生、航空航天爱好者等前来参观，并且无不为之震撼！

博物馆
校本部博物馆即是校史馆，当中展出了哈工大建校95周年的风雨历程。馆内展有历年来多位杰出人物的优秀作品，还包括当时前辈们刻苦，努力学习的相片。最值得注意的还是当时前辈们辛辛苦苦记下来的笔记，这是一笔很宝贵的财富！如今，博物馆已成为前来参观哈工大的游客必到之处！另外，博物馆为了提高同学们的兴趣，开始在学生当中招募博物馆讲解员。

社团活动

学生绿色协会
从社团名字就容易看出，他们重在培养学生的环保意识，和同学们一起做一些环保的活动，从而达到环保的目的！

新基论坛
"新基"这个名称可以用六个词解释：新生，新人，新面貌，基础，基石，基本点。作为哈工大一个知名的社团，"新基"凭借着初生牛犊不怕虎的胆识，一路直追。说"新基"厉害是有据可依的，每年他们都会请来众多知名人士，比如央视主持崔永元。

校园美食

天香餐厅
这家餐厅是校本部食堂中的龙头老大，不仅面积大，饭菜的种类非常之多！最重要的还是里面的饭菜都很好吃，所以非常受同学们喜爱！

西门美食
说到吃的，在东北那就不能少了撸串！每到夏天的夜晚，校本部西门就格外的热闹，不过经常是"乌烟瘴气"的，因为撸串的人实在是太多了。

锦绣餐厅
这个餐厅最值得一提的是它的牛肉面啦！整个二区餐厅里，就它们的牛肉面最好吃，所以非常受欢迎，每次那里的队都会排得很长。锦绣还有一个好地方就是它的二楼是自助的，而且桌椅是像酒店里的那样大圆桌，很适合多人聚餐使用。

校园景点

国家大学科技园
校本部科技园是为学生提供创业的一个平台，因此被亲切地称为"梦工厂"！这里也被人称为"北方硅谷"！可以说是代表哈工大高科技的另一主要基地！

特色院系

航天学院
学校已经自行发射了五颗小卫星了，第五颗为学生团队设计研发！"神舟"号、"东方红"号的发射学校都参与了其中。这样你们就可以想象这个学院是多么"高大上"了吧！

土木工程
该学院的同学经常会骄傲地称他们学院是"皇家土木"！因为人家专业排全国第三！

焊接
焊接国家重点实验室在校本部，光是楼的外表就足以震撼到你！哈工大的焊接是国内第一个焊接专业，凭这个实力，这个专业称得上是大牛专业！

HARBIN ENGINEERING UNIVERSITY
哈尔滨工程大学

听学哥学姐揭秘
你不知道的
哈尔滨工程大学

哈尔滨工程大学是国家首批"211工程"、"985工程优势学科创新平台"重要成员。1994年更名为哈尔滨工程大学，学校占地约126万平方米，只有本部一个校区。

校本部
地址：哈尔滨市南岗区南通大街145号

特色建筑

11 号楼

11 号楼由梁思成领衔设计，为了适应复杂的国际形势，全楼设计了防火防化防小型炸弹的袭击！楼上的飞檐是一大奇观，意义非凡。

船舶博物馆

如果你希望了解船舰方面的知识，来这里参观是个不错的选择。里面有各种各样的船模以及船舶发展的历史介绍。还有，你也可以看到各国的航母。

图书馆

图书馆是一个学校的灵魂。正如博尔赫斯所说：如果世界上有天堂，那么天堂一定是图书馆的模样。在这里，你虽然不能和罗素、乔治·奥威尔、木心相识，你也不能和霍金、钱学森面对面交流，但是在这里，你能和他们来一个心灵的约会。

启航剧场

启航剧场不仅是各类演出，艺术节的举办地点，还是哈工程独家影院剧场！启航剧场引进全国首家高校数字电影院线，在校园内就可同步观看院线大片，观看 3D 电影，为电影爱好者们带来了真正的极致享受，不出校门即可享受媲美一流影院的视觉盛宴。

 ## 社团活动

大学生素质教育基地

这个社团承担着全校所有校级大型文艺演出，也经常会举办一些高端的讲座。

大学生创业联盟

大学生创业联盟，是虚拟公司和创业团队经过竞标入驻创业联盟，围绕具体的创业项目开展自主运营活动。

校电视台

校电视台是学校电视新闻采访、拍摄、编辑制作工作的重要力量，学生记者中心除肩负新闻任务外，还负责两档学生栏目：《我的大学》和《谈校风生》。学生记者中心目前按照栏目划分为两个工作组，每个栏目组按照工作性质设摄像部、主持人部、编辑部，电视台定期展开专业培训，使得在这里工作过的同学能够掌握电视节目等多媒体制作知识，为未来的就业及工作增添竞争技能。

 ## 校园美食

红肠

红肠做法精良，色泽光亮，熏烟芳香，味美质干，肥而不腻，蛋白质含量高，营养丰富，是酒宴、冷饮的上等佳肴。

锅包肉

锅包肉是一道东北风味菜，满族美食。将猪里脊肉切片腌入味，裹上炸浆下锅炸至金黄色捞起，再下锅拌炒勾芡即成。成菜色泽金黄，口味酸甜。

 ## 校园景点

奥列霍夫广场

这个广场被同学们亲切的称为"奥利奥"。奥利奥广场视野空旷，夏日傍晚时分，同学们下课后都会来到这里轮滑，打羽毛球，骑双人自行车，坐在树下乘凉。

济海湾

据说，每一个美丽的大学都有一方圣水，哈工程的圣水便是济海湾了。

杏花长廊

杏花是工程大学的校花，每年春季位于南体育场和 11 号楼之间的杏花林都会开满美丽的杏花，芳香四溢，美不胜收。白色的杏花在初春给校园增添了一道亮丽的景色。许多摄影爱好者都会来这里拍照，情侣们也会来这里约会，可想而知这里是有多么浪漫。

 ## 特色院系

船舶工程学院

在哈工程，只要听到船院两个字，大家脑袋中都会浮现两个字"学霸"，船院盛产学霸，而且人家不光学习好，举办各种活动也是"杠杠的"。

核科学与技术学院

哈工程核科学与技术学院是国内重点高校设立的第一个"核学院"，能够为学生提供出国学术交流和开展国际合作研究的条件。

黑龙江景点
SCENIC SPOTS IN HEILONGJIANG
扫码
听不一样的景点故事

圣索菲亚教堂
这是一座始建于1907年拜占庭风格的东正教教堂，为哈尔滨的标志性建筑。
地址：黑龙江省哈尔滨市道里区透笼街88号

漠河七星山
七星山夏季景色优美，空气清新。到了冬季，这里是天然的"滑雪场"。
地址：黑龙江省大兴安岭地区漠河县

五营国家森林公园
公园是中国红松的集中保护区。主要有松乡桥、观涛塔、森林小火车、绿野仙居、响水溪、园中园、观光小火车等景区。
地址：黑龙江省伊春市五营区

扎龙自然保护区
这是亚洲第一、世界第四，也是世界最大的芦苇湿地，是中国首个国家级自然保护区。
地址：黑龙江省齐齐哈尔市铁锋区扎龙乡

镜泊湖
是中国最大、世界第二大高山堰塞湖，是著名旅游、避暑和疗养胜地。
地址：黑龙江省牡丹江市宁安县奔月路

胭脂沟
胭脂沟位于漠河县金沟林场，从清末至今一直是淘金圣地。
地址：黑龙江省大兴安岭地区漠河县西林吉镇

哈尔滨北方森林动物园
动物园园区山峦迭嶂，湖水泛舟，是一个神奇的动物王国。
地址：黑龙江省哈尔滨市阿城区鸽子洞地区

极乐寺
极乐寺是东北三省的四大著名佛教寺院之一，与长春般若寺、沈阳慈恩寺、营口楞严寺齐名。
地址：哈尔滨市南岗区东大直街9号

中华巴洛克历史文化保护街区
该项目是历史文化保护街区，是目前国内面积最大、保护最完整的中华巴洛克建筑群。
地址：哈尔滨市市辖区南头道街8-12号

五大连池
这里有世界少见的火山地质地貌景观，有纯净的天然氧吧，堪称火山博物馆。
地址：黑龙江省黑河市

湖北省
山水名胜与文物兼备

　　湖北省是一个自然风光和人文景观兼具的地方。

　　这里是辛亥革命的起义点,还有"八七会议"的遗址,在艰苦的抗战时期,这里是一个举足轻重的根据地。而昭君故里、东坡赤壁、襄阳城、古琴台、黄鹤楼更能把游人带回到遥远的几千年前,闭眼之间,仿佛还能听到古人吟诗作赋,琴声悠扬。

WUHAN UNIVERSITY
武汉大学

武汉大学，溯源于清朝末期1893年，是国家首批"985工程"、"211工程"重点建设高校，有文理学部、信息学部、工学部、医学部四个校区，占地面积5167亩。

文理学部
地址：湖北省武汉市武昌区珞珈山路16号

工学部
地址：湖北省武汉市武昌区东湖南路

医学部
地址：湖北省武汉市武昌区东湖路115号

信息学部
地址：湖北省武汉市洪山区珞喻路129号

听学哥学姐揭秘
你不知道的
武汉大学

特色建筑

万林艺术博物馆

万林艺术博物馆位于学校文理学部，可以说是学校内最年轻的建筑了。博物馆大部分楼体处于悬空状态，就像是一块天外飞来的巨石。

"六一"纪念亭

"六一"纪念亭位于学校文理学部，是为纪念在"六一"惨案中的死难烈士而修建的。纪念亭六角飞檐，顶部碧瓦生辉，由六根朱红圆柱支撑，蕴含六月之意。走进亭子会发现中间有一块石质纪念碑，上面详细介绍了"六一"惨案的经过。

老斋舍

老斋舍位于位于文理学部樱花大道一侧，是武大的老建筑群之一，被武汉市民称为"武汉市的布达拉宫"，每年樱花盛开的时候宛如城堡一般美轮美奂，站在顶部可以俯瞰樱花大道，远望则可以看到青翠的珞珈山。

社团活动

踪点戏剧社

顾名思义，踪点戏剧社就是组织表演戏剧的社团，每年他们都会有非常大型的演出，每次演出门票都会被一抢而空，可见其是多么的受欢迎。在这里，有一群喜爱热爱戏剧的人，有一群尊重珍惜表演的人，不管萌妹子还是女汉子，不管闷骚男还是"人来疯"，只要你喜欢戏剧热爱表演，都应该加入踪点戏剧社。

青鸟吉他协会

青鸟吉他协会由一群爱音乐、爱吉他的人只凭着三把吉他坚持了下来。每学期协会都会在4个学部设立教学点，进行基础性的教学工作，最适合没有什么基础的同学参加学习，一般而言经过学习后是可以达到入门级水平的。每周末协会在教五草坪会有吉他角，主要是大家一起弹唱和交流。说到吉他角，怎么能不提协会举办的吉他大赛呢，每年都会吸引众多大神参与，奖品可是2把价值两千元的吉他，所以并不奇怪为何大家有如此高的兴致。

校园美食

凌波舒吧

凌波舒吧位于文理学部，是平价小吃的首选之地，舒吧虽然环境不是非常好，但是提供了数量较多的位置，能够同时容纳数十人，可以边吃饭边上网，是社团、学生组织以及班级组织开会的好地方。

阿里 bar 吧

阿里 bar 吧位于工学部，可以算是学校内格调最高的餐厅了，号称武大校内第一咖啡厅，环境优美舒适，木质的桌椅、落地窗、夜晚昏黄暧昧的灯光，吸引无数学生来这里聊天、约会。因为环境相对较好，阿里 bar 吧同时也是各种社团聚会的绝佳场所。

校园景点

珞珈广场

珞珈广场虽说叫作广场但其实就是文理学部教五楼前的一大块草坪，不过胜在规划合理、位置优越、景色优美，是大家休闲散步的好去处。春夏之际，广场上到处都是嫩绿的小草，生机勃勃，蜿蜒的小路，在翠绿之间弯曲蔓延，路边则有高大的树木和休憩的石凳。

樱花大道

樱花大道位于文理学部。武汉大学的樱花在全国比较有名，每年三四月份，慕名而来的游客不计其数，樱花大道整条路上都挤满了前来观赏樱花的游客，有的时候人头攒动甚至寸步难行。作为武大主要的赏樱地点之一，樱花开放期间学生们都选择绕路而行，只有在早上或傍晚游人少一些的时候去拍照观赏。

特色院系

经济与管理学院

经管院每年招收的学生人数是最多的，每年新生多达1000人，录取学生的平均分数也是最高的，因为经管院的大部分新生都有新生奖学金，因此成绩排名都是同地区录取武大的前几名。经管院如此之大不仅因为招收的学生多，还包括每年转专业过去的几百名学生，真是挡都挡不住学经济的热潮啊。经管院每年近40%的学生选择出国深造，也是各大公司校招的重点院系，说它高大上也算是名副其实了。

HUAZHONG UNIVERSITY OF SCIENCE AND TECHNOLOGY
华中科技大学

听学哥学姐揭秘
你不知道的
华中科技大学

　　华中科技大学，2000 年合并成立，是"985 工程"、"211 工程"重点建设高校之一。共有主校区，东校区，同济医学院三个校区，占地 7000 余亩，校舍面积约 158 万平方米。

主校区
地址：湖北省武汉市洪山区珞喻路 1037 号

东校区
地址：湖北省武汉市洪山区珞喻东路 415 号

同济医学院
地址：湖北省武汉市硚口区汉口航空路 13 号

特色建筑

图书馆
新图书馆位于主校区,设施优良,而且书籍也比较新颖,内部设有沙发、茶几、红木桌、咖啡桌等等,营造出了一种读书的气氛。桌子上有古香古色的柔光台灯,让人一走进阅览室就有一种想要扑在书页上的感觉!

东九教学楼
东九逸夫楼位于东校区,是正牌邵逸夫先生捐赠帮助建设的。在它建成时,成为了亚洲最大教学楼之一,A、B、C、D四栋相通,每栋都拥有独特的教室类型设计。其中A栋的五楼专门开了天窗,可供美术专业的同学过来上课学习,为他们制造光影效果。从东九楼上,可以远望到东边的森林公园,也可以看见楼下的东九湖和东九草坪。习惯早起的孩子可以尝试一下在东九楼上看日出,体会光影变化,很有味道。

社团活动

远征协会
远征协会每年都会有远距离骑行活动,短假期没有活动的时候,爱好骑行的小伙伴也可以在社团中找到志趣相投的人约起出发。

援之缘
这是一个帮别人圆梦的社团,也是一个帮自己圆梦的社团。每年暑期都会组织同学们去山区支教,在这里,你不仅能收获和山区孩子相遇的缘分,还能收获一群一起去支教的同龄友人。

电工基地(团队)
电工基地顾名思义,主要涉及和弱电相关的仪器设备的硬件开发,是一个校级组织,基地的学生还配有专门的老师,周末有选修课。基地每年会参加一些国际性的竞赛,获奖人数众多。如果你有这方面爱好,那么基地可以给你一个平台,让你的爱好变成事业。

校园美食

百景园
百景园位于学校主校区,他家的菜又好吃又便宜!一楼的八宝粥绝对是良心制作。这里最受欢迎的是一种紫薯夹心的面点,像丸子一样,外酥里嫩,油炸出锅但是毫无油腻感。

鸡蛋灌饼
主校区南三门的鸡蛋灌饼,每天下午排队的同学都能从小巷里甩出一条长龙,并且仍然有人为了一只灌饼而坚定地跟上去。好多人为了它,一排队就是一个钟头!它的魅力可想而知。

校园景点

绝望坡
绝望坡处于东校区向西校区进发的交通要道,至于它为什么叫绝望坡?当你爬上一个坡之后发现后面还有一个,还有比这更绝望的事情吗?

青年园
青年园是最适合读书恋爱的地方,位于主校区。园内树木挺拔葱茏,绿草如茵,园边是一个小湖,湖畔有亭,一年四季都是美景。在这里,邀二三好友,侃侃而谈;或是携一本闲书,以书为友,都是极大的享受!

醉晚亭
醉晚亭位于东校区,每年醉晚亭都会举办大型器乐欣赏会。晚风轻吹,悄然将乐曲传入耳朵,不禁让人飘然如醉。醉晚亭里有大片大片的荷花,夏季傍晚,风吹荷动,绿浪翻滚,十分浪漫。

特色院系

光电学院
你可不要以为光电就是简单的发光发热哦。现在光电是国家发展的前沿学科,主要研究光电转换,比如我们现在用光纤上网,打起英雄联盟游戏的时候就会很爽。打了那么多年游戏,你难道不想为游戏事业做点什么吗?

机械学院
机械毕竟是华科的大院,否则男女比例也不会变成这个样子。华科的机械是全国排名第一的。机械学院主要分四个专业,机械、测控、工业工程、工业设计。现在校内的一栋机械大楼是学校里最高端的院系大楼,经常会举办一些学术性讲座。

CHINA UNIVERSITY OF GEOSCIENCES
中国地质大学（武汉）

中国地质大学，是国家"985工程"、"211工程"重点高校。创建于1952年，学校有本部和汉口两个校区，占地面积1140万平方米。

校本部
地址：湖北省武汉市洪山区鲁磨路388号

汉口校区
地址：湖北省武汉市硚口区航空路15号

听学哥学姐揭秘
你不知道的
中国地质大学

特色建筑

隧道

地大隧道位于校本部,属于山岭隧道,位于南望山下,连接地大西区与北区。地大隧道是中国地质大学的标志性建筑,也是国内第一条高校内修建的隧道。隧道开通后,极大地缩小了学校西区和北区距离,从此地大西区北区之间往来不用再绕行南望山。曾有学生调侃:"学校终于统一了",也正如同学所说的那样,学校两校区不再隔山相望。

体育馆(攀岩馆)

地大校本部的体育馆规模较小,并不出众,西区和北区的体育馆也不能免费对师生开放,但西区体育馆,随着后来室内攀岩馆的建成,弥补了其中的不足。新生的体育课中,有一节必修的攀岩课,在攀岩馆,你可以亲身体验攀岩的乐趣与艰难,锻炼了身体还能结交到朋友。

社团活动

子非鱼话剧社

子非鱼话剧社创建于1998年,这里有一群热爱话剧的同学,在这里你可以尽情发挥你的才能,展现你的魅力,你可以自由地选择上台表演话剧,或者选择幕后做导演、场记,手动做道具,舞台化妆等等。

吉他协会

吉他协会举办过多次盛大的摇滚音乐节,同时,学校各式各样的音乐会以及舞台演出都会有吉他协会的身影。协会有很多大神,有的还出过原创歌曲。在这里除了学习吉他,协会还不定期举行活动,每周五的百团大战从不缺席的就是吉他协会,在操场上,他们自弹自唱,尽情地绽放属于他们的光彩,有兴趣的还能现场唱歌,吉他协会免费配乐,让你真真正正的体验舞台的感觉。

校园美食

新加坡盖饭

校本部食堂提供的独特的新加坡口味一定会让你难忘,是不是还没有感受过新加坡的风味?赶快来试试吧,这里的特色是鸡排饭,人均只要8元!

冠心包

地大校本部最火小笼包店铺就是它,包子很好吃,很便宜,最重要的是卖包子的老板还会用筷子打出音乐节奏来吸引顾客,让人不想驻足都不行。

校园景点

逸夫博物馆

位于校本部的博物馆中最抢眼的应该就是高达三层楼的恐龙化石了,粗壮的骨头,巨大的牙齿,足以让人联想到它当时的样子。除此之外,展厅还展出了各种各样的宝石,看得过瘾如果真想买,那么请出门左拐,珠宝一条街欢迎你。

东区化石林

还记得《奔跑吧兄弟》在地大录制时的化石林吗,如此多保存完好的化石林,算是地质大学的一个比较有名的地方了,它就位于校本部。这些化石树最粗的直径1.2米,高6米,其中最古老的是一棵"原始云杉树",距今已有一亿六千二百多万年了。化石林的建成,吸引力众多校内外的人前来观赏、探寻化石的奥秘,它目前也是东湖景区的一个特色景点。

特色院系

地球科学学院

地球科学学院是学校优势学院,录取的成绩也比其他专业高出很多分。无论是师资力量还是科研条件,都是其他学院不能比拟的,知名专家如李四光、池际尚等院士都为学院学科建设和人才培养做过重大贡献,培养出的院士多达22位。

珠宝学院

珠宝学院是地大的又一个优势学院。其中珠宝鉴定专业在全国的排名也是名列前茅。早在1988年,珠宝学院就开始与英国的宝石协会合作,引进具有国际先进水平的珠宝鉴定师(FGA)培养体系,开创了我国珠宝教育的先河。

CENTRAL CHINA NORMAL UNIVERSITY
华中师范大学

听学哥学姐揭秘
你不知道的
华中师范大学

华中师范大学，是"985工程优势学科创新平台"、"211工程"重点建设院校。有两个校区，占地面积2000多亩。

校本部
地址：湖北省武汉市洪山区珞喻路152号

南湖校区
地址：湖北省武汉市洪山区雄楚大道382号

特色建筑

露天电影场

露天电影场位于校本部，只要不刮风下雨都会坚持每周放映电影，而且是两部。这里地理位置很好，早上有同学早读，中午有话剧社的同学在练习，晚上有同学练习笛箫，每年的新生晚会，本科生毕业晚会等大型活动都会在这里举行。

图书馆

图书馆位于校本部，前身是1903年的文华公书林，已有近百年的历史。平时多去图书馆泡泡，会有机会结识外国留学生朋友们。图书馆藏书很多，对于大家来说是个非常棒的资源，而一般到期末时人会爆满，要早些去占位置！

社团活动

圣兵爱心社

这是由冯圣兵老师为资助成绩优异的贫困生而建立的学生社团，它不仅有自己的社服，社歌，还有社牌和自己的制度，内部分工很明确。

笛箫协会

在华师应该没有人不知道这个协会，因为几乎不刮风下雨的晚上，大家都能在同样的时间里听到回荡在校园里的笛声、箫声。这个社团创建于1994年，是以学习和传播民族乐器为目的的文艺团体，笛箫协会一大优势是得到了很多知名人士的指点与关怀，同时也会有老师进行指导。

校园美食

Saba 餐厅

这是校本部西区外国穆斯林同学们常去的一个餐厅，主要以饭面为主，食物名字很好听，不仅有美食，还有外国帅哥哦！

桂香园

这个餐厅位于华师校本部，共有三个楼层。一楼主要以面食为主，有十多个窗口，对北方孩子来说是面食的天堂，然而来自南方的朋友也对其肠粉情有独钟。

校园景点

林荫道

林荫道位于校本部，只要你是华师的学生，相信你一定会走过这里。林荫道两侧种着桂树、紫薇和广玉兰，一路的阴凉，为华师增添了一份树林之静。

喷泉广场

喷泉广场位于校本部，是一个见证华师百年文化历史的地方，你会看到一些老爷爷老奶奶在这里照相，坐在一起聊天，他们不是来旅游的，而是我们的老学长，来学校回忆过去，看望母校。

博雅广场

"忠诚博雅，朴实刚毅"是华师精神，博雅是学识渊博，品行端正的意思。博雅广场的名字也由此而来。博雅广场位于校本部六号楼（数通学院）的前面，天气晴朗时，绿绿的草地，散发出青草的清香。广场还有一些漂亮的椅子，你还可以坐在椅子上看看书。

特色院系

心理学院

根据教育部学位与研究生教育发展中心公布的2012年学科评估结果，华中师范心理学科排名第七位，在中部地区稳居第一。

美术学院

华中师范的美术学院会聘请"楚天学者"、美国华盛顿大学、加拿大英属哥伦比亚大学教授定期来讲学，选派教师赴国内外进修和培训，正因如此，美术学院毕业生就业率近年来都保持在95%以上。

生命科学学院

说到生命科学学院，那各种实验是必备的，比如动植物实验，微生物实验，细胞实验，生物化学实验等等。学校还有生物学和生态学的硕士学位授予点，对于想要在该专业有更多学术发展的同学也是个很好的选择。

HUAZHONG AGRICULTURAL UNIVERSITY
华中农业大学

听学哥学姐揭秘
你不知道的
华中农业大学

华中农业大学,是国家"985工程优势学科创新平台"、"211工程"重点院校。源于1898年,只有1个校区,占地面积485万平方米。

校本部
地址:湖北省武汉市洪山区狮子山街特1号

特色建筑

大学生活动中心

大学生活动中心内部包括一个剧场,可以看节目,还有报告厅,部分院系在开学不久就会举办假面舞会,是不是很期待呢?

老校门

老校门就是位于学校北面一个不算很大的进出口,分别只有一个进和出的单行道,旁边即标志着位置的石碑刻有"华中农业大学"几个字,每年新生报到和游客来访时,人们都乐此不疲地在此处拍照留念,所以说它算是大多数人到此一游的见证者。这个老校门简单却能感受到岁月的痕迹,虽不似新的校门一般宏伟壮阔,但却因为其便捷的交通和数目较多的商店铺面而更受欢迎。

体育馆

学校体育馆是一个倒三角形的雄伟建筑。军训动员大会就会在这里举行,看台能坐两千人,中央就是篮球场和羽毛球场。体育馆分两层,二楼除看台外是室内乒乓球室、跆拳道练习室等;一楼除中央场地外设有舞蹈教室、体限健身俱乐部,有条件的同学可以来这里健身运动。

 ## 社团活动

Rhythm Deep 舞道节拍

舞道节拍在江城大武汉各大高校都是有名的,因为他们的舞蹈表演吸引人,每一个人的水平都不是盖的。

本禹志愿服务队

华农的支教事业是全国高等院校的典范,其中最重要的领头羊是本禹志愿服务队,是感动中国十大人物之一的徐本禹老师一手创立的,曾经收到过国家领导人的回信。

绿色协会

"百里毅行"是绿协的每年必设项目。报名的人多到需要进行校园面试筛选。他们徒步行走近百里听着就已经很厉害了,而且还不是旅行是为了环保公益,这样的经历哪怕有一次都是好的。加入这种社团,平时不会耗费你太多的时间在上面,关键性的活动就足以吸引你。

 ## 校园美食

东北饺子馆

位于学校美食街的东北饺子馆小巧精致,致力于东北饺子和东北菜。据说,这里的大米都是从东北运过来的。

梦泽园

对于吃饭严重不规律的小伙伴来说,梦泽园可是最受欢迎的食堂,大部分时间只要饿了都可以来这里就餐,而不必考虑这个点是否供餐的问题。

樟树底餐厅

最浪漫、惬意最高端的优雅就餐之处就是这里了——樟树底餐厅。14年后半年才新开业的,装修豪华,集中西式快餐、西餐以及午后咖啡甜点为一体的西餐环境,同时提供订餐、预约等服务。

 ## 校园景点

南湖

到了春天的时候,南湖边就成了名副其实的公园,很多人自驾游来这里,露营、烧烤、赏花,很休闲,但也很拥挤。

桃花园

桃花园里面的桃树有成百上千株,一起开放的时候真的是相当漂亮,到处都是粉粉嫩嫩的颜色,人在其中难与之媲美。

二十四节气柱

二十四节气柱的每个石柱是不规则的形状,上面刻有字,头顶的是十二生肖动物,在石柱的边缘处有一个月牙形的小水池,十分可爱。

特色院系

生命科学技术学院

生科院是华农分数较高、学霸最多的院系,如果你在生科院,那你一定学习很好,不然你是进不了这个院的。

植物科学技术学院

植科院是华农元老级别的院系,从建校以来就有了,专业里的同学大都戏称自己学的不过是种菜、耕地、选化肥。

园艺林学学院

园林院是林科和园艺系合并而来的。这是一个文艺范的系,报考需要有绘画功底,专业分数还要求很高,大一一年都在学习绘画。景园楼作为他们的院楼,常常是通宵达旦,画室里总有学生熬夜画画,为此他们院的也不用做早操。

ZHONGNAN UNIVERSITY OF ECONOMICS AND LAW
中南财经政法大学

中南财经政法大学,是国家"985工程优势学科创新平台"、"211工程"重点建设院校。溯源于1948年,有首义和南湖两个校区,学校占地2800余亩。

首义校区
地址:湖北省武汉市武昌区武珞路114号

南湖校区
地址:湖北省武汉市洪山区南湖大道182号

听学哥学姐揭秘
你不知道的
中南财经政法大学

特色建筑

文泰楼
文泰楼位于南湖校区，教学楼外观呈波浪型，夜里灯光亮起的时候，像是一条银带。这里面还有法学院的模拟法庭，每年的司法考试也是在模拟法庭中进行。

图书馆
所谓"读万卷书，行万里路"，一所大学的质量主要就是看大学中图书馆的质量。逸夫楼图书馆位于南湖校区，建筑外观看起来像是一本展开的书，在报到的时候一卡通发下来就可以刷卡到图书馆去了。到期末将近的时候，你就会看到图书馆的自习盛况。

社团活动

首义话剧社
首义话剧社有着丰富多彩的部门活动，每年都积极准备年度大戏、毕业大戏专场，而且参与校外商演、百团巡演。

吉他协会
协会每周都会有好老师以及有艺术特长的师兄、师姐们手把手教学，给成员们提供最好的资源。一年一度的"吉结号"是吉他协会的金字招牌，不仅有摇滚乐队嗨翻全场，也有民谣组合唱进人心，也不乏高雅的古典音乐，每一年的"吉结号"都座无虚席，这是对吉协人的肯定，更是对晚会质量的肯定。

校园美食

左左客
这家店位于南湖校区，主打云南菜，还有好喝的玫瑰冰粉，而餐厅里美丽的墙画让你感觉就像在文艺的咖啡厅。

纽约夯薯条疯
这家店位于南湖校区，专门制作薯条、炸鸡，比KFC还要好，薯条分量很足，而且重点在于特制的蘸酱，让你感觉穿梭在不同的国家，品尝着不同国家的薯条。

鱼面香
这家店位于南湖校区，财大人必去的一家面馆，面汤是鱼汤，太鲜了，喝得停不下来。即使是冬天，寒风凛冽只能坐在小店外边的桌子，也要吹着风吃上一碗面。

校园景点

九孔桥
这座桥位于南湖校区，是通往文波、文澜上课的必经之路，建在晓南湖上，风景很美；而且又是大家每天上课要走过的地方，充满了回忆。

樱花道
武大樱花大道久负盛名，然而位于南湖校区财大的樱花道自有韵味，在三月份会给大家带来一场粉白的盛宴，早晚樱争相开放，落英缤纷吸引了众多人观赏。

晓南湖
晓南湖位于南湖校区，有学校里最适合看书的小树林，早晨的时候总是不缺乏学霸们的晨读声。中午的时候最安静，阳光也正好，很适合给树林或者湖拍照。这里还是学校里最适合欣赏晚霞的地方，一到傍晚，吃完饭就适合来这里散散心，放松学习中的紧张。

特色院系

文澜学院
文澜学院聚集了学校最优秀、最学霸的一群学生。本科阶段要学习三个专业学生的课程，压力可想而知。

会计学院
会计学院学生是出了名的勤奋好学，加上师资力量雄厚，所以本科生整体实力很强，无论是保研、考研、出国还是找工作都有很好的归宿。

财政税务学院
这个学院每年成绩排名前20%的学生有资格参加保研选拔，学财政跨专业去读税收的研究生也很多，而且税务学院的老师很受学生欢迎。

WUHAN UNIVERSITY OF TECHNOLOGY
武汉理工大学

听学哥学姐揭秘
你不知道的
武汉理工大学

武汉理工大学，是国家首批"211工程"重点建设高校。学校共有马房山和余家头两个校区，占地面积5187亩。

马房山校区
地址：湖北省武汉市洪山区珞狮路122号

余家头校区
地址：湖北省武汉市武昌区友谊大道1178号

特色建筑

西院大礼堂

西院位于马房山校区，大礼堂是集合举办晚会、话剧、开会等于一体的武汉理工独特性建筑。它外面颜色是棕色的，一眼看上去像是西式建筑，一进去，便可以发现，它分台上及台下，而台下观众席也共两层。大学四年间，你可以在西院大礼堂听各种讲座，还有一些演出也会在西院大礼堂进行，当然最不能缺的就是每个学院6月份在西院大礼堂举行的毕业晚会。

体育中心

南湖校区的体育中心是武汉最大的区级体育场馆，它形状像一个宇宙飞碟，透明反光绿色玻璃将里面像一个球一样包围着，球状的体育中心三边都有阶梯流水顺势而下，就像是宇宙飞碟要落地而伸展出来的阶梯一样，十分漂亮。

社团活动

路边文学社

在这里，你可以以文会友，以诗结友；你可以参与图书漂流活动，也可以参与送书下乡这种温暖人心的活动。如果你希望与这样一帮纯粹、干净、追求文学梦想的人一起，那么路边文学社绝对是你的那棵大树。

轮滑社

轮滑社成立于2002年6月6日，以"快乐轮滑，强生健体，广结好友"为协会宗旨，招新的时候，为了吸引新来的小鲜肉们，师兄师姐们都使出浑身力气，表演高超的轮滑表演。一到晚上，学校空旷的地方就成为他们的乐园。放一个音响，穿上轮滑鞋，就可以开始尽情玩耍了。

校园美食

仓桥家

他们家位于马房山校区，主要经营寿司、刺身、拉面、甜品。环境优美，拥有隔间的榻榻米，装修和料理也是日式风格，平常吃惯炒菜、蒸菜偶尔想要换换异国菜系的或者喜欢日本菜的可以过来试试。

小厨房餐厅

这家店位于马房山校区，集美味与逼格于一身，干净卫生的环境，别具匠心的设计，耐人寻味的菜名以及美味可口的饭菜，都使这家店人气爆棚，每至周末都是要排队取号的，两人约会以及集体聚会都是不错的选择。

校园景点

飞马广场

飞马广场位于马房山校区西院第一行政楼前，拥有着翱翔于高空的飞马造型的雕塑。传说中关云长曾于马房山放马，因此特意将此处命名为飞马广场。这里也是学校的一处美景，夜晚，你可能会在这里看到漂亮的音乐喷泉。

伯乐山

伯乐山马房山校区，取名来源于典故"伯乐相马"。在伯乐山，没有高耸粗壮的大树，但是各种绿色的小树与片片草地也是别有一番风味。伯乐山还有另外一个称号是情人坡，相信每一个学校都会有一个"情人坡"，用来形容那个地方的漂亮，以及被认为是情侣约会的好去处。这里也是南湖校区同学们休息的好去处，课间，你可以看到在这个山坡的每棵树下都会聚集着两三个同学，躺在松软的草地上，小树遮盖了耀眼的阳光，很舒服。

特色院系

信息工程专业

作为本科学生，基本上毕业就四条路可走，考研、保研、工作或者出国。而作为信息工程学院的学生，保研要从大二开始就要筹备。在这个学院，可以参加的比赛很多，这些比赛基本上都是以团队形式比赛，所以选好队友很重要。如果是工作的话，大三下学期就要开始不停地找实习，因为大四上学期也就是9月份就开始有招聘了，而且9月份的基本上都是互联网行业的大头。

湖北景点
SCENIC SPOTS IN HUBEI

扫码
听不一样的景点故事

三国赤壁古战场
这里是赤壁之战发生地，是我国古代"以少胜多，以弱胜强"的七大战役中唯一尚存原貌的古战场。
地址：湖北省赤壁市赤壁镇武侯巷

神农架神农顶风景区
神农架是以保存完好的森林自然生态系统为背景的自然生态旅游区，动植物资源十分丰富，保存着完美的亚热带森林生态系统。
地址：湖北省直辖县神农架林区红坪镇

武当山
武当山是我国著名的道教圣地、太极拳的发祥地，也是一个避暑胜地。
地址：湖北省十堰市丹江口市武当路

古隆中
隆中因诸葛亮"躬耕陇亩"、刘备"三顾茅庐"，引发《隆中对策》，被世人称为智者摇篮，三分天下的策源地。
地址：湖北省襄阳市襄城区

屈原祠
屈原祠以屈原文化为统领，是三峡库区把物质文化遗产和非物质文化遗产保护利用的重点区域。
地址：湖北省宜昌市

昭君故里
王昭君是西汉南郡秭归人，其家乡宝坪村是一个山明水秀的好地方。
地址：湖北省宜昌市兴山县宝坪村

李时珍纪念馆
李时珍纪念馆为仿古建筑群，馆内陈列大量珍贵的医学资料、药物标本和郭沫若、邓颖超、方毅等同志的题词。
地址：湖北省黄冈市蕲州镇李时珍大道11号

户部巷
户部巷是一条长150米的百年老巷，被誉为"汉味小吃第一巷"，其繁华的早点摊群数十年经久不衰。
地址：湖北省武汉市武昌区自由路

湖北省博物馆
国家文物局出土木漆器保护重点科研基地，也是湖北省规模最大、藏品最为丰富、科研实力最强的国家级综合性博物馆。
地址：湖北省武汉市武昌区东湖路156号

黄鹤楼
黄鹤楼享有"天下江山第一楼"、"天下绝景"之称，是武汉市标志性建筑，与晴川阁、古琴台并称"武汉三大名胜"。
地址：湖北省武汉市武昌区武珞路阅马场

湖南省
秋风万里芙蓉国

　　湖南位于洞庭湖以南，是以为湖南。而湘江贯穿南北，所以又简称为湘。

　　湖南有众多历史遗迹，岳阳楼、马王堆汉墓、凤凰古城、橘子洲，古色古香韵味流长，唐代的诗人谭用之曾以"秋风万里芙蓉国"来歌咏这里。

　　这里的自然风光更是如画，《阿凡达》里的世外桃源就是取自于张家界，浏阳河、烟雨朦胧的洞庭湖，都是让人把酒吟诗，魂牵梦萦的地方。

HUNAN UNIVERSITY
湖南大学

湖南大学坐落在长沙市，是国家"985工程"、"211工程"高校之一。学校于1926年正式定名，有南北两个校区，占地面积139.6万平方米。

北校区
地址：湖南省长沙市岳麓区石佳冲路109号

南校区
地址：湖南省长沙市岳麓区麓山南路2号

听学哥学姐揭秘
你不知道的
湖南大学

 特色建筑

复临舍

假如湖大建筑物也有朋友圈，那么位于南校区的复临舍一定是每天被自己帅醒的那一个。它经历了战火的洗礼，在从辰溪回迁时重建，取其"光复再临"之意。

水教

水教位于北校区，整个教学建筑都立于水上，向后通过浮廊与电教相连，旁边有山有树，烟雨朦胧的时候特别美。

办公楼

办公楼是南校一幢非常古老而又有历史厚重感的建筑楼了。每年毕业季，毕业生们总要穿上学士服来这栋砖红色楼前留下一张照片；对参观湖大的游客来说，此地也是非去不可的。人们对此处如此钟爱，不仅仅是因为它庄重典雅的外型，砖红拱门上高悬的黑漆匾额，和斑驳墙坯上透出的神秘感；更重要的是，在艰苦卓绝的八年抗战胜利之后，这里是举行侵湘日军投降仪式的地方。当时经过战火的摧残，只有这么一处教学楼还算保存完整，于是将其设为临时大礼堂举行受降典礼。

社团活动

湖大创行（Enactus）

在东部沿海以及南方沿海地区学校，创行的名声是非常响的，逼格高，学校也非常重视。当然进入的门槛也很高，百里挑一也不为过。

商业金融协会

假如你在北校，那么商金协会还是很值得加的。因为北校是财经类专业聚集地，在商金协会还是能学到一些东西的。

 校园美食

饭怕鱼

饭怕鱼就是南校区公寓附近比较好吃和高大上的饭店，最主要的鱼饭，味道很好，据说是用秘制的鱼汤煮出来的，用的泰国香米，香糯可口，只吃饭也能吃下好几碗。

一起吃饭吧

一起吃饭吧是北校区餐馆的门面担当，算是北校区比较拿得出手的饭店了。这家餐馆是比较正宗的湘菜馆，口味比较迎合大众。

书院九号

书院九号是南校区勤工中心开的一家实体店，也是湖大学生的创业孵化基地和平台，有很多创意交流活动。位置就在综合楼侧边负一楼，第一次去的人估计不太好找。店里环境很赞，装修简约，清新文艺，可以看书、休息、会友。店员服务态度还不错，最好的是，即使不点任何东西也没人管你，很自在。

 校园景点

岳麓书院

可以说整个湖大南校区里都是三步一景，九步一观。不过其中最有名的还当属岳麓书院，毕业生留影纪念此处是必备。

岳麓山

假如你胆子够大，可以在南校区来个夜爬麓山，在午夜或者凌晨爬到山顶去看长沙的夜景，保证不会后悔。

北村

北村就在北校区，最出名的是樱花，每年四月份，北校都会迎来它的樱花季。拜长沙奇葩的天气所赐，樱花有时会开二度，九月份再一次绽放，让大家称奇不已。

 特色院系

机械与运载工程学院

2014年的大学生方程式汽车大赛，湖南大学车队是冠军。这个专业是实打实的，学生毕业之后基本上都去了南方的各大汽车企业，就业率很高。

建筑学院

湖大建筑学院比较重视生产，"湖南大学设计研究院"是湖南当地很有名的设计单位，很多学院的老师有设计院职务。由于湖大教学区和宿舍区相距较远，湖大建院的学生很少像其他学校的一样整日呆在专教，而是整日呆在宿舍。

CENTRAL SOUTH UNIVERSITY
中南大学

听学哥学姐揭秘
你不知道的
中南大学

　　中南大学坐落在湖南省长沙市，是国家"985工程"、"211工程"重点建设大学，于2000年合并组建而成。学校有校本部、铁道校区、南校区、新校区和湘雅校区五个校区，占地面积5886亩。

校本部
地址：湖南省长沙市岳麓区麓山南路

铁道校区
地址：湖南省长沙市天心区中南大学土木工程检测中心附近

南校区
地址：湖南省长沙市岳麓区麓山南路605

新校区
地址：湖南省长沙市岳麓区潇湘中路

湘雅校区
地址：湖南省长沙市岳麓区桐梓坡路172号

特色建筑

图书馆

别看新校区图书馆其貌不扬，其实它可是获得过建筑业内著名大奖——鲁班奖的。新校图书馆一共有七层，是中南所有图书馆里面最现代化的一间，同时也是藏书种类最丰富的一间。除了海量藏书外，图书馆还购买了一个数据库，里面有各种科技论文等等，完全不用担心毕业论文找不到参考资料。

体育馆

这座外形酷似北京国家体育馆鸟巢的场馆，就是中南人引以为傲的新校区中南鸟巢！2015年阿妹张惠妹在长沙的演唱会地点就选在了中南鸟巢。

社团活动

ZERO配音社

ZERO配音社是中南大学唯一一个学校的配音社团。作为一个社团来说，年龄尚小，但ZERO社的每个成员都在努力把这个配音社建设得更好。想要过一把戏瘾然而又略带羞涩的你，配音这一活动简直是再合适不过了。因为配音其实不用出境，只要你有颗演戏的心，你就能打拼出一片属于自己的天地。

校园美食

易阿姨蛋炒饭

九食堂位于南校区，这里有很多家蛋炒饭，但大家觉得配菜最健康的就是这家，而且老板人很好，好说话。

张姐烤肉拌饭

这家位于南校区，绝对是九食堂乃至后湖小区里做烤肉拌饭最成功的一家，没有之一！每次排队等着买饭的人能从店门口排出人行道再排到马路上。

重庆老李头杂酱面

校本部附近最好吃最实惠的杂酱面馆，每到放学时间，去晚一点都会没有位置。小碗不小，大碗是真的很大碗！而且大碗和小碗只相差一块！他家的杂酱面分手工面和碱面两种，想要吃得饱一点的以及不介意面筋道一些的孩子可以选手工面。

校园景点

观云池

"半亩方塘一鉴开，天光云影共徘徊。"明朝大诗人朱熹所写的这首诗早已脍炙人口，同时也是本部图书馆前这一方清潭的得名由来。观云池两旁是两条清凉宜人的林荫大道，同时也是通往本部校区各个教学楼的主要通道。沿着林荫道爬上平缓的山坡，本部校区的真容才开始逐渐显现。本部校区是中南大学历史最悠久的校区，是真正意义上坐落在岳麓山脚。因此，作为本部门户的观云池，其景色一定不会让你失望。

特色院系

粉末冶金研究院

为什么要先介绍这个学院，因为这个学院太高大上，再加上有一个高大上的研究所在本部，这个学院作为中南的优势学院是妥妥的！因为中南工业大学的前身是中南矿冶学院，所以相关的专业都是中南的传统优势专业，再加上位于本部的粉末冶金研究所和米塔尔大楼提供的支持，这个学院日后的就业情况如何，想必也不用多说了。

地球科学与信息物理学院

因为这个专业的主攻内容属于新兴产业，所以短期内不用担心人才饱和的问题，而且由于专业学习的内容跟软件院有些相似，所以在日后的就业方面，如果你不想从事地理信息系统方面的工作，完全可以转向IT行业，这个专业在就业方面的灵活度要比遥感和测绘高些。如果你想攻读研究生，学院里也有很好的硕士专业供你选择，所以其实是个不错的专业。

HUNAN NORMAL UNIVERSITY
湖南师范大学

听学哥学姐揭秘
你不知道的
湖南师范大学

　　湖南师范大学位于长沙市，1984年正式更名，入选首批国家"211工程"重点大学。学校现有5个校区，占地168公顷。

二里半校区
地址：湖南省长沙市岳麓区麓山路36号

南院
地址：湖南省长沙市岳麓区河西麓山南路

咸嘉湖校区
地址：湖南省长沙市岳麓区桐梓坡路371号

马坡岭校区
地址：湖南省长沙市芙蓉区马坡岭远大二路497号

张公岭校区
地址：湖南省长沙市芙蓉区纬六路

特色建筑

青楼

听这个名字会不会吓到,这就是现存最古老的青砖结构的老楼教务办。始建于民国时期,位于二里半校区,内部是旋梯结构,窗户门板都别具风味,是一栋应该重点保护的建筑物。

图书馆

图书馆位于二里半校区,是邵逸夫捐建的大型图书馆,正在扩建。馆内有一家时间胶囊咖啡厅可以供同学们在学习之余休闲一下,喝一喝下午茶。在图书馆内部还有美丽的鱼池,配合着美丽的花草,是一个不可错过的景观。同时图书馆内部有学校专门为考研同学设立的有固定座位的考研自习室,从早上开门到晚上十点半,一般要在大三下学期报名后抽签决定位置。

景德楼

景德楼位于二里半校区,干净整洁和四块六块八块大黑板的大教室设备,使它无疑是师大最好的综合性教学楼,得天独厚的地理位置让大家可以在上课的时候听到鸟鸣、闻到花香、还可以听见岳王亭的爷爷奶奶打太极拳的声音,不过前坪当然也是大妈们傍晚广场舞的首选。

社团活动

舞与武协会

这是一群由有生活热情的孩子们组成的社团,他们将舞蹈和武术集合在一起,他们参与过炫舞大赛、表演过快闪、军训汇演等节目。他们的表演游走于校内的各个角落。

三元学社

三元学社是湖师大重点推介的对环保和慈善有卓越贡献的协会。每一年学社都会举办比如公益骑行、敬老院探望、公益募捐、公益打扫车站等活动。三元学社是一个综合性公益服务类的社团,开展涉及环境保护、志愿服务等多方面的公益活动,是一个有两百多名会员的大型学社。入会在报名后还需要经过面试,面试不通过会退还预交会费。

校园美食

老尹家肉夹馍

老尹家在二里半校区,当初老尹和他老婆还没有摊位推着车卖肉夹馍的时候,就拥有一大批忠实的粉丝,甚至有人叹言,早上若没吃一个老尹家的肉夹馍,都觉得没有吃早餐。

广州钵仔饭

他家的钵仔饭位于二里半校区,每个品种都好吃得让人一日三餐都想坐在店子里不挪步,强烈推荐经过天马的小伙伴们一定要试一试。

校园景点

木兰路

二里半校区的木兰路真的很有感觉,圆嘟嘟的木绣球开的时候,木兰路两旁的树上被点缀的白绿相间的,彰显了一种青春校园的感觉。

桃子湖

这片在师大二里半校区与湖大之间的的湖,风景如画,是师大与湖大小情侣经常光顾的地方,湖水清澈,还有小鸭子在上面嬉戏。

岳王亭

岳王亭位于二里半校区,四面临池,绿水环绕,是为了纪念岳飞建立的。岳王亭风景区入口处,由著名书法家、我校美术学院颜家龙教授题写碑名。虽然到这里要爬好久的坡,不过这个岳麓山脚下的僻静处,环境优雅,既为学校师员工和广大市民提供了一个美丽清新的休闲场所,也成了对广大青年学生进行爱国主义教育的重要场地。

特色院系

外国语学院

这里有着许许多多萌妹子,而且师大的英语专业在全国的专业排名可以达到全国前十,依傍着木兰路而且是本部唯一一个自己建立了小舞台的学院。

新闻与传播学院

这里就是传说中的湖南卫视直送人才的地方了,毕业的同学很大一部分都去了电视台工作,是盛产白富美和高富帅的摇篮。

商学院

千锤百炼王者商院。拥有七大强势专业的商学院,拥有极强的集体荣誉感。在太极拳比赛等各个大型比赛中都取得佳绩。商学院拥有很好的就业前景,毕业应届学生除保研和考研成功以及出国学生以外,百分之九十都在当年找到了工作,师资力量也很强大,设有硕士点和博士点还有成教办。原经济周刊杂志社也坐落在老商院里。

湖南景点
SCENIC SPOTS IN HUNAN
扫码
听不一样的景点故事

凤凰古城
这是一个以苗族、土家族为主的少数民族聚集地，沈从文小说《边城》写的就是这里。
地址：湖南省湘西土家族苗族自治州吉首市

岳麓山
这是探幽访古的好去处，名胜古迹众多，还有大量的碑匾文物闻名于世。
地址：湖南长沙市登高路58号

张家界森林公园
这是集神奇、钟秀、雄浑、原始于一体的森林公园。
地址：湖南省张家界市武陵源区金边路

洞庭湖
滨湖风光秀丽，湖中有山，"江天暮雪"、"潇湘八景"等等说的就是这个湖。
地址：湖南省岳阳市岳阳楼区

湖南省博物馆
湖南省博物馆与烈士公园毗邻，是湖南省最大的历史艺术博物馆。
地址：湖南省长沙市东风路50号

橘子洲
橘子洲是湘江下游众多冲积沙洲之一，也被誉为"中国第一洲"。
地址：湖南省长沙市岳麓区

衡山
五岳之一，是著名的道、佛教圣地，环山有寺、庙、庵、观200多处。
地址：湖南省衡阳市南岳区金沙路

岳阳楼
岳阳楼位于古城西门城墙之上，与黄鹤楼、滕王阁并称为"江南三大名楼"。
地址：湖南省岳阳市洞庭北路

天心阁
天心阁位于长沙市中心东南，是长沙古城的一座城楼，也是长沙仅存的古城标志。
地址：湖南省长沙市天心区天心路3号

芙蓉镇
这是一座有两千年历史的古镇，民族风情浓郁，有众多土家族文物。
地址：湖南省湘西土家族苗族自治州永顺县

河南省
多灾多难却兀自坚强

　　河南是中国历史上战争和灾难最集中的地方，饥荒、旱灾让这片贫瘠的土地一度陷入荒凉绝望的境地。即便现在，河南经济在全国依然处于滞后的阶段，但这并没有抹去几千年历史文化赋予这里的厚重和坚实。

　　历史上先后有20多个朝代在这里建都，龙门石窟、少林寺、黄帝故里至今仍留存着让人能从中探寻历史的遗迹。

ZHENGZHOU UNIVERSITY
郑州大学

郑州大学，创建于1956年，是国家"211工程"重点建设高校，学校有新校区、南校区、工学院、医学院4个校区，占地面积5700余亩。

新校区
地址：河南省郑州市高新区科学大道100号

南校区
地址：河南省郑州市二七区大学路75号

工学院
地址：河南省郑州市金水区文化路97号

医学院
地址：河南省郑州市二七区大学北路40号

听学哥学姐揭秘
你不知道的
郑州大学

特色建筑

美院办

美院的院办位于新校区,独具特色,整个建筑有着浓郁的艺术气息。巨大的下沉广场,用于雕塑的展示,既实用又美观。一进入美术学院首先会被其展览作品的大厅吸引,他们的毕业设计有动漫、手工、雕塑等。

图书馆

图书馆位于新校区,一共五层,通过外部楼梯可直接进入二层。进入二层首先展现在你面前的是一个五层通高的巨大中庭,保证了白天充足的采光,抛光的地板能反射出自己的影子,第一次进入你会赞叹这里的华丽。华丽之外,享受也不少。现在新华书店已入驻第五层,精致的糕点,浓郁的咖啡让读书变得更有情调。

 ## 社团活动

计算机协会

这个社团从入学开始就一直孜孜不倦地帮助学弟学妹修电脑,安路由器,注册校园网,他们对于很多不擅长计算机的女生来说,简直是福音。进入这个社团可以学到很多电脑知识,实践永远大于理论,这比老师上课讲的生动多了。

 ## 校园美食

聚英园的鸡排饭

新校区食堂这个窗口每到中午都排着老长的队,不仅仅因为鸡排烤得香嫩,更是因为这里的鸡排饭可以随便盛菜,其他地方的鸡排饭大多只让盛2个菜而且分量不足,不少人为了这里丰富的菜式也要千里迢迢赶来呀。

风华园一楼

风华园位于新校区,超级高大上,不仅因为这里装修豪华,更在于这里是自动感应收费的,每个人都先拿一个托盘进入,按顺序走过窗口,拿自己喜欢吃的东西,再到机器前把托盘放在上面,会自动感应出应付多少钱。当然,作为食堂,饭好吃才是王道,风华园二层的重庆小面的确是绝味。

 ## 校园景点

厚山

厚山位于新校区,有树有水,宛若世外桃源,中心是一个亭子,旁边是一个小瀑布,水缓缓流入湖中,十分恬静秀气,每到晚上都会有情侣到这里散步、赏美景,充满诗情画意。

眉湖

眉湖位于新校区,旁边杨柳依依,上面架着各式的木桥,石桥,喷泉,还有咖啡厅。白天这里吸引了各地游客在湖边野餐,小孩子赤脚来回奔跑,时不时跟湖中的小鱼与黑天鹅嬉闹,好不快乐。

特色院系

建筑学

建筑学是现在非常热门的专业,也是郑大的王牌专业之一。郑州大学建筑学的学生毕业后因为上手快备受各大设计院青睐,本科就业率达到95%,学院的保研率是20%。建筑学花费很高,平时做模型,画图纸,平均每月要比别人多花好几百。不过毕业后工资就很高,所谓付出必有回报,从大一就开始学习专业课也是一定会有所回报的。

临床医学院

临床医学作为高考分数线最高的专业,自然在就业和专业排名上不会差。郑大的临床医学是7年本硕连读,毕业后可以直接进入各大医院,实习也是在郑大附属医院进行,在河南这是首屈一指的大医院了。临床医学的学生熬夜通宵也是经常的事情,一点都不输于建筑系的学生。

河南景点
SCENIC SPOTS IN HENAN
扫码
听不一样的景点故事

龙门石窟
这是中国四大石窟之一，有浩瀚的佛文化，地理位置优越，被列入了洛阳八大景之冠。
地址：河南省洛阳市洛龙区龙门中街13号

洛阳周公庙博物馆
在周公庙基础上建立的一座以弘扬周公文化、展示都城遗址文化内涵的专题博物馆。
地址：河南省洛阳市老城区定鼎南路与凯旋东路交叉口

少林寺
少林寺始建于北魏太和十九年，是孝文帝为了安置他所敬仰的印度高僧跋陀尊者，在与都城洛阳相望的嵩山少室山北麓敕建而成。
地址：河南省登封市

开封府
北宋时期天下首府，威名驰誉天下，包龙图扶正祛邪、刚直不阿、美名传于古今。
地址：河南省开封市

白马寺
白马寺号称"中国第一古刹"，是佛教传入中国后第一所寺院。
地址：河南省洛阳市洛龙区白马寺镇

康百万庄园
康百万庄园始建于明末清初，是一处典型的17到18世纪封建堡垒式建筑。
地址：河南省巩义市康店镇

清明上河园
大型宋代文化实景主题公园，以画家张择端的写实画作《清明上河图》为蓝本，以游客参与体验为特点的文化主题公园。
地址：河南省开封市龙亭区龙亭西路5号

大相国寺
大相国寺是中国著名的佛教寺院，曾是最大的寺院和全国佛教活动中心。
地址：河南省开封市自由路西段

嵩阳书院
嵩阳书院创建于北魏孝文帝太和八年时，古朴雅致，大方不俗。
地址：河南省郑州市登封市

云台山
云台山含百家岩、红石峡、子房湖、猕猴谷、茱萸峰等主要景点，气候凉爽宜人。
地址：河南省焦作市修武县

江西省
物华天宝 人杰地灵

　　唐代诗人王勃在《滕王阁序》里所写"物华天宝，人杰地灵"，说的正是这里。

　　李白歌咏庐山"飞流直下三千尺，疑是银河落九天"，婺源山水旖旎秀丽，无以复制，而全世界更是找不到第二个像景德镇一样自古以来只以陶瓷就闻名于世的地方了。

　　江西的景观，无论是人文或者自然，都浑然天成，丝毫不带造作之意。

NANCHANG UNIVERSITY
南昌大学

南昌大学位于中国南昌市，是"211工程"重点大学，1993年组建而成。学校拥有前湖、青山湖、东湖、鄱阳湖和抚州5个校区，其中前湖主校区占地面积4500余亩。

前湖校区
地址：江西省南昌市新建县学府大道999号

青山湖校区
地址：江西省南昌市青山湖区南京东路235号

东湖校区
地址：江西省南昌市东湖区八一大道461号

鄱阳湖校区
地址：江西省九江市永修县共青城南湖路50号

抚州校区
地址：江西省抚州市临川区东林路9号院

听学哥学姐揭秘
你不知道的
南昌大学

特色建筑

正门

南大前湖校区正门模仿原国立中正大学大门,由巨型白色和红色大理石堆砌而成,围成半环形。南大正门有多大呢?如果你想拍摄全景的话,你得走到对面马路才可以。

图书馆

前湖校区图书馆高达23层,完全可以俯瞰天地,登上顶层可以环视南大四周,很多人喜欢坐电梯上来,然后拿一本书席地而坐,碰上天气好,可以边吹着风边看书,累了往远处一看,风景尽收。图书馆每周五下午、晚上闭馆整理,平时人不多,一到期中和期末考试的时候,简直是一席难求。

主教学楼

前湖校区教学楼外观整体是椭圆形的,中间有2个旋转楼梯,主要色调是红色外加一些白色和黄色条纹。在外面一看十分显眼,在润西湖的衬托下,就好像是天然放在这儿的一栋建筑。主教学楼有5层,整栋楼都覆盖了免费的Wifi,1—4层主要用于教学,2—3层每层大厅都有大桌子供学生学习用,还有热水、小商店。热水和小商店是关键,在往后孤独自习的时光里,它们也许是你唯一的乐趣来源。

 ## 社团活动

粤语协会

粤语协会主要工作就是推广粤语和岭南文化,他们已经将粤语授课常规化,每周六晚都会进行免费培训,有专门的书籍,由广东人进行授课,完毕还会教大家唱一些简单的粤语歌曲。

笛箫协会

笛箫协会是文艺范很明显的一个协会,协会里藏着很多顶尖的笛箫高手,经常现身于各种晚会、聚会,对这类乐器有兴趣的同学不妨去学习,但是得有毅力,毕竟笛箫不是那么简单能学会。协会招新时笛箫协会经常使用的招数就是现场表演,不少新生都会被吸引过去,所以笛箫协会每次招新都是几百号人,他们从来就不缺人。

 ## 校园美食

风波庄酒家

这家店位于前湖校区,餐桌以四方木桌+板凳为主,装修略有江湖味道,各种门派分门别类。黄豆鸡爪味道很好,包菜粉丝,牛肉分量大,总体来说环境和口味都可以,值得一尝究竟。

老上海百年经典小笼馆

这家店被誉为南昌最好吃的小笼包,位于前湖校区,虽然价格贵了一点,但人家的馅是完全不含糊,紧实的一坨肉。

 ## 校园景点

正气广场

正气广场位于前湖校区,这个景点主要包括广场、龙腾湖以及正气龙,最引人注目的就是两条镀金的龙,盘坐在湖上,相对回望,龙下面是一块大理石,刻着民族英雄文天祥《正气歌》。

润溪湖

取名润溪湖,一是这里毗邻润溪村,二是取润物细无声之意。润溪湖是校内最大的一个湖,位于前湖校区,由水库的基础上建造,从学校的2号门一直往北延伸到主教楼和商业街学工楼。湖边杨柳依依,倘若初夏坐在湖边,拿上一本书,看着湖里各种倒影,真是非常惬意。

特色院系

材料科学与工程学院

在南昌大学,材料科学与工程学院是出了名的热门学院。每当谈及这学院,少不了会联想到这学院里面聚集的来自四面八方的帅哥。如果有幸成为此学院的一名学生,必定能得到知识与修养上的提升。

新闻与传播学院

新闻学专业是南昌大学颇为著名的优势专业,随着时间的推进,如今已经改成新闻与传播学院。这个学院不仅要求学生掌握新闻专业的各种技能,更要求学生掌握大量的社会科学知识和丰富的历史文化知识,以便于毕业后就业更加具有优势。

江西景点
SCENIC SPOTS IN JIANGXI
扫码
听不一样的景点故事

景德镇
这是一个卧虎藏龙的城市，进入当地的瓷土生活，你可能会解开这座城市的工艺面纱。
地址：江西省景德镇市

滕王阁
江南三大名楼之一，始建于唐朝永徽四年，因初唐诗人王勃诗句"落霞与孤鹜齐飞，秋水共长天一色"而流芳后世。
地址：江西省南昌市东湖区仿古街

婺源
这是徽州文化的发祥地，有浑然天成的乡村之美，徽派建筑是一大特色。
地址：江西省上饶市婺源县

龙虎山
龙虎山是中国第八处世界自然遗产，世界地质公园，是国家AAAAA级旅游景区。
地址：江西省鹰潭市

鄱阳湖
这是中国第一大淡水湖，有众多鸟兽，是重要的湿地。
地址：江西省南昌市

明月山
明月山是集"生态游览、休闲度假、科普教育和宗教旅游"为一体的山岳型风景名胜区。
地址：江西省宜春市袁州区

庐山
庐山山体呈椭圆形，典型的地垒式块段山，以雄、奇、险、秀闻名于世。
地址：江西省九江市

抚州名人雕塑园
雕塑园是集"生态游览、休闲度假、科普教育和宗教旅游"为一体的山岳型风景名胜区。
地址：江西省抚州市临川区玉茗大道

三清山
江西第五高峰、怀玉山脉的最高峰。三清山还是道教名山，世界自然遗产地、世界地质公园、国家自然遗产、国家地质公园。
地址：江西省玉山县

井冈山
这里有很多的革命人文景观，有雄、险、秀、幽、奇的特色。
地址：江西省井冈山市井冈山风景名胜区

四川省
巴蜀大地
逍遥自在慢慢游

　　四川省多样的地理格局，悠久的历史文化使这里近乎一步一风景，每到一处，总有别样光景来刷新你的感官。

　　漫漫历史长河孕育了无数伟人，巴蜀特色更是渗透到了川地的角隅沟落。风靡世界的川菜以麻辣著称，口味醇浓。川西藏地、峨眉金顶、蜀南竹海交相融合，成为了巴蜀之地不可或缺的独特风光。

SOUTHWEST JAIOTONG UNIVERSITY
西南交通大学

西南交通大学位于成都，创建于1896年。是国家首批"985工程优势学科创新平台"、"211工程"重点建设高校。有九里、犀浦和峨眉三个校区，总占地面积约5000余亩。

犀浦校区
地址：四川省成都市高新区西部园区

九里校区
地址：四川省成都市金牛区二环路北一段111号

峨眉校区
地址：四川省峨眉山市景区路1号

听学哥学姐揭秘
你不知道的
西南交通大学

特色建筑

图书馆

  九里校区图书馆俯视图就像一个几何图形构成的葫芦。图书馆有一个"镇馆之宝"，即一套身穿"黄马褂"的善本古籍。交大还在清朝办学时，因学校办学水平高，所以清朝光绪皇帝和慈禧太后亲自御赐了《钦定古今图书集成》一书放在西南交通大学馆内保存，并在书壳内部赐御用黄色纸册包裹，象牙角封边来起到保护书籍的作用。

八教

  这就是西南交大犀浦校区所谓的"谜一样的八教"。神秘八教，棕色的外墙与明快的玻璃墙完美结合，让伫立在浙园旁的八教在庄严中又不乏轻快活泼，是艺术与建筑的完美结合，也正符合艺术楼与建筑楼合二为一的理念。其内部构造复杂，又因为各种艺术画作与雕像的衬托，显得更加阴森恐怖；楼梯也不正常，带你去不了你想去的地方，迂回又迂回，还可以突然中断！别不相信，它就是这样。

社团活动

武术协会

  武术协会和其他协会最不同的就是"很辛苦"！武术协会实行每日训练制度，对！每日！并且与四川大学梅花桩协会达成了良好的长久合作关系，双休日及节假日将有老师进行教学指导，进行集训。

校园美食

二食堂二楼

  二食堂二楼是西南交大犀浦校区南区最豪华的餐厅！该食堂由西南交大艺术与传播学院的一位教授设计，大家都称它为交大"高富帅"食堂，不得不说二楼的装修风格就很有艺术感，天花板上是交大历届校门剪影还有几何图形吊灯，自动扶梯两旁的玻璃墙上，也错落有致地印着学校有史以来所使用过的公章。洁白的墙面，整齐摆放的桌椅，被橙色隔断隔出来的私人空间，以及食堂工作人员统一穿着鲜亮的橙色工作服，就餐环境显得安静而温馨，完全就是一个高大上的高级别餐厅。

校园景点

犀浦虹桥

  虹桥又称交大的热恋桥，位于犀浦校区，由三个独立的桥拱组成，桥体为红色，是连接交大生活区与教学区的重要通道。盛夏之时，虹桥所处的交大河会完全干涸，此时的虹桥看上去就有点像个乡巴佬一样，非常丑，但是你在某一天的清晨会猛然发现：水满了！你以为是魔力么？大错特错！这是人工湖，工作人员趁着我们不在的夜晚，灌满了水！

特色院系

交通运输与物流管理学院

  这个学院的交通运输专业连续多年以来在教育部的学科评定中位列第一，在四川就只有四川大学的口腔医学能享有此殊荣。平心而论，交通运输专业不光是交通运输与物流学院的最强专业，也是学校最有影响力的专业之一。此外，该学院毕业的本科生基本在大四上学期就已经被中国铁路总公司签完了，工作根本不用愁呀！

机械工程学院

  这个学院既是学校牛哄哄的学院，同时也是学校人数最多的学院。机械学院的学子历来以艰苦朴素著称，由于学院妹子稀少，男女比例长年高居不下，所以大多数学生都宅在寝室钻研功课，夜以继日地研习工程制图，画光了的铅笔一支接着一支地扔。该学院最为强势的专业有机械设计制造及其自动化和车辆工程两个，前者在大三时会细分专业方向，其中最好的两个方向是机械设计和机械电子工程，有目标的同学可以提前奋斗啦！

UNIVERSITY OF ELECTRONIC SCIENCE AND TECHNOLOGY OF CHINA
电子科技大学

听学哥学姐揭秘
你不知道的
电子科技大学

电子科技大学坐落于成都市，国家"985工程"、"211工程"重点建设高校，1956年创建而成。学校设有清水河、沙河、九里堤三个校区，占地面积5000余亩。

清水河校区
地址：成都市高新区（西区）西源大道2006号

沙河校区
地址：成都市成华区建设北路二段四号

九里堤校区
地址：成都市金牛区九里堤西路8号

特色建筑

图书馆

清水河校区图书馆分五层，整体形状为八角星型，故又称"八角书斋"。藏书量巨大，同时拥有大量的电子藏书。环境优越，空调全开，冬暖夏凉，是学习的不二选择。

品学楼

品学楼是电子科大清水河校区的主要建筑，因俯视图为"品"字而得名，连接宿舍、食堂、图书馆，可以满足N点一线的生活。

主楼

主楼算是清水河校区里最霸气的建筑了。主楼融合了现代特色并进行了创新，但给人的感觉仍是厚重、大气、典雅，秉承了校训"求真求实，大气大为"。在这个地势相对开阔平坦的位置，主楼建筑内主要设有校机关及直属单位行政办公用房，档案馆、研究生院和部分院系的办公、实验用房。

 社团活动

电子科技爱好者协会

在这个协会，科技爱好者可以直接接触藏品，加深对科技产品的爱好，提升同学们的动手能力。

五人制足球精品联盟

五人制足球精品联盟是一个专业、温馨的组织。把球友聚集起来，给予专门的服务与指导，同时还能促进大家的交流沟通与进步。

日晞汉服社

这里汇聚了校内各个学院的汉文化爱好者，大家在此互相交流一起玩耍。

 校园美食

赤壁主题餐厅

位于清水河校区外，环境服务一流，以三国为主题，很好地把概念融合到了装修和菜品之中。

大嘴霸王排骨

这家店位于沙河校区，老板家的家族手艺，加上精选肋骨中段，提前一天腌制后，妙手加工而成。

东坡养生鸡

东坡养生鸡位于清水河校区外，是以药入味的特色美食，味道醇厚而且对人体大有裨益。

 校园景点

银杏大道

自2004年起，电子科大清水河校区就决定不再清扫飘落在草坪上的银杏叶。每到深秋，银杏叶开始变黄，争着要填满道路，为人们铺上一条黄金地毯，甚是迷人。

鹭栖湖

鹭栖湖位于清水河校区图书馆后面，为在图书馆学习的同学们提供优美的环境来散步，放松心情，让同学们能够劳逸结合，在众多学习压力下得到缓解。

东湖

东湖于2015年正式建设完成，为电子科大清水河校区又新添了一个环境优美，情侣散步的佳地。东湖周围的环湖跑道是同学们锻炼身体，放松心情，释放压力的最好选择。主楼、体育馆、立人楼、银杏大道这四个学校著名建筑物及景点环绕在东湖周围，给东湖增添了很多名气。靠近体育馆的湖畔还有油菜地，每到开花的季节，那片区域就变成了一片金黄色的海洋，吸引无数少女前来拍照。

 特色院系

电子工程学院

这个学院美号"大电工"，电工人有标志性的"电路工具箱"，拿着走在路上是很拉风的。

机械电子工程学院

机械电子工程学院最牛的地方，在于有一个很厉害团队——机器人队。这个队曾4次夺得亚太机器人国内选拔赛冠军，3次季军，2次亚太总冠军。

SOUTHWESTERN UNIVERSITY OF FINANCE ADN ECONOMICS
西南财经大学

听学哥学姐揭秘
你不知道的
西南财经大学

　　西南财经大学，位于四川省成都市，是国家首批"985工程优势学科创新平台"、"211工程"重点建设高校。学校有光华和柳林2个校区，占地面积2300余亩。

光华校区
地址：四川省成都市青羊区光华村街55号

柳林校区
地址：四川省成都市温江区柳台大道555号

特色建筑

图书馆

柳林校区图书馆前面有一座很出名的雕塑，罗丹的《思想者》，同学们称"裸男"。"裸男"作为西财最有名的几个标志之一，常常被人们用作地标和集合的地方，所以，当你听到有人通知"待会在裸男那儿集合照相"时，别以为他在开玩笑，他是说真的！

光华大学门

这是财大九十年校庆时新修筑的建筑，位于柳林校区，为了向校史致敬。这门十分有历史渊源，原建于上海光华大学中山西路，是光华大学的建筑坐标，然而抗战时期不幸毁于战火。直到2015年校庆前夕，学校参照原型启动光华大学门，复建于柳林校区光华路南端起点。当年将光华校区搬到柳林来后，没能把光华楼搬过来，现在终于又有了光华门，也算是西财不忘本初缅怀历史的体现。

社团活动

Global 软件部落

作为著名的"西南PPT大学"，上课时的presentation简直家常便饭。可谓"三更灯火五更鸡，我还在做PPT。"毕竟刚进来的部员大都是小白一只，只要你稍有技能便可脱颖而出。Global作为人气社团的原因也在于此，社团每学期都举办讲座和培训，无数技术大神云集至此，只等你献出自己的膝盖。

PPC 社团

PPC和其他社团在性质方面有很大区别，既不属于兴趣类社团，也基本与功利无关，却是最能够还原大学本质的社团。社团每天一次的活动频率是其他社团通常的一周一次乃至一学期两次无法想象的，更以此带动一种"家"文化的培养，将社团活动融入大学的日常生活，也通过参与社团活动获得了大学成功的三个关键：热情、毅力和健康。

校园美食

土家菜

这家土菜馆位于清水河校区后门商业街，装修风格是按照土家民房，将土家人的住房原样复制过来的，青砖与土墙，让你仿佛已置身土家古寨。很有特色的是这家店的筷子，店家为了食客饮食安全卫生，提供的筷子只有筷柄，而筷子头则用的是一次性的木质头。

罐罐米线

罐罐米线位于清水河校区后门商业街，这里提供生的食材，然后将沸腾的汤锅端上，让顾客自己按喜好添加，就像自己做饭一样。米线与汤也是分开放的，先把配菜下了再酌量下米线，因为米线是事先煮熟的，所以不用担心吃到生米线或者咬不动。因为下进去后一段时间米线都非常的烫，可以放进小碗里晾着吃，连汤一起舀才会更有味。

校园景点

柳湖

柳湖位于西财柳林校区，西财若没有柳湖，就像春天失去了鲜花，夏季缺少了微风一样，失了灵动。不得不说，在西财校园里，同学们记忆里最悠闲的校园景点，一定非柳湖莫属了。

济民广场

济民广场位于西财柳林校区，设有喷泉，中央喷泉的巨大水柱四周，安放着大石头以供人们休息赏景。济民广场正对着图书馆，背靠着经世楼，往西便是通向植物园宿舍区的路径，往东则经过创业大道可达东门，来往行人之多，全校之盛。每到夜里，外围环绕着广场的高大的路灯便散发出整个校园最明亮最浓烈的光芒，将整个广场照得几近白日。

特色院系

会计学院

会计学院的CPA专业除毕业后几近百分之百的就业率之外，还有良好的学习氛围。在日常的教学过程中，相对会计学、财务管理专业，CPA专业以小班教学为主，师生之间的关系更为密切，学生学习的态度也更为积极，平时的小测验一般额外增加难度，更有利于将来考取注会资格。CPA专业方向的院校学生通过选拔可以前往美国、英国、加拿大、香港等国家和地区，参加为期3个月的境外实习，极大丰富了学生的阅历和实务经验。

SICHUAN AGRICULTURAL UNIVERSITY
四川农业大学

　　四川农业大学是国家"211工程"重点建设院校，最早可以溯源到 1906 年在成都创办的"四川通省农业学堂"，现拥有雅安、温江、都江堰三个校区，校园总面积约 4500 亩。

雅安校区
地址：四川省雅安市雨城区新康路 46 号

成都校区
地址：四川省成都市温江区惠民路 211 号

都江堰校区
地址：四川省成都市都江堰市建设路 288 号

听学哥学姐揭秘
你不知道的
四川农业大学

特色建筑

麦立方

麦立方位于成都校区，这个名字是不是听起来就很高大上，让你不由自主联想到水立方，其实它俩的外形还是差不多的，只不过麦立方的外围是麦穗的图像，毕竟是川农嘛。

体育馆

川农体育馆的位置很显眼，从成都校区正校门进去，左侧的庞然大物便映入眼帘。体育馆的用处当然与体育有关啰，不过体育课一般都不在里面上，只有某些选修的体育课才会在里面上，地下一层有大大的羽毛球场。体育馆的右侧是一个乒乓球活动室，不过那是要收费的。除了当做运动的场所，体育馆还会用来开各种晚会，舞台灯光效果可是比较带感的啊，胡夏还来这里开过歌友会呢。

社团活动

园艺协会

园艺协会是园艺学院自主成立的协会，至今已经成立了十几年之久，有自己大棚种植的一些花卉、盆栽。园协的师兄师姐会教大家如何种植盆栽，如何移栽，如何护理多肉植物等。

大学生传媒中心

大学生传媒中心是一个你一听就觉得高大上的部门其主要工作是摄影，写新闻等。传媒中心作为一个校级的部门它接触的人范围更广，设备也更精良。

校园美食

雅安鱼

"雅雨、雅女、雅鱼"是雅安三美，其中雅鱼实在是鲜美可口。"清溪贡椒鱼"位于云楚天梯的脚下，味道十分的鲜美。贡椒鱼极富四川特色，将川菜中特有的麻味渲染得淋漓尽致，而且鱼是冷锅鱼，夏天吃也不会很热。来川农的朋友一定记得去雅安校区后门美食街试一试。

校园景点

大鼎

大鼎位于雅安校区老板山下，这鼎是用来纪念川农一百年生日的，周围是一块平地，有做成书卷形状的板凳，每天早上都会有许多人在这里看书念书，氛围特别好，这里也是开展团日活动的好地方。

老板山

老板山位于雅安校区，去老板山的路线很多，从大鼎那里的阶梯上去，沿途风景非常醉人，石梯旁有四季常青的绿竹，还有不知名的野花，一眼望去，宁静幽远，所以一路上都会有好心情。

梧桐大道

雅安校区梧桐大道的美是公认的。石油马路两旁是粗壮高大的法国梧桐，最美就是四月份发芽的时候了，嫩绿嫩绿的小叶，一副生机勃勃的样子，看着就让人心生欢喜。

特色院系

园艺学院

园艺学院的院长汪志辉老师特别能干，他曾在石棉县担任副县长，还上过中央台。建议大家去听一听他的课，讲的都是特别实用的东西。他上课喜欢抽距离他近的同学问问题，所以上他课的同学自行斟酌座位。

SICHUAN UNIVERSITY
四川大学

四川大学建于1896年，是中国"985工程"和"211工程"重点建设大学。四川大学地处成都，拥有望江、华西和江安三个校区，并举办了锦城和锦江两个独立学院，占地面积7050亩。

望江校区
地址：四川省成都市一环路南1段24号

华西校区
地址：四川省成都市人民南路3段17号

江安新校区
地址：四川省成都市双流县川大路2段

锦江学院（独立学院）
地址：四川省彭山锦江大道1号

锦城学院（独立学院）
地址：成都市高新西区西源大道1号

听学哥学姐揭秘
你不知道的
四川大学

特色建筑

行政楼

行政楼位于望江校区,俗称川大"红楼",是一栋具有中国特色的仿古式建筑,传说它的设计师是著名建筑大师梁思成先生。

钟楼

钟楼是华西校区地标性建筑,建立至今已经持续运行了80个春秋。英国著名建筑师弗烈特·荣杜易以钟楼为中轴,向南向北延伸形成了大约为品字形的错落有致的格局。

社团活动

飞扬俱乐部

"飞扬"是成都高校界罕有的专业IT公益社团。技术小白?没关系,这里有专业完整的技术员培训方案。在这里学会修电脑,能够帮助女同学刷机、清灰,改变世界的技术宅由此诞生。

笑笑相声社

"笑笑"是川内唯一的高校相声社团。川内许多高校邀请他们演出。他们的相声既有传统段子,也有融入校园生活和热点事件的自编段子,连校长也曾指名想看到他们的节目。

BOBO街舞社

BoBo是校级知名社团,即使你零基础也别害羞,各种舞种任选,社团每年招新80%都是零基础,只要想学,绝对能学到街舞的精髓。想要酷酷帅帅站在台上SHOW的人,千万不能错过。

校园美食

江安神藕

摊点位于江安校区后门美食街,它是原创的奇葩,它是一种武器,它是你听到就流口水,闻到流泪水,吃到流鼻水的美食。一般人的话,五块钱的神藕基本就够霸道了,敢于冒险的可以来十块钱试试看,据说一个人最高纪录是十块钱,而后肚子疼了两天。

望江SHE炒饭天团

川大望江校区南校门附近的竹林村美食一条街,一排低矮的居民平房中间,"SHE"这个招牌一眼就能看见。这里是三个阿姨卖炒饭的地方,但是她们家的炒面才是一绝,完全就是川大舌尖上的霸主。

华西蛋烘糕

大学路川大华西校区的侧门口,有个蛋烘糕。蛋烘糕是什么?它是成都的大众小吃,将面粉放在在平锅上烘煎而成。这家蛋烘糕一般是下午5点才摆出来,馅儿足,皮厚但是松软,怎一个美味能形容。

校园景点

江安景观水道

穿过学校的东大门,便是江安校区绵延近1公里的景观水道了。在景观水道两侧是由36组72幅日历造型的雕塑作品群组成的四川大学历史文化长廊,所以又叫"历史文化长廊"。想要感受四川大学百年历史的璀璨,来这里就对了。

望江银杏大道

梅花报春,银杏迎冬。满树黄叶,遍地金黄,这就是川大望江校区银杏景观诱人之处了。这里是游人留影圣地,更是婚纱摄影者的钟爱之地,不管你是哪一种,都不能错过银杏落地时节,这里的银杏叶,可是只捡不扫的喔。

望江荷花池

随着燥热夏日来临,望江校区北门旁边两侧的荷花池内盛开的荷花便能为你带来一抹清凉。荷叶郁郁葱葱,叶面均向南倾斜,粉红色的荷花竞相开放,你可以漫步,观赏,拍照,累了还可以在荷花池畔的座椅上小憩一番,快哉。

特色院系

华西口腔医学院

想学口腔哪家强?那得找川大华西口腔医学院。建立至今,100多年来,已发展成为国际知名的口腔医(学)院,三级甲等口腔专科医院的实力不容小觑。

文学与新闻学院

此学院是四川大学文科教学和科学研究实力最雄厚的学院,不但体现在拥有悠久的历史,还体现在强大的师资力量上,你值得拥有。

四川景点
SCENIC SPOTS IN SICHUAN
扫码
听不一样的景点故事

峨眉山
它是佛教圣地，是中国四大佛教名山之一，被誉为"佛国天堂"，有"峨眉天下秀"之称。
地址：四川省乐山市峨眉山

武侯祠
是中国唯一的一座君臣合祀祠庙和最负盛名的诸葛亮、刘备及蜀汉英雄纪念地，也是全国影响最大的三国遗迹博物馆。
地址：四川省成都市武侯祠大街231号

乐山大佛
乐山大佛，又名凌云大佛，是中国最大的一尊摩崖石刻造像。
地址：四川省乐山市

宽窄巷子
成都市三大历史文化保护区之一，由宽巷子、窄巷子和井巷子三条平行排列的城市老式街道及其之间的四合院群落组成。
地址：成都市青羊区金河路口宽窄巷子

阆中古城
四川最大的"风水古城"，中国四大古城之一，是爱好三国文化朋友的好去处。
地址：四川省阆中市阆水中路33号阆中古城

锦里
曾是西蜀历史上最古老、最具有商业气息的街道之一。是感受浪漫休闲的精神驿站，是体验三国文化与成都民俗的魅力街区。
地址：四川省成都市武侯祠大街231号

九寨沟
由于有九个寨子的藏民世代居住于此，故名为"九寨沟"。"九寨归来不看水"这句话足以让我们明白九寨沟的重点是什么。
地址：四川省阿坝藏族羌族自治州九寨沟县

大熊猫繁育基地
是一个专门从事濒危野生动物研究、繁育、保护教育和教育旅游的非营利性机构。
地址：四川省成都外北熊猫大道1375号

海螺沟
是青藏高原东缘的极高山地，以低海拔现代冰川著称于世。
地址：四川省甘孜州泸定县木西镇共和村

蒙顶山
蒙顶山因"雨雾蒙沫"而得名，这里因常年雨量达2000毫米以上，古称"西蜀漏天"。
地址：四川省雅安市名山县

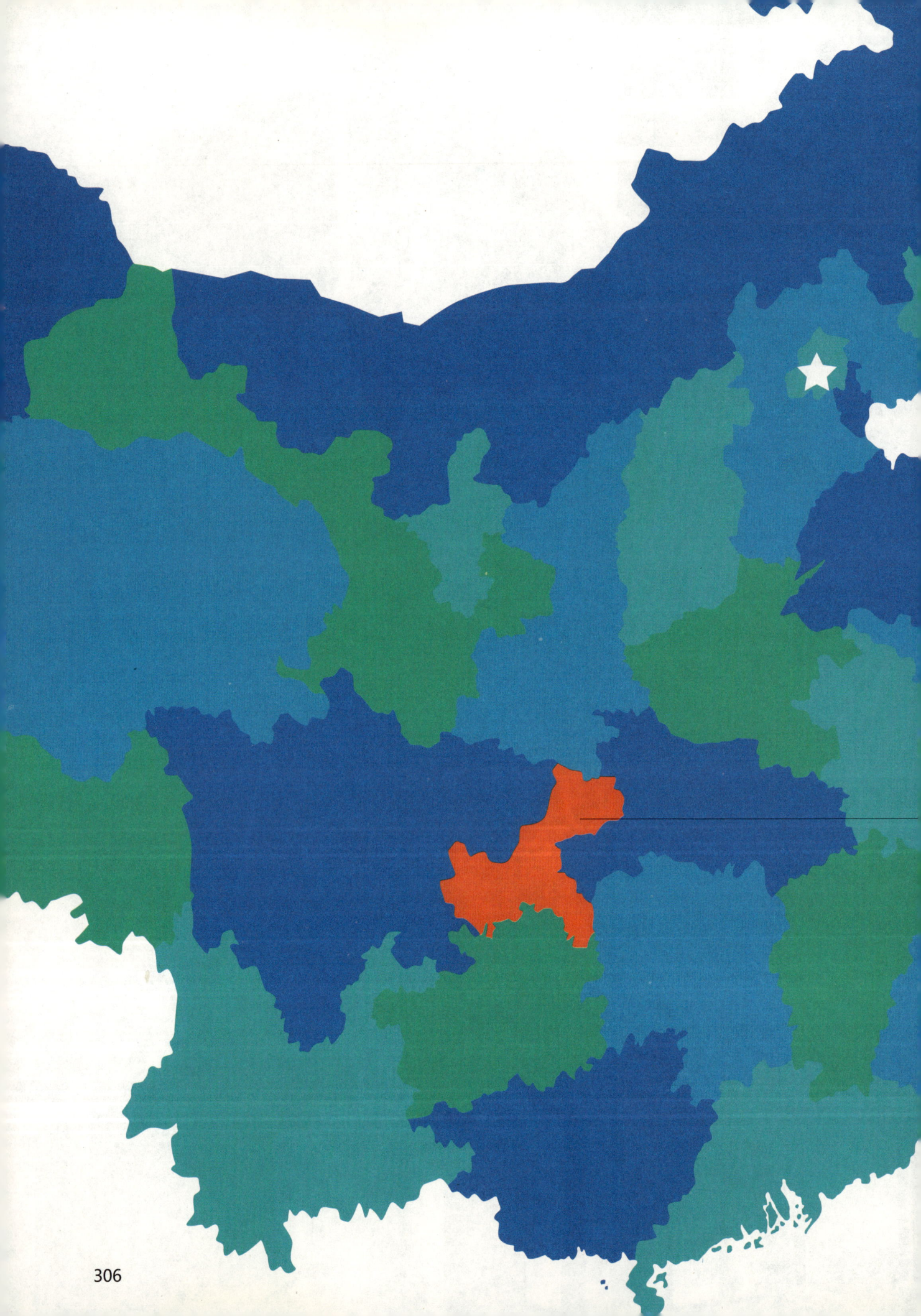

重庆市
立体感的山城雾都大火炉

　　重庆市建立在重重山峦之上,起伏的山势,高耸的楼房使得这个城市颇具立体感,此为"山城"也。山城位于长江和嘉陵江的交汇处,薄雾弥漫,因此又被称为"雾都"。而"火炉"这个称呼则有双重的含义:这里的美女、火锅都是火辣辣直抵人心,夏天四十几度的高温更使得这个称呼实至名归。

　　在这里,巴渝老宅和摩天大楼共同伫立于江边山侧,万家灯火和满街霓虹各闪其泽,充斥着生活的朴实和都市的繁华。

CHONGQING UNIVERSITY
重庆大学

重庆大学是国家"985工程"、"211工程"首批重点建设的高校。重庆大学创办于1929年,学校占地面积近5500亩,有校本部、虎溪两个校区。

校本部
地址:重庆市沙坪坝区沙正街174号

虎溪校区
地址:重庆市沙坪坝区大学城中路55号

听学哥学姐揭秘
你不知道的
重庆大学

特色建筑

综合楼

综合楼位于虎溪校区，综合楼的环境和桌椅总体来说比一教要好一点，它主要用来上英语课以及画图等课程，它也是多媒体语音教学场地，以后大家的口语上机练习就在综合楼里面完成。此外，想要上网的同学，综合楼里面有教室可以提供电脑上网，价格也很便宜：1元/小时。

艺术楼

艺术楼位于虎溪校区，这栋建筑面积分为A、B、C三部分，A、B栋为艺术学院专业教室，有6间舞蹈教室、12间画室、4间声乐教室、33间琴房。C栋为公共教室，光看教室阵容就知道这个学院的专业程度。有时候，从艺术楼经过的时候，你会听到袅袅悠扬的钢琴声，醉人心脾。

 社团活动

歌手大赛

重庆大学校园歌手大赛是一场音乐的盛宴，为热爱音乐的同学们提供了一个恣情歌唱的舞台，展现同学们青春活力，飞扬青年个性，身怀才艺或者相貌出众的大可报名参加一展身手，为自己的大学生活添加一些精彩的回忆。

辩论赛

在一场辩论赛中，需要的不仅是个人的知识储备与语言组织表达能力，更需要临场发挥的应变能力，与团队紧密协作的合作能力，发现对方言语间纰漏的洞察力。唇枪舌剑，引经论典，用团队力量赢得最后的胜利。你不是一个人在战斗，辩论赛给你想要的团队精神。

 校园美食

老灶火锅

这是旧时重庆火锅模样的火锅店，服务员都是店小二的打扮，桌子由砖砌成，作料装在小时候家里捣蒜的那种罐子里，给人一种印象火锅的感觉。店里可团购，菜品便宜，提供梅子汤和梅子酒。老油香浓，环境舒适，在校区本部后门美食街都可以体验。

 校园景点

松林公园

公园由两座小山绵延而成，位于虎溪校区范围内。山上林木繁茂、四季花香、山径幽然，并于校区最高处建有一亭。天气好的时候，晴空万里，天高云淡，空气也格外清新，走进新湖公园的北门，就会看到一大片蜿蜒无尽的松林，会让人感觉神清气爽。

云湖

在虎溪校区，图书馆、艺术楼与第一教学楼、第一实验楼隔湖相望。云湖湖心音乐喷泉水柱可达40米高，平时上午、下午各开一次，节日则全天开启。云湖水面非常平静，宛如明镜一般，能清晰地映出蓝天白云和绿树。这里非常适合慢跑或者散步，空气清新，环境也很优美。

特色院系

计算机学院

重庆大学计算机学院是我国高校最早开展计算机研究的基地之一，已经有50多年的发展历史。现在互联网行业正处于炙手可热的阶段，学好计算机无疑是趁热打铁。

SOUTHWEST UNIVERSITY
西南大学

听学哥学姐揭秘
你不知道的
西南大学

西南大学位于重庆市，是国家"985工程优势学科创新平台"、"211工程"建设高校。2005年，西南师范大学和西南农业大学合并为西南大学，学校共有两个校区，分别是北碚校区和荣昌校区。占地8000余亩。

北碚校区
地址：重庆市北碚区天生路2号

荣昌校区
地址：重庆市昌元街道学院路160号

特色建筑

体育馆

这是一座位于北碚校区的室内体育馆，刚刚建成，所以各种设施都是非常完善的，对于校内师生的运动、学习来说都是一个好场所。场馆设置专业，不受天气的限制，还能举办各种活动赛事，投入使用无疑是学校的巨大福利。

田家炳书院

香港田氏化工厂有限公司董事长、田家炳基金会董事会主席田家炳先生，是一位爱国爱乡、热心公益的企业家和慈善家。由他名字命名的这家书院位于北碚校区，有很多丰富的藏书，设施齐全，是学生们自习、找书、学习的好地方。

社团活动

广告创作协会

广告创作协会搭建了学校与外界沟通的一个平台，让同学们初步了解广告创作知识及最新消息，让同学们亲自参加广告设计、制作活动，培养实践中的办事能力及轻松应付飞速发展的广告信息，增强同学们的阅历和经验。

金钥匙协会

金钥匙协会是学生与社会的桥梁，以开发学生自我的就业和创业意识为核心，旨在让学生自我完善，最终找到开启成功与财富之门的钥匙。这个协会，可以帮助学生认识各种行业，制定职业规划，同时自己也能了解到很多关于就业的信息，等到毕业的时候会非常有用。

校园美食

犇坊老火锅

这是典型的重庆老火锅位于北碚校区后门，味道自然是以辣为主，菜品新鲜，服务也亲切，不失为一个聚会的好去处。

校园景点

校园植物

西大北碚校区的校园内高等植物有700多种，除了玉兰，还有水杉银杏、鹅掌楸、中华蚊母树等国家保护植物数十种。校内的森林覆盖率也是学生们津津乐道的话题，还有那一片新品种油菜花试验田，常常吸引同学们在此驻足拍照，欣赏金灿灿的美景。

花园

每到夜晚，北碚校区花园的喷水池水花四溅，在霓虹灯光的照耀下，非常浪漫。这里适合早上晨读，空气非常清新，也很湿润，脑子会非常清醒。晚上的时候和朋友散步，在附近聊天也会非常舒服，不失为学校里面休闲的好去处。

特色院系

含弘学院

含弘学院为每个学生单独制定个性化的培养方案和选课菜单，选拔校内外优质师资独立授课，引导学生创新性自主学习。学业过程实行全程导学制和完全学分制，公开选聘院士、长江学者、学科专业带头人等担任"学业导师"，全程"一对一"指导。同时，学院设立严格的年度考核目标，学生在学习阶段如果学年度考核不合格，或是有违规、违纪，则自动淘汰出含弘学院。这个学院可以说是因材施教的典范，但是对学生自主能力的要求也非常高。

数学与统计学院

数学与统计学院作为西南大学最重要的基层教育教学单位之一，是由西南师范学院数学系发展而来的。学院的本科毕业生就业率均在95%以上，考研录取率达35%以上，综合看来，基础很坚实，适合数学方面的人才。

重庆景点
SCENIC SPOTS IN CHONGQING
扫码
听不一样的景点故事

磁器口
文化底蕴丰富，巴渝故居别有一番风味，是沙瓷文化的发源地。
地址：重庆市沙坪坝区大桥街 44 号

洪崖洞
重庆时下最火爆、最时尚且具有风情的休闲区，"吊脚楼"特色鲜明。
地址：重庆市渝中区嘉滨路 88 号

白公馆
白公馆原是四川军阀白驹的别墅，1939 年军统局将此改建为看守所关押政治犯。
地址：重庆市沙坪坝区歌乐山凌云路

朝天门
重庆水上门户，是两江枢纽，也是重庆最大的码头。
地址：重庆市渝中区

四世同堂纪念馆
老舍在重庆北碚的故居。
地址：重庆市北碚区新村 67 号

长江三峡
瞿塘峡、巫峡和西陵峡，三峡工程是世界上最大的水利枢纽工程。
地址：西起重庆奉节的白帝城，东至湖北宜昌的南津关

重庆园博园
园博园四面临街，可远眺缙云山、鸡公山、嘉陵江温塘峡，是一个集自然景观和人文景观为一体的超大型城市生态公园。
地址：重庆市渝北区龙景路 1 号

渣滓洞
三面环山，一面临沟，"11·27 惨案"就发生在这里。
地址：重庆沙坪坝到歌乐山的中间位置

解放碑
重庆繁华的商务圈，是抗战胜利和重庆解放的历史见证。
地址：重庆主城渝中区民权路、民族路和邹容路交汇处

大足石刻
大足石刻是唐末、宋初时期的宗教摩崖石刻，以佛教题材为主，儒、道教造像并陈，尤以北山摩崖造像和宝顶山摩崖造像为著。
地址：重庆市大足县

云南省
彩云之南 风花雪月永如春

云南,一个光名字就引人浮想联翩的地方。苍山洱海边的大理古城,玉龙雪山下的丽江小店,还有迪庆高山上的经幡玛尼堆,雨林丛生的西双版纳,数不尽的美景山色让这片"秘境"的每一寸土地都让人魂牵梦萦,惊叹感动于每一个昼夜间大自然的鬼斧神工。

不要轻易去云南,因为这里太接近理想的乌托邦,稍一沉迷就无心返回现实的琐碎。

YUNNAN UNIVERSITY
云南大学

听学哥学姐揭秘
你不知道的
云南大学

云南大学位于昆明，始建于1922年，是中国首批"211工程"重点建设高校，拥有校本部和呈贡两个校区，并兴办了滇池和旅游文化两个独立学院，占地面积4552亩。

校本部
地址：云南省昆明市五华区翠湖北路2号

呈贡校区
地址：云南省昆明市呈贡区雨苍西路

滇池学院（独立学院）
地址：云南省昆明市杨林职教园区文博路

旅游文化学院（独立学院）
地址：云南省丽江市古城区玉泉路1号

特色建筑

会泽院

会泽院是云南大学校本部的地标,也可以毫不夸张地说是整个云南的地标。由著名设计师张邦翰设计,总共分为两层,四面开门,面面开窗。"会泽院"三个大字镌刻在前后的门楣之上,刀锋苍劲。这里曾经是国内重要的抗日基地,也是自由民主的抗争阵地。墙体上还依稀可以看见当年战争留下的弹痕。因此这里被称为南方的民主堡垒,与北京大学遥相呼应一南一北,为中华民族反帝反封建做出了卓越贡献。

图书馆

校本部图书馆中间是一个巨大的玻璃穹顶,在图书馆内部你就可以看到云南独有的蓝天,而且自然光充足。走进图书馆,一个照壁立在眼前,绕过照壁你可以发现宽大的空间、温馨的卡座,时尚的顶灯,地面采用橡胶铺地,静音效果良好,一张张木桌宽敞干净,每个书桌上都有一盏台灯,书架与书架之间也有感应式点灯,更加方便了师生们查阅图书。整个图书馆的设计和运行都凸显了人文关怀,图书馆一经开放就俘获了云南师生的心,很多同学表示拥有这么高大上的图书馆,不做学霸都对不起自己。

理科三馆

校本部理科三馆的设计风格和会泽院有几分相似,都是属于法式建筑,采用赤裸的红砖结构,厚厚的墙体尽管风吹日晒,却仍然坚固。如果你看过姜文的电影《太阳照常升起》,那么你肯定见过石拱门,因为在电影中,黄秋生最后自尽的地方就是这里。

社团活动

云南大学就业促进会

云南大学就业促进会是受学校就业办公室指导的学生组织。组织成员一般由大四的同学组成,主要任务就是协助就业办公室举办各种招聘会。这里特别推荐的原因是如果参与就业促进会,可以提前了解更多的就业信息和获得更多与企业HR接触沟通的机会。

校园美食

铜锅洋芋饭

校本部后门洋芋饭是由洋芋加上云南独有的火腿、胡萝卜、绿豌豆等加上菜籽油用铜锅焖制而成。出锅后看起来油灿灿的,绿绿的豌豆、红红的胡萝卜,再加上几片肥瘦相间的火腿让人食欲大增。一般店面内还有卤菜卖,有素菜和荤菜两个种类,都是自己自由选择,选择好后称重缴费。

傣味人家

云南特有的傣族美食,老板和服务员都是傣族在云大校本部后门美食街,热情好客,用的原料也是原汁原味的傣家食材。值得推荐的撒撇,第一次吃你会感觉很酸,但是很开胃;菠萝饭,把菠萝中间掏空,用菠萝来煮饭,既有菠萝的鲜香,又有傣族糯米的甘甜。

校园景点

蛟腾、凤起

走进云南大学校本部的南校门,便是古树参天。抬头仰望,你便可以看见刷满金漆的牌匾上分别写着"蛟腾"和"凤起"。两座牌坊都是由青砖砌成,门梁上采用中国传统建筑绘画,莲花纹、云纹分布其中,相得益彰,显得神圣而庄严。

海棠映日

云大校本部花虽多,唯独海棠惹人怜,这就造就了海棠花海。海棠花的花期一般在2、3、4月份,如果你来到云大,你就可以看到一大片的海棠花争相怒放。沿着小径走进海棠花林,那真是切身体会到的真真是什么叫做花海。这个时候在来品读落红不是无情物,化作春泥更护花,那真叫一个境界啊。

特色院系

公共管理学院

公共管理学院可以说是云南大学最具实力也是成立最早的的文科学院之一,这里有实力雄厚的政治学专业,不论哪个层次你都可以选择,因为在这里你可以享受本硕博一条龙"服务"。如果是想要从事管理类的工作的话,这里有实力雄厚的行政管理和公共事业管理专业,让你饱览管理学知识。

云南景点
SCENIC SPOTS IN YUNNAN
扫码
听不一样的景点故事

洱海
洱海为云南省第二大淡水湖,是大理"风花雪月"四景之一"洱海月"之所在。
地址:云南省大理市

独克宗古城
月光之城是按照佛经中的香巴拉理想国建造的,是茶马古道上的重镇。
地址:云南省迪庆藏族自治州香格里拉县

大理古城
大理古城历史可追溯至唐天宝年间,古城四周有城墙,东、西、南、北各设一门,均有城楼,四角还有角楼。
地址:云南省大理市

西双版纳热带植物园
以热带雨林景观和少数民族风情而闻名,还有很多美味的水果。
地址:云南省西双版纳州

丽江
有现代商业气息,也是体验慢节奏的理想之地,还能感受纳西族的古朴特色。
地址:云南省丽江市

腾冲热海
腾冲是中国大陆唯一的火山地热并存区,有88处温泉,还有火山奇观。
地址:云南省腾冲市

玉龙雪山
玉龙雪山是北半球最南的大雪山,以险、奇、美、秀著称于世。
地址:云南省丽江市玉龙纳西族自治县

雨崩
梅里雪山底的美景,有静谧的山村,人烟稀少,自古只有一条人马驿道能通向外界。
地址:云南省迪庆藏族自治州德钦县

石林
云南石林是世界唯一位于亚热带高原地区的喀斯特地貌风景区,素有"天下第一奇观""石林博物馆"的美誉。
地址:云南省昆明市石林彝族自治县

蝴蝶泉
泉水清澈如镜。每年到蝴蝶会时,成千上万的蝴蝶从四面八方飞来,在泉边漫天飞舞。蝶大如巴掌,小如铜钱。
地址:云南省大理县苍山云弄峰下

贵州省
八山一水一分田

　　贵州高原山地居多，地势西高东低，素有"八山一水一分田"的说法。这里有黄果树瀑布，还有喀斯特森林、草海，山川水色千姿百态，还有遵义会议遗址和红军四渡赤水的遗迹，用以凭吊战争岁月。这里冬无严寒，夏无酷暑，作为旅游和避暑胜地非常理想。

GUIZHOU UNIVERSITY
贵州大学

　　贵州大学创始于 1902 年，位于贵阳市，是国家"211 工程"重点大学，学校拥有 3 个主要校区（花溪北校区、花溪南校区、花溪西校区），和 6 个分校区（太慈桥校区、罗汉营校区、沙冲校区、香狮路校区、小关校区、茶店校区）以及一个挂靠学院（人民武装学院），占地面积 4286 亩。

花溪北校区（本部校区）
地址：贵州省贵阳市花溪区花溪大道

花溪南校区
地址：贵州省贵阳市花溪区霞辉路

花溪西校区
地址：贵州省贵阳市花溪区甲秀南路

太慈桥校区
地址：贵州省贵阳市南明区太慈桥

罗汉营校区
地址：贵州省贵阳市南明区花香村

小关校区
地址：贵州省贵阳市云岩区小关

茶店校区
地址：贵州省贵阳市乌当区新添大道

沙冲校区
地址：贵州省贵阳市云岩区沙冲路

香狮路校区
地址：贵州省贵阳市云岩区香狮路

人民武装学院（独立学院）
地址：贵州省贵阳市花溪区溪北路

听学哥学姐揭秘
你不知道的
贵州大学

特色建筑

图书馆

贵州大学花溪南校区的图书馆非常有名。因为它的年代感，使得它的楼梯、走廊、墙上挂着的壁画都有一种民国风的感觉。

礼堂

贵州大学花溪北校区的礼堂同样引人注意。到了学校以后，一定要知道礼堂在哪里，因为里面经常有节日活动、社团活动、艺术表演等。

社团活动

青年杂志社

《贵大青年》杂志社成立于2002年2月，在花溪南、北、新校区都有很大的知名度，社团里还经常开展多种形式的社团活动以及社会实践调研。

勤工俭学协会

协会里面是一些志愿参加社会实践活动和从事勤工俭学工作的社团。在大学如果平常没有什么事情，去参加勤工助学不仅可以减轻自己家里人的一点经济负担，而且最重要的是可以锻炼各方面的能力。

自行车协会

社团经常会开展绿色骑行、社会实践、参观游览等活动，也会组织参加一些省里举办的低碳环保活动、高校的自行车联赛等。喜欢自行车，喜欢骑行，喜欢旅游爱环保的你，一定不要错过。

校园美食

食堂

在贵大的三个主要校区的食堂中，南区的食堂绝对是最好的一个。食堂吃的都比较实惠。

砂锅饺子

位于北区侧门旧书店旁的砂锅饺子，皮厚薄程度刚好，馅也很好吃。而且汤浓味鲜，全天都在营业。

校园景点

莲花池

花溪北校区莲花池的面积不大，自然也不豪华。这里有一个可供溜冰的小广场。在喷水池的不远处有几棵樱花树，每当樱花开的时候，一到晚上加上灯光的照射，显得整个环境充满了浪漫的气氛。

林荫大道

林荫大道位于花溪北校区，行道树主要以梧桐为主，一到春夏的季节，树枝繁叶茂盛、郁郁葱葱。

罗马广场

罗马广场位于花溪北校区，里有小块的草坪，种有樱花树、紫薇树等，从圆柱建筑物看下来首先是一个半圆形的水池，这里的风景不壮丽，但却很精致。

特色院系

外国语学院

知道为什么北区的美女多吗？那其中一个很大的原因就是外国语学院在北区啊！

阳明学院

这学院是贵大最大的学院，没有之一。虽然成立的时间短，但是受到了学校的极大重视。

计算机科学与技术学院

贵州大学是全国高校中较早成立计算机科学与技术学科的高校之一，在贵大的专业中，它确实是大哥大。随着科技的发展，这方面的人才需求也是越来越旺，所以就业前景非常可观。

林学院

林学院不大，里面有四个专业，专业的课程是很有趣的，因为比较重视实践，所以每个学期都会依据课程的需求出去实习。

贵州景点
SCENIC SPOTS IN GUIZHOU
扫码
听不一样的景点故事

黄果树瀑布
享有"中华第一瀑"的盛誉，被列入了吉尼斯世界纪录。
地址：贵州省安顺市镇宁布依族自治县

镇远古镇
镇远古镇素有"滇楚锁钥、黔东门户"之称，历史悠久。
地址：贵州省黔东南苗族侗族自治州

青岩古镇
青岩古镇建于明洪武十年，是全国的诗词之乡。
地址：贵州省贵阳市花溪区青岩镇

天龙屯堡
天龙屯堡古镇有天台山、龙眼山两山脉，在元代就是顺元古驿道上的重要驿站，名"饭笼驿"。
地址：贵州省平坝县天龙镇

甲秀楼
甲秀楼以河中一块巨石为基而建，朱梁碧瓦，四周水光山色，名实相符，堪称甲秀。
地址：贵州省贵阳市南明区

梵净山
梵净山位于江口、松桃、印江三县交界处，主要以亚热带森林生态系统及黔金丝猴、珙桐等珍稀动植物为保护对象。
地址：贵州省江口县太平乡

西江千户苗寨
西江千户苗寨是一个保存苗族"原始生态"文化完整的地方，是领略和认识中国苗族漫长历史与发展之地。
地址：贵州省雷山市

百里杜鹃
百里杜鹃被誉为"高原上的天然大花园"，素有"地球彩带、世界花园、养生福地、避暑天堂"之美誉。
地址：贵州省毕节市大方县普底乡

肇兴侗寨
肇兴侗寨素有"侗乡第一寨"之美誉，被《中国国家地理》评选为"中国最美的六大乡村古镇"之一。
地址：贵州省黔东南州黎平县

遵义会议会址
国家 AAAA 级风景区，是遵义城里首屈一指的宏伟建筑，是我国著名的红色旅游景区。
地址：贵州省遵义市老城子尹路 96 号

西藏
雪域高原 转山转水

　　每个驴友的目的地清单中，毋庸置疑一定会有西藏。

　　布达拉宫、大昭寺、珠穆朗玛峰、羊卓雍错、日喀则等等，每一个名字都是西藏无以复制的独特标签。

　　转动转经筒、磕长头、看飞扬的经幡，喝甜茶，学藏语，适应高原反应，在这里的每一件事情都让人内心宁静。

　　在西藏，转山转水，未必每个人都能有所收获，但总有人满载而归。

TIBET UNIVERSITY
西藏大学

听学哥学姐揭秘
你不知道的
西藏大学

西藏大学，是国家"211工程"重点建设大学，1985年7月成立。学校分拉萨校区和林芝校区。拉萨校区拥有老校区、新校区、医学院校区和财经学院校区，占地面积94万平方米。

拉萨老校区
地址：西藏自治区拉萨市城关区江苏路36号

拉萨新校区
地址：西藏自治区拉萨市城关区藏大东路

医学院校区
地址：西藏自治区拉萨市城关区罗布林卡北路1号

财经学院校区
地址：西藏自治区拉萨市城关区金珠中路17号

林芝校区
地址：西藏自治区林芝县市八一镇

社团活动

雪莲花艺术团

在藏大应该没有人不知道这个协会的,因为每天晚上都能在同样的时间里听到回荡在校园里的音乐。这个社团成员的毅力很让人佩服,在各个角落,一个或多个聚在一起进行练习,以至于同学时不时都能哼出他们的曲子。这个社团给人感觉高大上的原因是,如果你在社团表现优异的话,就会有机会上新生晚会、文化节等活动。

青年志愿者行动总队

青年志愿者社团在学校里挺有名气,社团人数也很多。它不仅有自己的社服、社歌、社牌,还有自己的制度,内部分工很明确,给人的感觉是一个很有爱的大家庭。

校园美食

普布曲吉茶馆

甜茶算是西藏的一个特色,这家茶馆主要以酥油茶、甜茶为主,还售有盒饭和藏面,位于老校区西门内,非常便利。当肚子饿而学校食堂关门时,同学们可以前往这里去吃饭喝个甜茶,跟宿友们或者兄弟们唠唠叨。这里价格挺实惠,是不错的选择。

后门饭店

位于老校区后门这家店供应的东西可谓是一应俱全,主要以饭面为主,也有咖喱饭、藏面等主食,除此之外,还有香辣鸡腿汉堡!所以,无论是中式还是西式甚至是藏餐,在这里都能得到满足。

校园景点

后花园

后花园位于新校区学生活动中心后面,天气晴朗时,蓝天白云,绿绿的草地,散发着青草的清香,时不时的有几只小鸟飞来寻觅食物,自由自在。清晨,会有一些老人在练太极,也有同学在这里写生。后花园还有一些漂亮的椅子,你还可以坐在椅子上,看看书。

特色院系

文学院

若说起专业,西藏大学的文学院在大家心中的分量想必一定不少。文学院现在有藏语言文学、汉语言文学和历史学等学科,同时也在申报藏语言文学和藏族历史的博士点。这是一个学术氛围浓厚的学院,对于喜欢藏族文化的同学来说,这是一个很好的平台来研究藏族文学、历史和宗教。

西藏景点
SCENIC SPOTS IN XIZANG
扫码
听不一样的景点故事

布达拉宫
布达拉宫是世界上海拔最高，集宫殿、城堡和寺院于一体的宏伟建筑，也是西藏最庞大、最完整的古代宫堡建筑群。
地址：西藏自治区拉萨市城关区北京中路35号

大昭寺
大昭寺是一座藏传佛教寺院，是藏王松赞干布建造的融合了藏、唐、尼泊尔、印度风格的建筑，成为藏式宗教建筑的千古典范。
地址：西藏自治区老城区中心

小昭寺
小昭寺是文成公主奠基建成的，寺内主要供奉了释迦牟尼等身像等，另有诸多珍贵文物。
地址：西藏拉萨市城关区小昭寺路

古格王朝遗址
古德尼玛衮在10世纪前后建立古格王朝，给后人留下了无数珍贵的文物和历史资料。
地址：西藏自治区阿里地区

桑耶寺
桑耶寺是西藏第一座剃度僧人出家的寺院，兼具藏式、汉式、印度三种风格，因此桑耶寺也被称作三样寺。
地址：西藏自治区山南地区

哲蚌寺
哲蚌寺是中国藏传佛教格鲁派寺院，与甘丹寺、色拉寺合称拉萨三大寺。
地址：西藏自治区拉萨市城关区北京西路276号

藏王墓
藏王墓系公元7-9世纪各代吐蕃赞普的陵墓群，是西藏保存下来最大规模的王陵。
地址：西藏自治区山南地区

冈仁波齐峰
冈仁波齐山是世界公认的神山，同时被印度教、藏传佛教、西藏原生宗教苯教以及古耆那教认定为世界的中心。
地址：西藏自治区阿里地区

象雄王国遗址
人类历史上最古老的佛教古象雄佛法"雍仲本教"就形成于此时，有一万八千年悠远历史，是雄霸在雪域高原辉煌鼎盛的古老文明。
地址：西藏自治区那曲尼玛县

墨脱
藏语意为"隐秘莲花盛开的地方"，原始森林类型众多，物种丰富，可谓"一山显四季，十里不同天"。
地址：西藏自治区墨脱县

陕西省
秋风吹渭水 落叶满长安

春风得意马蹄疾，一日看尽长安花。

说到陕西，会想到《长恨歌》，想到荆轲刺秦王，千年古都长安和咸阳还留守于这里，以它固有的厚重和庄严彰显着历史的余温。黄土高原，秦岭巴山，拙朴而坚实。西安城的城墙角下还能看到历史烙下的裂缝，地铁通道有流浪歌手忘情弹唱，满街售卖着文房四宝和书法国画。西安的文化氛围至今还很浓厚，在物欲横流的今天让这个地方的朴实显得珍贵而敦厚。

NORTHWEST UNIVERSITY
西北大学

听学哥学姐揭秘
你不知道的
西北大学

　　西北大学坐落于古都西安，始建于1902年，是国家"211工程"重点大学，学校有太白校区、长安校区、桃园校区三个校区，总占地面积2360余亩。

太白校区
地址：陕西省西安市长安区太白北路229号

长安校区
地址：陕西省西安市长安区郭杜教育产业园区学府大道1号

桃园校区
地址：陕西省西安市高新技术产业开发区高新四路15号

特色建筑

大礼堂

西北大学最有代表性的建筑非太白校区的大礼堂莫属了。经历漫长的岁月，大礼堂周边的古老建筑相继被拆，唯独大礼堂始终傲然挺立。

图书馆

太白校区的图书馆历史久远，经历了一百多年的不断发展，藏书十分丰富。学校每月都会更新各种各样的杂志、报刊。每当没课的时候，图书馆就会有许多来上自习的同学，虽然人很多，但却格外安静，每个人要么在复习自己所学的课程，要么阅读报纸期刊，增长知识，这样的安静与不远处大草坪的喧闹形成了鲜明的对比。

 ## 社团活动

宿舍设计大赛

这项活动里只有想不到，没有做不到，在每位同学的奇思妙想，精心改造下，之前一模一样的宿舍瞬间变得各不相同，有多少宿舍，就有多少种风格。

 ## 校园美食

小竹签烤肉

这家店位于太白校区南门对面，是一家比较传统的烧烤店，但种类十分丰富。这家有一点特别的就是去了不用着急点餐，服务员会拿来一大把烤肉，挨桌询问是否要，不一会又拿来一把烤筋，看到什么想吃了便可以直接将它们留下，但下手也要快，基本服务员没转一圈，手上的烧烤便被"抢夺"一空。

陈三娃泡姜鸡

这家店位于太白校区西门外，他们家泡姜鸡的最大特点就是辣和酸。他家的主要食材来自秦岭原生态农家放养的土鸡，配上炮制了上百日的小土姜、酸萝卜、小米辣，加入三十多味名贵中草药翻炒炖煮烹饪。把鸡肉吃完了还可以加汤涮各种菜品，这种东西当然最适合在寒冷的冬天吃了。

白鹿原猪蹄坊

这家店也位于太白校区，一定要吃的是原味猪蹄，猪蹄含有丰富的胶原蛋白，脂肪含量也比肥肉低，能防治皮肤干瘪起皱、增强皮肤弹性和韧性。人们又把猪蹄称为"美容食品"。他家猪蹄有的卤的肉很烂，入口即化，也有的猪蹄上带一点点瘦肉特别香，皮很有弹性。除了猪蹄，其他的菜式也很丰富，各有特色。

 ## 校园景点

西树林

太白校区的西树林类似于一个袖珍的主题公园，里面有许多各种各样的古化石，其中不乏有一些年代久远的。曾经有一位大名鼎鼎的地质系前辈向学校捐献了一个亿万年前的古化石，就摆放在其中，弥足珍贵。

大草坪

太白校区的大草坪是学校非常重要的一块地方，它位于学校的中心区域，图书馆北侧，是在七号楼上课同学们的必经之路。每逢春夏，校园里一片生机勃勃，经过寒冬的洗礼，青草都纷纷破土而出，使得整个草坪一片鲜嫩的绿色，就像一块很大的青绿垫子，让人看了就想上去打几个滚。每天早上，在学校或周边居住的老人们会在大草坪晨练。到了晚上，大草坪也一定不会平静下来，黑暗中，不时地传来欢快的嬉笑声和优美的吉他声，虽然天是黑的，但整个校园充满了活力。

 ## 特色院系

地质学系

西北大学是我国最早设立地质学系的综合性大学之一，被誉为"中化石油英才的摇篮"。在这里可以学习到很多与地球的结构和演变有关的知识，可以见到许多古化石，还有机会参加野外实习，去进行野外勘探，亲身考察体验。

经济学

经济学可以说是西北大学的招牌了，主要有经济学基地班、经济学、金融学、金融工程和财政学五个专业。专业这么好，分数线也是相当高，西北大学在对外介绍分数线时总要把经济学专业的分数线单独提出来，可见高得不是一点，对经济学有兴趣而且成绩又好的同学可以试着报考。

XI'AN JIAO TONG UNIVERSITY
西安交通大学

西安交通大学位于古都西安，是国家"985工程"、"211工程"重点高校。肇始于1896年，设有兴庆、雁塔和曲江三个校区，总占地面积198.94万平方米。

兴庆校区
地址：陕西省西安市碑林区咸宁西路28号

雁塔校区
地址：陕西省西安市雁塔区雁塔西路76号

曲江校区
地址：陕西省西安市雁塔区雁翔路99号

听学哥学姐揭秘
你不知道的
西安交通大学

特色建筑

钱学森图书馆

兴庆校区的钱学森图书馆以伟大的校友钱学森命名,图书馆内设备齐全,是同学们自习的主要场所。正门有钱学森铜头像一座,再往外有周恩来总理题的字。在夕阳的照耀下,图书馆与天空色调统一,简直就是浑然天成的一幅美景。图书馆三楼有一个机房,被大家对称为"钱学森网吧"。

社团活动

思辨学社

思辨学社也就是交大辩论队,《今日说法》主持人路一鸣就是当年带领辩论队夺魁的最佳辩手。思辨社虽然厉害,但成功的喜悦是一滴滴汗水换来的。为比赛胜利,成员要准备好几个礼拜,有些甚至需要准备好几个月。

学生艺术团

学生艺术团是交大逼格超高的社团之一。每周三会做一个露天小演出,艺术团的每个部门都会出一个节目来表演;每年元旦都会举办新年音乐会,门票免费发放。

校园美食

小豆花肉夹馍

要说到交大的招牌美食,就一定要提到众人皆知却有心难尝的小豆花了。小豆花为什么那么出名,这就要说到湖南卫视《天天向上》,西安交大的小豆花肉夹馍第一次展现在了全国观众朋友的面前。在交大兴庆校区的食堂里,真的可以说是一馍难求,因为小豆花肉夹馍是采用传统的煤炉烘烤,烤出来的饼外酥里嫩内滑,配上小豆花独家秘方的腊汁肉,口感独特。小豆花肉夹馍在学校和国家的支持下,虽然打响了名声,但是坚持不涨价,仍旧维持在2块钱一个的价格,供应是限时限量的,因此能够吃到一次小豆花肉夹馍已经被列入西安交大成就榜。

校园景点

梧桐道

在兴庆校区,有一条东西贯通的大道,道路两旁种着均匀整齐的法国梧桐,经过漫长的时间,他们最小也已经不能一人合抱了。秋叶飘落,地上便会铺上一层金黄地毯,每到这个时候就会有很多摄影师前来取景,可见景有多美!

腾飞塔

在图书馆的北门口,有一湖一塔相映成趣,塔名腾飞塔,而在腾飞塔与湖相对的背后,有一个女知青雕塑立于塔下,学生名之不挂女神,传说中,在考试前夕,带着在西食堂排长队购买的小豆花肉夹馍和炸鸡腿,在不挂女神面前虔诚地膜拜,便可得到不挂女神的保佑,第二天的考试就不会挂科,这是交大美丽的传说,对于工科男来说,不挂女神也是他们心目中真正的女神。

四大发明广场

四大发明广场是学校里最广阔的一片空地了,因为广场上的四个雕塑分别代表着中国的四大发明,因此广场就叫四大发明广场,但对于讨厌俗套的交大学生来说最大的广场怎么能叫这么俗的名字呢,于是便有了starfarming,星光农场等谐音演变来的华丽别名。

特色院系

管理学院

在西安交大里,管院是最高大上的学院,其中工商管理专业是传说中的全国第一。这个学院也是各种富二代的聚集地,因此学院的教学楼门口也是学校里豪车最多的地方。

能动学院

值得吐槽的学院是能动学院,其中代表的就是能动专业。西交的能动专业在全国都是数一数二的,录取分数也是在西交排在最前面,然而能动的学生却一直吐槽自己只是烧锅炉的。事实上,能动专业在一段时间前可是非常抢手的专业,就业率也很高。但现在随着新能源的发展,这个专业所对接的行业已经开始没落,需求少,资源少,甚至曾经有一个能动的学长在BBS上说到自己在上海找到的工作只有3000元的工资,这个消息曾经也打击了很多同学,所以很多开始考虑走学术的方向。

NORTHWESTERN POLYTECHNICAL UNIVERSITY
西北工业大学

西北工业大学，位于古都西安，属卓越大学联盟之一，是国家"985工程"、"211工程"重点建设高校。学校最早可以追溯到1938年组建的国立西北工学院。学校有友谊校区和长安校区，占地面积5100亩。

校区分布

友谊校区
地址：陕西省西安市碑林区友谊西路127号

长安校区
地址：陕西省西安市长安区东祥路1号

听学哥学姐揭秘
你不知道的
西北工业大学

特色建筑

图书馆

新校区图书馆被誉为是"亚洲最大的水上图书馆"，是托湖而立的，使得图书馆仿佛坐落于一片碧水之上。有什么问题的话大家可以在图书馆一楼的机器人那里寻求帮助，机器人可是很萌的哟！

情人坡

顾名思义，就是情侣们经常聊天的地方。情人坡大部分是草地，可席地而坐，看书、聊天、放松均是不错的选择，中间弯弯曲曲的小路是用石板铺成，踩在上面也是别有韵味。草地上还生长着许多松树和樱花树。这里一年四季都鸟语花香，是名副其实的动、植物世界。每天早上会有很多学生在此晨读，而到了傍晚，景色舒缓暧昧，学校一对对的情侣们则来到这里聊天谈心。

社团活动

翱翔学生辩论社

辩论社培养的就是随机应变，出口成章的能力，所以如果你本身性格比较内向但是又希望可以和大家打成一片，或者希望可以让自己的语言表达能力更近一步，辩论社将会是你很好的选择喔！

数学建模基地

数学建模就是通过计算得到的结果来解释实际问题，并接受实际的检验，来建立数学模型的全过程。数学建模基地负责了全国大学生数学建模竞赛，国际大学生数学建模竞赛两大数模赛事，每年也会从学生中进行选拔来参加比赛，在工科院校数模比赛可是一项很能反映思维能力的指标。

校园美食

南餐三楼——肉夹馍

肉夹馍是源于西安的著名小吃，起源于战国，有中式汉堡美誉。实际它是两种食物的绝妙组合：腊汁肉，白吉馍。食者有"肥肉吃了不腻口，瘦肉无渣满口油，不用牙咬肉自烂，食后余香久不散"之赞誉。南餐三楼的肉夹馍5块一个，肉很多很香，值得推荐！

味道江湖

这家饭馆被誉为东大的五星级饭店，足以可见这家饭店在东大餐饮界的地位，虽然菜也都是些稀松平常的饭菜，但是好吃量足。

校园景点

启真湖

启真湖是学校里最大的一片湖，与水上图书馆相映成趣，景色和谐而又不失美感。学校的英语角等社团举办的晨读等一系列活动都是在这里举行，所以起个大早就会看到启真湖边有很多大声诵读英语的同学。

东风广场

东风广场名字的由来是以酒泉卫星发射中心代号"东风"命名，同时广场的草地上有发射中心捐赠的"神舟系列飞船发射架"模型和"长征二号捆绑式火箭"模型，充分彰显了学校对国家航空航天事业所做出的卓越贡献。广场上大片的草地和"卧龙山"景色怡人，天气好的时候就躺在草地上看着天空就是一件很幸福的事情。

情人坡

顾名思义，就是情侣们经常聊天的地方。情人坡大部分是草地，可席地而坐，看书、聊天、放松均是不错的选择，中间弯弯曲曲的小路是用石板铺成，踩在上面也是别有韵味。草地上还生长着许多松树和樱花树。这里一年四季都鸟语花香，是名副其实的动、植物世界。每天早上会有很多学生在此晨读，而到了傍晚，景色舒缓暧昧，一对对的情侣们则来到这里聊天谈心。

特色院系

航空学院

航空学院是学校三航特色之一，学院教师和学生参与了我国几乎所有的航空航天重大型号研制，是型号研制中攻坚克难的重要方面军。航空学院每个专业都是特色专业，因为三航就是西工大的特色，如果非要说哪个最好的话，只能说近几年来飞行器设计方面的专业更热门一些。

SHAANXI NORMAL UNIVERSITY
陕西师范大学

听学哥学姐揭秘
你不知道的
陕西师范大学

　　陕西师范大学，坐落于古都西安，是国家"985工程优势学科创新平台"、"211工程"重点建设大学，创建于1944年，学校建有雁塔、长安两个校区，占地2800多亩。

雁塔校区
地址：陕西省西安市雁塔区长安南路199号

长安校区
地址：陕西省西安市长安区西长安街620号

特色建筑

图书馆

雁塔校区图书馆无疑是学校的标志性建筑，建于上世纪五十年代，尽显古朴庄严。图书馆外形酷似民国古楼，飞角雕檐又如同明清园林，青砖垒砌，以红、蓝、金相饰，古木参天，画亭相对，满壁常青藤更在古意中显现无限生机。

新勇学生活动中心

新勇学生活动中心由天津大学建筑设计研究院设计，是长安校区最引人瞩目的底景建筑，整体呈半圆形，圆弧部分面向北侧的图书馆，以红色为装饰色，形如中国结。新勇学生活动中心正面置有大屏幕播放器，滚动播放国内外重大新闻以及学校重大事项，但它不仅有这样严肃的一面哦，热播的《奔跑吧！兄弟》《中国好声音》《极限挑战》等等也会同时播放，每周五新勇台阶上都密密麻麻地坐满了同学，大家齐聚一处，一起惊叹，一起欢笑，这样的场面成为了长安校区一大趣景。

社团活动

若水文学社

文学社是大学里必不可少的社团，会定时举办人文讲堂，如果你的笔尖也为若水躁动，不如三千社团，取一瓢若水饮吧。

马列理论读书社

马列理论读书社大概是学校里最"正直"的社团了，打开微信公众号，满篇都是国家政治、时事新闻、社会热点和经济解读，处处体现着坚定的青年马克思主义精神。马列理论读书社每周都会开展例会，汇总这一周的社团工作情况，也分析讨论国内外新近事件，提出自己的见解。如果你是个放眼天下、心系社会的人，马列理论读书社便是个抒发个人见解的好地方。如果你报考了文科专业，又有心读研，那么马列理论读书社肯定是个夯实政治知识的地方。

校园美食

米屋

在雁塔校区师大路餐馆竞争激烈，可这家主打石锅拌饭的小店却始终屹立不倒，可见实力强劲。他家的炸鸡、鱿鱼以及辣炒年糕都是不可不试的美味小吃，地道的拌饭更是金牌菜品。

鱼酷

位于雁塔校区师大路对面的鱼酷，一听名字就知道，是一家以鱼为主题的餐厅，虽然相比其他店来说有些小贵，但这每一分钱都花的不可惜。

嘟嘟鱼庄

若是想在长安校区实实在在吃个大餐，嘟嘟鱼庄一定是个好选择，店内装潢古朴大气，服务热情细致，菜品上乘，随手拿起的杯子，都是精品。不论是酸菜、番茄、红汤、三鲜，都别有风味。

校园景点

昆明湖

昆明湖位于长安校区的西南处，若论起这湖可是大有名头，汉武帝平匈奴、通西域，为平西南小国昆明国水军，人工建昆明池以训练水军。虽然后世各朝几经修缮，可惜仍未逃脱在唐朝干涸的命运。学校为纪念昆明池盛景，在校内新建昆明湖，虽然面积远逊古时，但那一份怀古的意义却没有逝去。

畅志园

畅志园在雁塔校区教学一楼北侧，矮墙圆门上刻"畅志园"三字，走过弯廊小路，沿路两侧的泡桐树和松柏都很高大。畅志园内多是桌椅，春夏秋时节都有同学早起读书，与石刻上"拥书自雄"的偈语相应着。这里也同样是情侣圣地，夜晚时分，灯光昏暗，看书是不成了，但一对对恋人相拥着看朗月明星也别有趣味。

特色院系

汉语言文学专业

汉语言文学专业主要是研究中国语言的词语、句法，赏析古今诗歌、散文、小说等众多的文学作品，是极富有深厚底蕴的专业。汉语言文学的学长学姐大多充满了书生气质，在网络语音遍布的今天，大概只有在文学院才能听到出口便成的文辞佳句了。

NORTHWEST A&F UNIVERSITY
西北农林科技大学

听学哥学姐揭秘
你不知道的
西北农林科技大学

西北农林科技大学，坐落于农科城杨凌示范区，是国家"985工程"和"211工程"重点建设高校。组建于1999年，学校有南北两个校区，校园面积5652亩。

北校区
地址：陕西省咸阳市杨凌示范区西农路22号

南校区
地址：陕西省杨凌示范区邰城路3号

校园景点

博览园

西北农林科技大学博览园坐落在南校区的北边，它是全国AAAA级景区。这里种植了多种果树，入秋时，硕果累累。新生来报名的时候，可以拿着自己的通知书，和父母免费游玩。

麦田试验田

北校区麦田占地一百多亩，绝对是农林院校独有的风景，麦田主要用于科研，每一粒小麦从播种开始就承担了一定的使命，也倾注了科研人员的心血，都带着标签。夏初时，绿油油的麦田也是傍晚散步的好去处，有种风吹麦浪的感觉，很赏心悦目，也可以保护视力哟！

人工湖

南校区人工湖建成于2014年夏天，据说是亚洲第一人工湖。对于西北地区，校园内有湖、小溪、河流等等是非常罕见的，而人工湖的修建确实为校园增添了不少生气。大湖倒映着霸气的农科大楼，盛夏时有莲花开放，周围都是各种移植过来的绿植，旁边有凉亭，适合大家走走停停。

特色建筑

三号教学楼

雄浑古朴、巍峨雄伟的北校区三号楼是西北农林科技大学乃至整个杨凌最早的标志性建筑，在新中国成立前有"西北第一楼"的美誉。1938年，蒋介石的军事会议就在此楼举行，1940年，曾三次遭到日军轰炸，你走近它，还能看到墙体上的弹孔，走进地下一层，通过漆黑的防空洞，仿佛能感受到战场的惨烈。

图书馆

北校区的图书馆位于三号楼的正后方，中间隔了几个古老的建筑，是西农最早的一批，经历过战争风雨的建筑。图书馆外形虽然不是最漂亮的，但不失古朴典雅之风。"图书馆"三个金黄的大字是由郭沫若先生亲自题写，里面的装饰不是很富丽堂皇，但基本的硬件设施一件不少，也是最早覆盖WiFi的。由于之前占座现象太严重，图书馆现在的制度是每天清场，所以每天要去图书馆学习的话就得早早排队。

社团活动

大学生艺术团

学校的艺术团可谓是没有门槛，社团的管弦，阮乐团都是非常厉害的，艺术团经常代表学校去外面参加比赛，最远去过新加坡。民乐团、腰鼓队是西北汉子和软妹子的聚集地，每年团委也会为艺术团量身定做好几次大型晚会。

西农红凤社

红凤社原起于陕西省"红凤工程"，是一个温暖而充满爱心的大家庭。这个社团算是服务类中办得非常好的了，知名度较高。社团的主要活动有支教、母亲节送爱心、寒假科研调查、红太阳特殊教育小学等，喜欢公益的小伙伴们可以去里面感受"益家人"的温暖、收获支教和与孩子玩耍的快乐。

校园美食

蘸水面

这是在北校区食堂售卖的正宗手工面，有各种汤料的蘸水面，是杨凌的一大特色小吃。能亲眼看到老板的整个制作过程，面吃起来很劲道。

特色院系

葡萄酒学院

葡萄酒学院，听着名字都是那么高端优雅上档次，顶着亚洲第一的头衔，分数低的实在不敢报，再加上有一个李华葡萄酒是本学院研制出来的，就更加奠定了学院在学校的霸主地位。

水利与建筑工程学院

虽然西农以农、林为特色，但最厉害的是水建学院，水建学院是个大院，男生多，是负责本校颜值的。至于就业方面，出来都是技术型人才，就业率是全校最高的，毕竟市场对技术型人才求贤若渴。

XIDIAN UNIVERSITY
西安电子科技大学

听学哥学姐揭秘
你不知道的
西安电子科技大学

　　西安电子科技大学，坐落于古都西安，创办于1931年，是国家首批"211工程"高校。学校有南北两个校区，总占地面积约270公顷。

南校区
地址：陕西省西安市长安区西沣路兴隆段266号

北校区
地址：陕西省西安市雁塔区太白南路2号

特色建筑

观光塔

位于西电南校区的钟楼观光塔应该是校园中最吸引眼球的建筑之一了，它高高地矗立在校园的中点。它从外观上来看，外层是玻璃结构，十分大气，因为某些原因，观光塔一般不对外开放，只有少数得到批准的人员才能登上观光塔。

图书馆

位于南校区的图书馆分为A、B、C三个区。其中A区为考研区，最大的B区为藏书区和阅览区，C区为管理区。A区的自习室座位都需要预约申请，申请通过后，这个座位就专属你一个人了，不用担心被占座或者清书，为考研提供了非常大的便利。图书馆一般都是校园中学习环境最好的地方，有空调，WiFi和舒服的座椅，简直就是为学习量身打造的绝佳之地。

 ## 社团活动

spirit up 滑板社

学校滑板社办得很好，每周都在某天晚上举行活动，共同训练。而且在学校里可以看到很多滑着滑板的同学，他们每次经过都能引起特别高的回头率。滑板听起来就很阳光很清纯，就是年轻人专属的运动，所以参加滑板社的人很多，滑板社也一直很红火。

创业协会

现在国家鼓励自主创业，提高大学生创新创业水平。创业协会会组织大家进行培训，观看马云、俞敏洪等创业先驱的演讲，在学校举办小型创业比赛，并且在学校表现优秀的创新项目，找老师推荐指导项目参加创业大赛，也多次获奖。

 ## 校园美食

重庆砂锅

这一家重庆砂锅，位于南校区后门，很受欢迎，里面有各式的砂锅，还卖炒面、炒米饭和盖浇饭等，价钱比较便宜，甚至有些比学校食堂还便宜，门面不大，但值得一去。

 ## 校园景点

情人坑

大家听了这个名字也许会心头一惊，其实这只是大家给它的一个外号。其实这就是南校区两边有两个小山包，中间有一条路，每天晚上，都会有很多情侣来此散步，所以大家叫它情人坑。学校里有个不成文的约定，就是单身的人不要去，打扰了正在亲热的情侣不说，如果遇到特别恩爱的，还会对自己造成一万点伤害，何苦。

礼仪广场

位于南校区礼仪广场就像是每个学校都有的大型广场一样，用于举办一些大型的典礼和活动，位置在学校的正中心，紧贴着D楼和观光塔。每年的毕业典礼，校歌赛等大型活动都在礼仪广场上举办，偶尔还会有学生摆蜡烛向异性表白示爱。

 ## 特色院系

通信工程学院

通院可以说是学校最好的学院了，也是重点建设的学院，录取分数线很高，是喜欢通信雷达方面的同学的"归宿"。都说通院的同学是学霸，确实，通院的学习氛围很好，大家积极向上，每年学分成绩都狂虐其他院。

计算机学院

大家知道全国最早的计算机学院是哪家吗？就是西电的计算机学院，建于1958年。现在计算机很需要尖端人才，目前又是第三次科技革命、信息革命，在这样一个时代，选计算机专业也是投时代所好。

CHANG'AN UNIVERSITY
长安大学

长安大学，座落于古都西安，是国家首批"985工程优势学科创新平台"、"211工程"高校。学校有两个教学区，校园面积3745亩。

小寨校区
地址：陕西省西安市雁塔区雁塔北路南段126号

渭水校区
地址：陕西省西安市朱宏路北段

听学哥学姐揭秘
你不知道的
长安大学

特色建筑

体育场

作为西安市北郊数一数二的体育场，渭水校区的体育场也算是一处特色建筑。400米塑胶跑道、全尺寸足球场、如悉尼歌剧院一般恢弘的观众席遮雨棚，皆带给人足够的视觉冲击力。每年的长安大学运动会，皆是在这处体育场举办。

逸夫图书馆

说起建筑，作为渭水校区的地标性建筑的逸夫图书馆，自然当属第一。这座图书馆坐落于渭水校区的中央，与渭水校区南门正面相对，以一个半弧形的形状，矗立在南大门之前，迎接第一次踏入长安大学的新生以及从外归来的学子。逸夫图书馆不仅是长安大学的地标，更是一处多功能的综合教育建筑，当中藏书数百万册，既有学习所用的各种参考书，也有供人休闲阅览的小说杂志等，满足了上万名学生的不同需求。而且图书馆内设置了诸多自习室，并且有中央空调以及暖气，是一处学习的极佳场所。

 社团活动

传统文化协会

传统文化协会会举行包饺子大赛，所有人都可以报名参与，可以作为一个先锋独自战斗，也可以与舍友、女友、男友甚至基友组队，大战四方。当然，胜利是次要的，开心才是主要的，最后包好的饺子会在食堂的煮锅内煮熟，然后诸位参与者就可以吃到自己包的饺子了。

 校园美食

东门外铁板炒米

这是位于小寨校区的一家历史悠久的炒米，由一对年轻夫妇经营，推着简单的小摊车，做出来的炒米，却是一点都不逊色于一些大型餐馆。这家的炒米后来也有不少效仿者，所有设备都一样，甚至给的饭量也更足，但是那种行云流水般的动作以及独特的炒饭风味，却是谁都模仿不了的。

 校园景点

青草坡

这是一处极为平淡而又不寻常的地方，在渭水校区中央逸夫图书馆的后边，有着一片草地，高低不平，连绵而过。这片草地占地极广，美得就像WindowsXP默认桌面的那一片草地丘峦。而负责校园绿化的后勤大娘大爷们，也似乎不忍破坏这片绿地，多少年来也并没有向这片纯净的绿地上栽种任何其他植株。

明远湖

明远湖是渭水校区两大湖之一，被明远教学楼诸多楼区环绕，隐藏于楼宇之间，别有一番风味。明远湖周围，被一株株垂柳环绕，初春之时绿芽初发，湖面柳絮荡漾，湖中更是有着许多金色的小鱼儿游曳，令人忍不住驻足欣赏。湖面之上，有着一条长廊横跨而过，连接于明远一区教学楼与二区教学楼之间，既增强了美观性，又极为实用，大大减少了从明远一区走到明远二区所需要消耗的时间。

树蕙园广场

这个地方准确来说，算不得一处环境优美的景点，但绝对是校园内最重要的一处地方，并且也是诸多大型活动举办的地方。顾名思义，这处广场位于校内东区食堂前，颇有一番电影中那种高端购物广场的高大上之感。即便是夜晚，这里也常常灯火通明，色彩斑斓，放着一首首劲爆的歌曲，一名名身姿曼妙的少女在这里舞动，也有着练习轮滑的羞涩青年，不时从一些明丽少女身旁划过，试图引起对方的注意。而在白天之时，树蕙园广场也常常会举办一些大型活动，俨然成了渭水校区中的商业文化核心。

特色院系

公路学院

长安大学公路桥梁方向的实力，在国内所有高校中都能够排到前三。公路学院中的隧道、桥梁等专业，每年都吸引着大批的优秀学子前来报名。本校有着许多来自国外的留学生，并且每年也有着许多学生外出留学，对于想要留学发展的同学来说，公路学院绝对是一个好的选择。

陕西景点
SCENIC SPOTS IN SHAANXI
扫码
听不一样的景点故事

秦始皇兵马俑
虽然只开发了一部分，但兵马俑还是令人震撼，气势恢宏。
地址：陕西省西安市临潼区临蓝路

华山
奇险天下第一山，索道很壮观，风景美不胜收。
地址：陕西省渭南市华阴市境内

华清宫
华清宫与兵马俑相邻，由华清池和骊山组成，周、秦、汉、隋、唐等历代帝王在此建有离宫别苑。
地址：陕西省西安市临潼区华清路38号

西安鼓楼
鼓楼位于西安市中心，是中国古代遗留下来众多鼓楼中形制最大、保存最完整的鼓楼之一。
地址：陕西省西安市莲湖区

陕西历史博物馆
该博物馆被评为国家一级博物馆，外观着意突出了盛唐风采，具有丰富的文物藏品。
地址：陕西省西安市雁塔区小寨东路91号

大雁塔
大雁塔被视为古都西安的象征，相传是玄奘大法师从印度取经回来后，专门从事译经和藏经之处。
地址：陕西省西安市雁塔区

乾陵
乾陵是唐王朝李治和武则天的合葬陵，以山为陵，依梁山而建，是中国历史上唯一一座两个皇帝的合葬墓。
地址：陕西省咸阳市乾县

太白山国家森林公园
太白山是秦岭山脉主峰，第四纪冰川活动所雕琢的各种地貌形态保留完整、清晰可辨。
地址：陕西省宝鸡市汤峪镇太安路

碑林博物馆
碑林博物馆是陕西创建最早的博物馆，它以收藏、陈列和研究历代碑刻、墓志及石刻为主，成为在中国独树一帜的艺术博物馆。
地址：陕西省西安市碑林区三学街15号

黄河壶口瀑布
壶口瀑布是中国第二大瀑布，世界上最大的黄色瀑布。
地址：陕西省延安市宜川县

宁夏
贺兰山下 塞上江南

宁夏回族自治区是中国最大的伊斯兰圣地,回族人口众多。这里由于引入黄河水灌溉,一马平川因此变成了塞上江南。贺兰山、六盘山、沙坡头、九曲黄河、西夏王陵等等融合成了这里丰富深厚的自然人文景观。不仅如此,这里也走出了众多民谣歌手,拙朴自然的歌谣把塞上江南唱得宁静悠远。

NINGXIA UNIVERSITY
宁夏大学

宁夏大学，坐落于银川市，创立于1958年，是国家"211工程"重点建设大学。共3个校区，占地面积2383亩。

校本部
地址：宁夏银川市西夏区贺兰山西路489号

西校区
地址：宁夏银川市西夏区贺兰山西路

南校区
地址：宁夏银川市金凤区黄河东路656号

听学哥学姐揭秘
你不知道的
宁夏大学

特色建筑

充满活力的"大拖鞋"

这里所谓的"大拖鞋"其实是位于学校A区大学生活动中心，设计的建筑造型比较像一只拖鞋，内部有供大家上体育课的教室和场地，也有健身房一类的教室供学生们日常锻炼身体。

A区主楼

这是一栋很正式的校标，它位于宁夏大学的A区，正对着A区的南门，是宁夏大学最高的建筑。第一眼看到这个高耸的建筑就会感觉到它庞大的气场。主体主要的功能就是办公，里面有学校高层领导的办公室和学校的各个部门。

 社团活动

E.M街舞社

它在宁夏大学可谓是名声响当当，就算是在银川市提起E.M街舞社都是比较知名的。在学校举行各种校级的文艺活动时，E.M街舞社也常被邀请，观看他们的舞姿，感觉就是一场华丽的视觉盛宴。

仙人掌环保社

仙人掌是沙漠里的标志，代表了大西北地区。仙人掌环保社不需要缴社费，是一个很纯粹的公益社团，对于有爱心的童鞋这个社团是不二选择，不仅可以参加一些环保活动，还可以增长自己的见识和经历。

轮滑社

轮滑社，顾名思义，就是轮滑。它们主要的活动是训练花样轮滑，每天训练的时候，社长还会带上音响放一些很high的歌。加入这个社团的成员可以是零基础的，只需要自己备一双轮滑鞋就可以了，当然社费也是必不可少的。想加入的童鞋就赶紧趁纳新的时候提交申请表吧。

 校园美食

意境咖啡厅——古林坊

古林坊位于校本部旁边，这个咖啡厅的美食和咖啡叫人欲罢不能。老板是四个外国友人，店里的所有甜品和披萨的创意及配方也都是出自她们之手。老板们还会举行公益活动，帮助山区的孩子，偶尔还会去探望他们。

 校园景点

金波湖

这个湖应该是说整个银川市西夏区最大的湖了，每天都有绕着它晨跑的同学和居民，也有散步背书的学霸，也有夜晚借酒消愁的小伙子，还有更多的是坐在湖边具有欧洲风情铁椅上或是围着湖漫步的情侣们。

文翠湖

它的位置处于C区南门的正前方，此湖据说以前是一个天然的湖，新市区这里曾经水资源很丰富，地下水位很低，有一些老人甚至说可以在芦苇丛中抓到鱼，湖里的水也特别的清澈。但是随着城市的发展，开始变得缺水。这个湖被保留了下来，进行了改造，变得古香古色，湖上的小桥、亭子，美得不可胜收，四周的柳树芦苇，让人觉得重回了清朝。

特色院系

土木与水利工程学院

它是宁夏大学师资力量最为雄厚的学院，每年的招生人数也是比较多的。学习这个专业也是比较辛苦的，有很多的课程设计要做，也就意味着要画很多的图，还要去施工现场实习，所以请孩子们做好心理准备。

葡萄酒学院

对于葡萄酒学院，它是宁夏大学、法国格勒诺布尔第二大学、宁夏金龙集团联合创办的全国唯一一所国际化葡萄酒学院、这个学院位于宁夏银川市西夏区开元东路校园，占地面积226多亩，有很多得到实训室和实验室供学生们动手操作，增加实践经验，还有专门的检测分析中心。除了学习方面，在生活环境上也是对得起学费的，有2000多平米的体育馆、1300多平米地下多功能健身房。法语是专业通识课程中最主要的课程之一，第二学年结束后，如果学生通过法国留学"预签证法语测试"，后两学年的学业就在法国高校完成，如果学生通不过法国留学"预签证法语测试"或者不愿意去法国学习，四年的国际班课程都在宁夏大学葡萄酒学院完成。

宁夏景点
SCENIC SPOTS IN NINGXIA
扫码
听不一样的景点故事

青铜峡
青铜峡被誉为"塞上明珠"，著名景点有青铜峡黄河大峡谷、中华黄河坛等。
地址：宁夏回族自治区吴忠市青铜峡市

沙坡头
充分展示出了一个以亚洲中部北温带向荒漠过渡的生物世界。
地址：宁夏回族自治区中卫市沙坡头区

水洞沟
水洞沟旧石器时代文化遗址是一个集科考、观光、休闲、探秘为一体的旅游区。
地址：宁夏回族自治区灵武市

镇北堡西部影视城
西部影视城有两座古代城堡遗址，现为西部影视城所在地，被誉为"中国一绝"。
地址：宁夏回族自治区银川市

承天寺塔
这是宁夏现存的一百多座古塔中最高的一座砖塔，院落宽阔，古树参天，肃穆宁静。
地址：宁夏回族自治区银川市兴庆区利民街121号

西夏王陵
西夏王陵是中国现存规模最大、地面遗址最完整的帝王陵园之一，也是现存规模最大的一处西夏文化遗址。
地址：宁夏回族自治区银川市西夏区

火石寨
有丹崖、丹峰、怪石等奇特景观，其造型景观主要在整个区域的西北部，这里石峰林立，因其岩土为红色，故得名火石寨。
地址：宁夏回族自治区西吉县

贺兰山
因岳飞《满江红》而闻名天下，是宁夏平原的西部屏障。
地址：西夏区贺兰山岩画风景区

玉皇阁
迄今已有600多年的历史，是一座具有民族风格的古代建筑，也是宁夏回族自治区的重点历史文物。
地址：宁夏回族自治区银川市东街

新月广场
新月广场以丽景街——上海路交界处为主体构成景观区，是一个展示伊斯兰文化风情的综合性广场。
地址：宁夏回族自治区银川市

新疆
广袤富饶的瓜果之乡

用地大物博、山美河秀来形容新疆简直是实至名归。

这里是歌舞之乡，民族风情浓郁，是瓜果之乡，水果出产都甘甜爽口，还盛产黄金玉石。不仅如此，这里的旅游资源可谓星罗棋布，举步皆风景，一千多处景点，完胜全国的任何省份。在这里，冰川雪岭、飞泉瀑布、草原、戈壁神秘莫测千姿百态。而这里的人民，热情好客又淳朴，烤羊肉串、大盘鸡、馕饼、葡萄干，完全只应天上有。

XINJIANG UNIVERSITY
新疆大学

听学哥学姐揭秘
你不知道的
新疆大学

新疆大学，位于乌鲁木齐，是国家"211工程"建设高校。前身是创办于1924年的新疆俄文法政专门学校。学校现有校本部、北校区、南校区三个校区，共占地4496亩。

校本部
地址：新疆乌鲁木齐市天山区胜利路14号

北校区
地址：新疆乌鲁木齐市沙依巴克区西北路448号

南校区
地址：新疆乌鲁木齐市天山区延安路1230号

特色建筑

图书馆

位于校本部的新疆大学图书馆据称是新疆最大的图书馆，这里有很多以新疆少数民族文字文献和新疆地方文献为特色藏书。学校在2002年开始了数字化图书馆建设，更新了自动化管理设备和网络设施，并且购置了部分电子信息资源。所以虽然偏远，新疆大学的图书馆还是能满足学生基本学习和查阅的需求，设施也算方便快捷。

社团活动

赤骥社

一个推崇户外运动的社团，绝对的新大第一大社。想要感受大美新疆迷人景色的同学可以参加，草原、冰川、沙漠、山麓、渡河、野营、广交朋友。无论你是否是社员都可以报名参加其中一些活动，当然，想要好好享受赤骥活动的同学一定要有足够的经济基础。

华硕硕市生

这是个商业性很强的社团，不是一个完全为学生服务的社团。社团经常会在学校进行一些宣传和招生，想要进行社会实践的同学可以参加。

太极社

这一个修身养性的社团，练太极可以修身养性，减肥锻炼，外出表演，进行社会活动。不过，太极不是好练的，要想练好就必须能吃苦，要锻炼身体的学弟学妹们可以参加哦。

校园广播站

新疆大学的校园广播站可以说是近百个社团里面最难进的一个。新人要经过一个学期的时间才可以正式成为主播，走向播音岗位。经过报名、初试、复试录取的同学，还要进行一个月的业务培训，由老播音员领队，教大家机器操作，稿件播读等等。之后，会有一个终极考核，最后的成绩由笔试面试的分数加权得出，高分者录取，低分者淘汰。因此，能最后留下来的都是很优秀的同学。

校园美食

玛丽郎

这是一家位于校本部的快餐店，早餐套餐只要6元，吃个汉堡喝个牛奶超划算。中午13点到16点，有午餐套餐，全套只需15元，汉堡小食加可乐，甜筒也只要3元，他们家还有一种特色甜奶非常好喝。这家快餐店比起知名连锁快餐真是便宜很多，小伙伴们别错过哦。

校园景点

红湖

在新疆大学本部校园内，有一池碧水，师生称之为红湖。无论春夏秋冬，红湖以它安宁的姿态迎接着各种飞禽来此安家，湖面上经常能看到成群的野鸭在此嬉戏，还有老人带着鱼竿在湖边垂钓。

特色院系

人文学院

人文学院可以说是新疆大学最大的学院了，无论是从师资力量学生人数，还是学院规模来说，人文学院都排名第一。人文学院下属有一个新疆少数民族民俗博物馆，馆内收藏了民俗实物及历史文物等众多收藏品、图片以及音像资料，算是乌鲁木齐旅游的一大看点。

新闻与传播学院

一说起新闻学院，脑海中首先浮现的就是美丽的播音主持和扛起相机帅帅拍照的学长，新闻学院给大家的印象就是这样的。除了有才，他们还有创意，新闻学院的学生们创建了自己的微信平台，名字也很独特，叫"闻亦多"，是不是很有创意呢？

SHIHEZI UNIVERSITY
石河子大学

石河子大学，前身诞生于1949年，是中国"211工程"重点建设高校。石河子大学共分为两个校区校本部和五家渠校区，校园面积182万平方米，校舍面积118万平方米。

校本部
地址：新疆石河子市北四路221号

五家渠
地址：新疆五家渠市前进东街109号

听学哥学姐揭秘
你不知道的
石河子大学

特色建筑

博学楼

博学楼位于校本部中区这里有保安24小时巡逻的贴身保护，同时它也是石河子大学内最大的建筑。更让人觉得有争议的是，教学楼的LED大屏幕上会不时滚动播出同学们在课堂上不良情况的照片，引来全校学生围观。

博物馆

一般人很难想象，在西部，在石河子大学本部校园里，还隐藏着一座规模巨大的博物馆。从1楼到5楼6400平方米的展厅里，井然有序地分布着校史馆、动物馆、昆虫馆、植物馆、新疆历代屯垦史馆5个展区。博物馆对本校的学生和职工是免费开放的，闲暇之余这里是不能错过的选择。

 社团活动

希冀模拟联合国协会

这个协会光听名字就让人不明觉厉，这是一个学术科创类社团，主要是为大学生提供了提高学生双语表达水平，锻炼语言组织、表达及演讲辩论能力的平台，所以其实顾名思义就是响应联合国推广模拟联合国活动的倡议，宣传普及联合国及其相关知识。

家电维修社团

维修社成立于1989年，至今已有26年，拥有极高的知名度，是石河子大学历史最悠久的公益学生社团。只能说，这是一个务实求真，踏实肯干，任劳任怨的社团，在这里只有你想不到的，没有社团不会修的！

 校园美食

金狮子椒麻鸡

位于校本部农贸市场斜对面，这是一家以新疆菜为特色资深老店，菜品都很地道。而其中椒麻鸡是一道流传于新疆的传统名菜，有时候去晚了的话，还买不到呢。但想去金狮子吃饭最好查查黄历，好日子去吃饭的话，有可能碰到少数民族包场的婚宴，那就肯定没位置了。

一鸡两吃大盘鸡

新疆大盘鸡是新疆地名菜，在校本部东区门口的一鸡两吃就能吃到正宗的大盘鸡了。爽滑麻辣的鸡肉和软糯甜润的土豆在浓郁的汤汁中相遇，辣中有香，粗中带细，一定能给你的味蕾带来意想不到的惊喜，而且份量足，价格优惠喔。

烤羊肉串

到新疆无论如何都要体验一下正宗的烤羊肉串，把羊肉和羊油切成薄片，肥瘦搭配地穿在细铁钎上，放在长形的烤炉上烤，然后撒些辣椒粉、盐和孜然粉。想想都会开始咽口水，一般价格为4元/串，在石河子校本部的街头，集市上随处可见。

 校园景点

微波湖

一个学校总是有自己独特的标志物，在石河子大学，位于校本部的微波湖对于路痴而言，可以算得上是真正意义上的标志物了。最初微波湖的栏杆是如天空般的蓝色，湖上还有同心桥，但不知为何，后来已被拆掉了。越来越小的微波湖现如今能看到的，估计只有湖中的红色小鱼了吧。

读者林

在石河子大学校本部中区东北角栽有一条"绿荫长廊"，叫做"读者林"。是北疆晨报组织学生还有忠实读者，经过三个小时奋战后完成的作品。在大家的努力下，共植树千余棵，并且还请来石河子著名书法家陈柳道先生在读者林重约五吨的石碑上题字留念，这也是石河子大学中一道亮丽的风景线。

情人坡

情人坡位于校本部，看到名字，你们是不是意味深长地笑了？于是想起了什么？情人坡其实是勤人坡！你们别想歪了啊！学霸到处都是。

特色院系

农学院

新疆农学类专业比较好的有三所大学，而石河子大学就是其中一所。当年的兵团农学院就是石河子大学的前身，而农学院算得上是石河子大学的重点专业了，据官方统计就业率应该在80%以上。

医学院

石河子大学医学院前身是中国人民解放军第一兵团卫生学校，在全国排名50多名，而在西部排名应该能挤进前5名了。

新疆景点
SCENIC SPOTS IN XINJIANG
扫码
听不一样的景点故事

喀纳斯湖
坐落在阿尔泰深山密林中的高山湖泊，呈月牙形，湖区景观主要有驼颈湾、变色湖、卧龙湾等。
地址：新疆维吾尔自治区阿勒泰布尔津县

吐鲁番葡萄沟
葡萄沟，是火洲的"桃花源"。沟内有布依鲁克河流过，主要水源为高山融雪，因盛产葡萄而得名。
地址：新疆维吾尔自治区吐鲁番市区

天山天池
天池以高山湖泊为中心，因其得天独厚的自然景观蜚声中外。
地址：新疆维吾尔自治区昌吉州阜康市

大巴扎
大巴扎是乌鲁木齐作为少数民族城市的景观建筑，具有浓郁的伊斯兰建筑风格，重现了古丝绸之路的繁华。
地址：新疆维吾尔自治区乌鲁木齐市

那拉提
世界四大草原之一的亚高山草甸植物区，各种野花开遍，哈萨克民俗风情浓郁。
地址：新疆维吾尔自治区伊犁哈萨克自治州

特克斯八卦城
特克斯县因八卦布局而闻名。八卦城街道布局如迷宫般，路路相通、街街相连，具有浓郁的民俗风情。
地址：伊犁哈萨克自治州特克斯县

罗布泊
中国第二大咸水湖，现在是一望无际的戈壁滩，有不少探险家到这里考察。
地址：新疆维吾尔自治区若羌县境东北部

哈密回王府
回王府的建筑风格结合了伊斯兰和汉族古典建筑艺术，它也是当代新疆境内规模最大、最有特色的一座宫廷建筑。
地址：新疆维吾尔自治区哈密市

火焰山
火焰山位于吐鲁番盆地的北缘，由红色砂岩构成，重山秃岭，寸草不生。
地址：新疆维吾尔自治区吐鲁番地区鄯善县

交河故城
交河故城是世界上最大最古老、保存得最完好的生土建筑城市，也是我国保存得最完整的两千多年前的都市遗迹。
地址：吐鲁番市雅尔乡将格勒买斯村

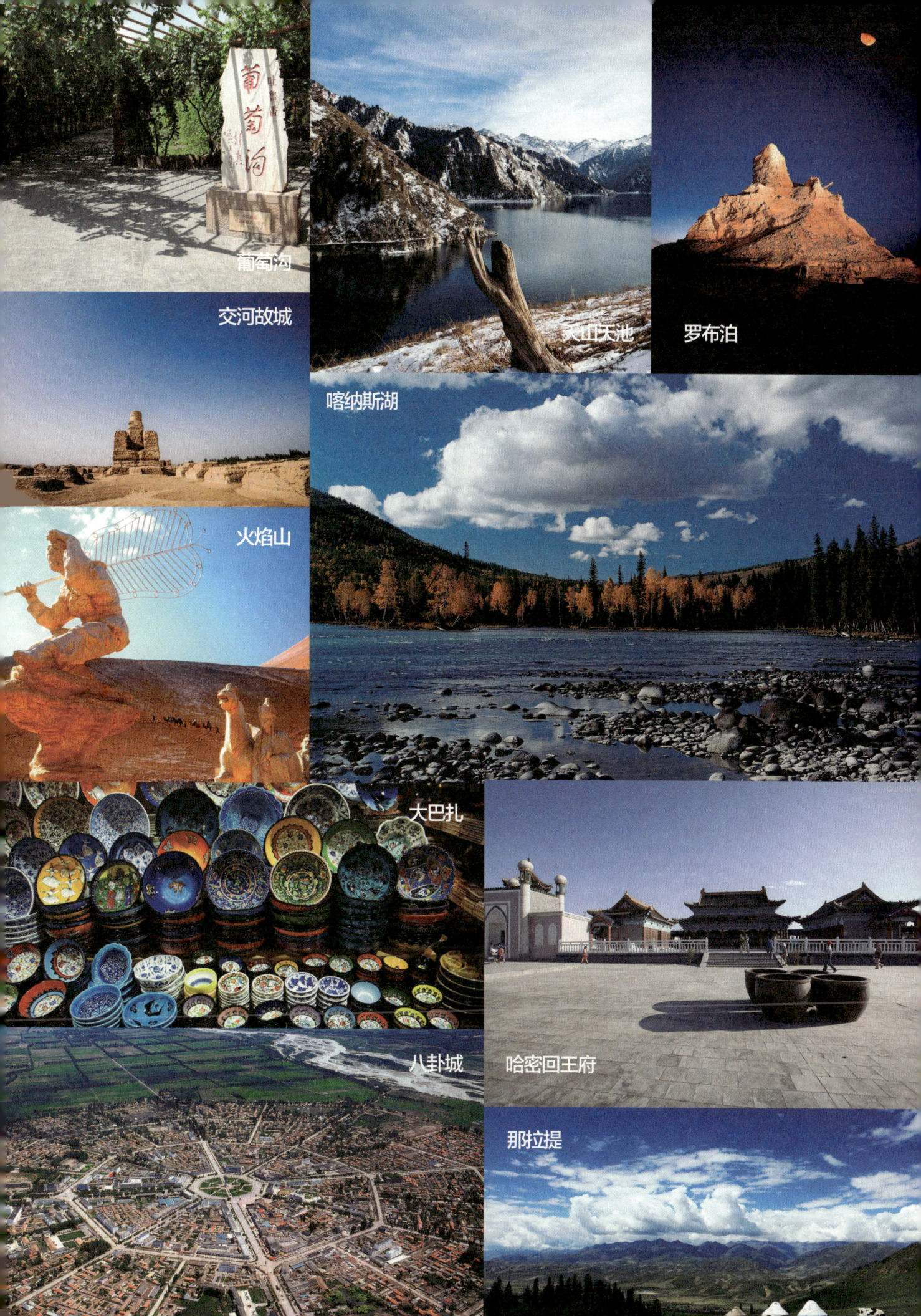

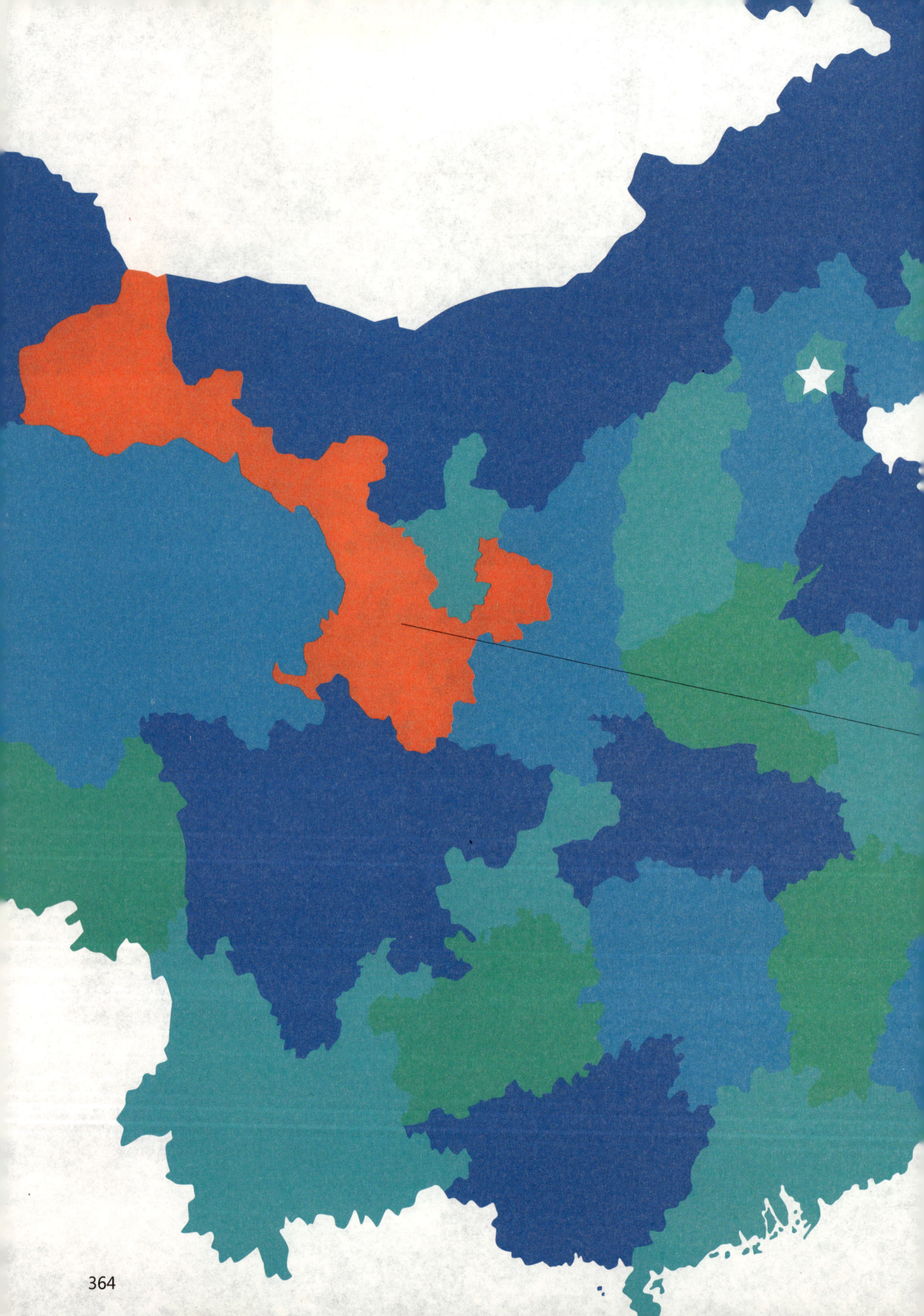

甘肃省
丝绸之路上的沙漠明珠

"黄河的水不停地流，流过了家流过了兰州"，野孩子的一首《黄河谣》让人不禁对荒凉粗犷的大西北心驰神往。

沟通黄土高原、青藏高原和内蒙古高原的甘肃，是古代丝绸之路的要塞。敦煌莫高窟、鸣沙山、月牙泉、嘉峪关、张掖的丹霞地貌在陇西大地上勾勒出一幅幅苍凉的画卷，让人叹为观止。

LANZHOU UNIVERSITY
兰州大学

兰州大学，是"985工程"、"211工程"大学。创建于1909年，校园面积3807亩，建有3个校区，分别是校本部、榆中校区、医学院校区。

校本部
地址：甘肃省兰州市城关区天水南路222号

榆中校区
地址：兰州市榆中县夏官营镇

医学院校区
地址：甘肃省兰州市城关区东岗西路199号

听学哥学姐揭秘
你不知道的
兰州大学

特色建筑

图书馆

图书馆又名昆仑堂，位于校本部，昆仑堂的外形犹如几本并排而列的书籍，堂里有独霸一方的霸主。它们或为温柔可人的喵星人，或为勇猛淘气的汪星人，总之它们各尽其责，各使所能为人们带来许多欢乐。

天山堂

作为榆中校区的主教学楼，天山堂几乎承载了所有的教学活动。在这里，你会和既忙着传道授业解惑，又忙着赶校车往返于市区和榆中校区的老师，以及在课堂上凝神静思，全神贯注，奋笔疾书的学生共同度过许多难忘的校园时光。

社团活动

文化行者

文化行者热心公益，热心保护文化多样性。因兰州大学地处西北，周围有很多少数民族，少数民族文化需要传承和保护，而文化行者团队正好能带你领略他们土地上独特的民族风情。

疯狂英语协会

你听说过李阳的"疯狂英语"吗？没错，疯狂英语协会就是借用兰大校友李阳的疯狂英语口语教学法进行英语教学的。协会组织的活动大多在室外举行，每天早上会进行早读，无论风霜雨雪，从来没有间断过。

校园美食

兰州牛肉拉面

在兰大食堂，牛肉面受到了众多师生的青睐，兰州人的早饭，牛肉面绝对是首选。许多人甘愿早起，在后市一家牛肉面馆前排长队，只为品味牛肉面带来的爽口与丝滑。

兰州酿皮

在兰州的大街小巷随处可见，这种凉吃的食品，在夏季炎热的天气里，很受人们的欢迎，在兰大食堂也可以吃到，也是当地人最喜爱的下酒菜之一。

灰豆子

灰豆子是西北地区独有的一种甜食小吃，是用当地的蓬灰与豌豆、红枣、白糖一起熬煮成的粥，兰大食堂做得非常好吃，从字面理解，灰，说的是蓬灰，一种兰州地区特有的从植物中提炼出的食用碱。豆子，就是豌豆。在粥中加入食用碱，使豆子绵软，随着豆质的绵沙，还有枣香一同入口，灰豆子便由此而来了。

校园景点

情人坡

兰大校本部的萃英山情人坡赫赫有名。看看别人家大学生情侣约会的地方，花草鸟语小桥流水，而兰大的学子一直秉承着自家校训"自强不息，独树一帜"的传统，自力更生艰苦奋斗，约会的地点更是艰苦到家，说起只有一把辛酸泪。兰大人与萃英山为伍，风尘作伴活得潇潇洒洒，会当萃英顶，一览众生小，这样的豪迈也只有兰大人心中明了。

特色院系

历史文化学院

敦煌学是兰州大学985、211工程重点建设的学科，创办有敦煌学专业期刊CSSCI《敦煌学辑刊》。学历史就要沉得住气，耐得住寂寞，得有愿将此生付笔墨，苦心孤寂无风波的宁静致远情怀。

草业科学学院

这算是兰州大学最有特色的学院了，也是国家特色专业。在缺水的兰州，草是最重要的绿色资源，它不仅可以抵挡风沙，还可以放牧牛羊。因此对草业科学的研究，在这里就显得尤为重要。

甘肃景点
SCENIC SPOTS IN GANSU
扫码
听不一样的景点故事

马蹄寺
马蹄寺是集石窟艺术、祁连山风光和裕固族风情于一体的旅游区。
地址：甘肃省肃南裕固族自治县大都麻乡

达仓郎木寺院
郎木寺发源地是四川境内的郎木寺大峡谷，在峡谷内有郎木洞、虎穴、和白龙江源头，是一个安静而风格独特的小镇。
地址：甘肃省合作市甘南州碌曲县郎木寺镇

莫高窟
莫高窟俗称千佛洞，始建于十六国的前秦时期，是世界上现存规模最大、内容最丰富的佛教艺术地。
地址：甘肃省敦煌市110专道

甘肃省博物馆
从白垩纪到旧石器、新石器时代；从商周到汉唐的丝绸之路等都有丰富的收藏。
地址：甘肃省兰州市七里河区

雷台
雷台是"马踏飞燕"的出土地，被定为甘肃省第三批省级"爱国主义教育基地"。
地址：甘肃省武威市凉州区北关中路257号

大佛寺
据说，一个叫嵬咩的和尚出外云游，一日间隐约闻有丝竹之声，却不见演奏者，后在天乐响处掘得碧玉卧佛一尊，于是便在此建寺。
地址：甘肃省张掖市甘州区民主西街

玉门关
玉门关是中国、哈萨克斯坦和吉尔吉斯斯坦三国联合申遗的"丝绸之路：长安—天山廊道的路网"中的一处遗址点。
地址：甘肃省敦煌市西北80公里

周祖陵
周祖陵森林公园因山顶有一座著名的墓冢——周先祖不窋陵而得名。
地址：甘肃省庆阳市庆城县

黑水国
历史上匈奴民族移居这里，当地民众称之为"老甘州"或"黑水国"。黑水国因黑河而得名，也因黑河而盛衰。
地址：甘肃省张掖市甘州区

嘉峪关
这里有"天下第一雄关"之称，建筑错落有致，是新兴的旅游城市。
地址：甘肃省嘉峪关市

青海省
青藏高原上的"中华水塔"

青海省由中国最大的咸水湖——青海湖得名。

这里是长江、黄河、澜沧江的发源地,水资源丰富,因此被称为"中华水塔"。青海湖、茶卡盐湖风景绝美,海拔颇高,每年六月油菜花开的时节,碧波万顷的湖面,艳丽的油菜花海加上湛蓝的天空,美到令人失语称赞。而西部藏羚羊的故乡可可西里无人区,自然环境恶劣,更为这片土地增添了一份神秘和圣洁。

QINGHAI UNIVERSITY
青海大学

听学哥学姐揭秘
你不知道的
青海大学

　　青海大学，位于青海省西宁市，是国家"211工程"重点建设大学。始建于1958年，学校只有1个校区，占地2916亩。

校本部
地址：青海省西宁市宁大路251号

特色建筑

校门

坐落于学校的正南的校门可谓青大无与伦比的风景,简单大气的格调给你高原人的情怀。敬业的保安无时无刻不在密切关注进出的一切车辆人流,堪比猫头鹰似的警觉为青大学子的安宁加上了又一道防锁。

图书馆

老图书馆的颜色是米黄色的,从正面看是外扩的结构。平时图书馆里人不是很多,但是每逢考试复习周和考试周,就会有许多人为了复习占位,当然也有一些把图书馆当家的考研党长期蹲踞于此。

科技馆

如若说古老的图书馆尽显青大的沧桑历史,那么遥遥相望的科技馆就展现出了青大现代画卷。科技馆的外观属现代主义风格,可以说是青大里面最年轻的建筑了。科技馆里有大礼堂、学术报告厅等,几乎可以满足学校要举办的任何大型活动。每年的社团活动、知识讲座及文艺汇演都会在这里和大家见面。

社团活动

爱心社

这是青大的元老级社团,活动也是围绕着爱心展开的,有支教活动,手语活动,还有各种各样的爱心活动。在这里你不仅可以奉献爱心,更能收获温暖,认识一帮志同道合的朋友,让自己的大学生活丰富多彩!

OffBeat 社团

这个社团相当fashion!主要以流行音乐和舞蹈为主。如果你喜欢摇滚的、活力的大学时光,这个社团一定不能错过。

校园美食

麻辣三黄鸡

这是青海大学食堂的特色菜,这道菜色香味俱全,三黄鸡外焦里嫩,鲜香可口,爽滑酥嫩,肉汁四溢;香菇口感饱满,回味悠长。外加青椒、洋葱、花椒、酱料调味,热菜出炉,令人垂涎欲滴,回味悠长。

灌县老妈砂锅串串

这是家连锁店,在西宁有好多分店,在学校后门小吃街也有分店,在这里吃饭的基本上都是学生,上菜速度很快,菜量比较大,味道也很不错。如果吃厌了食堂里的饭菜,偶尔和几个同学一起在这里改善一下伙食还是不错的。

校园景点

锦绣路

锦绣路两旁种植的都是银杏树,所以在秋季尤为受欢迎。一阵秋风吹过,银杏叶片片飘落,让人在这秋风里感受到无比的美丽与欢乐。

特色院系

中医学

青大的中医在全国也是比较有名的,其特色就在于将中医诊疗与高原特有的生态环境相结合,要求学生系统掌握中医药基础理论和临床医学基础理论知识;掌握与中医学有关的现代科学技术和现代医学的基本知识,熟悉高原疾病的防治知识与技能,毕业后能够从事中医医疗临床和高原医学的研究工作。

藏医学

这是王牌中的王牌,也是青大国家重点专业。这个专业需要学生系统掌握藏医学基础理论、基础知识和基本技能以及必要的现代医学基础理论和技能。虽然这是一个相对年轻的学院,但是充满了活力。

青海景点
SCENIC SPOTS IN QINGHAI
扫码
听不一样的景点故事

青海湖
中国最大的内陆湖泊，山清水秀，碧波万顷，是中国大陆最美的湖。
地址：青海省

塔尔寺
塔尔寺是中国西北地区藏传佛教的活动中心，在中国及东南亚享有盛名，酥油花、壁画和堆绣被誉为"塔尔寺艺术三绝"。
地址：青海省西宁市金塔路56号

茶卡盐湖
柴达木盆地有名的天然结晶盐湖，一片洁白，是一个纯净的地方。
地址：青海省乌兰县茶卡镇盐湖路9号

卓尔山
卓尔山属于丹霞地貌，由红色砂岩、砾岩组成，处处美景，宛如仙境，令人心旷神怡。
地址：青海省海北州祁连县八宝镇

青海省博物馆
这是青海第一座具有现代化功能的大型博物馆，其中有：青海省史前文明展、青海民族文物展、藏传佛教艺术展3个展览馆。
地址：青海省西宁市西关大街58号

阿柔大寺
阿柔寺最初为一座静房，30年后，献寺于阿里达尔罕曲结，后发展成一座正规寺院。
地址：青海省阿柔县喜宏法洲

昆仑山
昆仑山是中国第一神山，在中华民族的文化史上具有"万山之祖"的显赫地位，古人称昆仑山为中华"龙脉之祖"。
地址：新疆、青海、西藏交界

文成公主庙
文成公主庙地处青藏高原东南部的"三江之源"，始建于唐代，是唐蕃古道的重要文化遗存之一。
地址：青海省玉树藏族自治州

德令哈外星人遗址
青海德令哈外星人遗址位于白公山，北邻克鲁克湖，南邻托素湖，遗址就坐落在咸水的托素湖南岸。
地址：青海省德令哈市

可可西里国家级自然保护区
这是世界上原始生态环境保存最完美的地区之一，是神秘的"死亡地带"，严重缺氧，干燥寒冷，被称为"生命的禁区"。
地址：青海省

中国高校
RANKING LIST
排行榜

说明：本书的排行榜资料均来源于网络，仅供参考

中国最美校园
排行榜 RANKING LIST

1. 武汉大学
2. 厦门大学
3. 北京大学
4. 中山大学
5. 浙江大学
6. 清华大学
7. 南京师范大学
8. 四川大学
9. 苏州大学
10. 中国海洋大学

中国最佳校园食堂排行榜 RANKING LIST

1. 哈尔滨工业大学
2. 重庆大学
3. 复旦大学
4. 四川大学
5. 上海交通大学
6. 郑州大学
7. 大连理工大学
8. 天津大学
9. 中山大学
10. 中南大学

中国名校就业率排行榜 RANKING LIST

1. 上海交通大学
2. 复旦大学
3. 北京外国语大学
4. 上海财经大学
5. 上海外国语大学
6. 同济大学
7. 中山大学
8. 对外经济贸易大学
9. 南京大学
10. 浙江大学

中国校花颜值最高排行榜 RANKING LIST

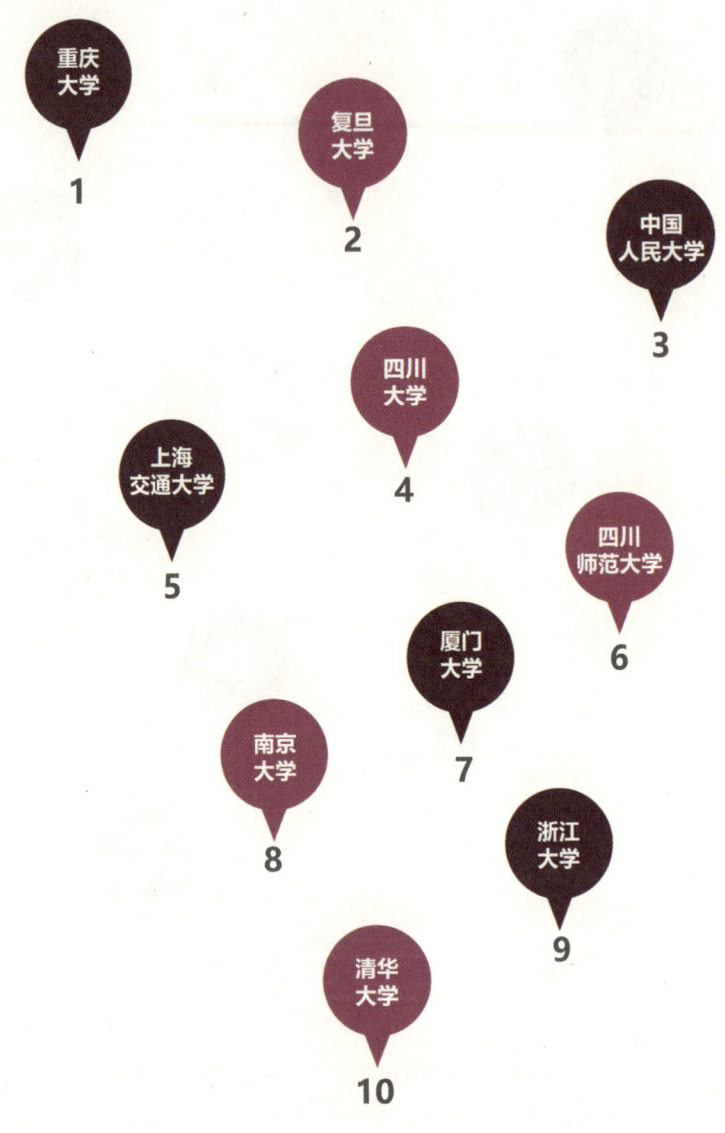

1. 重庆大学
2. 复旦大学
3. 中国人民大学
4. 四川大学
5. 上海交通大学
6. 四川师范大学
7. 厦门大学
8. 南京大学
9. 浙江大学
10. 清华大学

中国最佳宿舍条件排行榜 RANKING LIST

1. 北京外国语大学
2. 中山大学
3. 厦门大学
4. 北京邮电大学
5. 清华大学
6. 暨南大学
7. 天津大学
8. 同济大学
9. 北京大学
10. 北京航空航天大学

成为下一个学哥学姐

如果你想成为鱼说《听书去游学》的下一个学哥学姐，如果你对本书有任何的疑问或者建议，欢迎用以下方式与我们互动。

互动方式
1. 发送邮件至 yuyinshu@fishsaying.com.
2. 扫码下方二维码，填写学哥学姐报名表，成为下一个鱼说高校语音书创作者。

鸣谢
成都新新美科技有限公司
四川数字出版传媒有限公司
广州千荣企业管理服务有限公司
以及各位提供真实资料的高校大学生
曾经给与指导的各位专业人士

版权声明
　　如果任何单位或者个人对本书涉及内容的版权有质疑，如有侵犯您的权益，请与成都鱼说科技有限公司联系，我们会积极处理并支付相应的版权费用。